Business Engineering

Herausgegeben von U. Baumöl, H. Österle, R. Winter

Springer
Berlin
Heidelberg
New York
Barcelona
Hongkong
London
Mailand
Paris
Singapur
Tokio

Business Engineering

In Vorbereitung:

R. Jung, R. Winter (Hrsg.)
Data Warehousing Strategie
Erfahrungen, Methoden, Visionen
2000. Etwa 300 Seiten
Geb. DM 89,–
ISBN 3-540-67308-3

H. Österle, R. Winter (Hrsg.)
Business Engineering
Auf dem Weg zum Unternehmen
des Informationszeitalters
2000. Etwa 300 Seiten
Geb. DM 89,–
ISBN 3-540-67258-3

Volker Bach · Hubert Österle (Hrsg.)

Customer Relationship Management in der Praxis

Erfolgreiche Wege zu kundenzentrierten Lösungen

Mit 108 Abbildungen

Springer

Dr. Volker Bach
Professor Dr. Hubert Österle
Universität St. Gallen
Institut für Wirtschaftsinformatik
Müller-Friedberg-Straße 8
CH-9000 St. Gallen
www.iwi.unisg.ch

ISBN 3-540-67309-1 Springer-Verlag Berlin Heidelberg New York

Die Deutsche Bibliothek - CIP-Einheitsaufnahme
Customer-relationship-Management in der Praxis: Wege zu kundenzentrierten Lösungen / Hrsg.: Volker Bach; Hubert Österle. - Berlin; Heidelberg; New York; Barcelona; Hongkong; London; Mailand; Paris; Singapur; Tokio: Springer, 2000
(Business-Engineering)
ISBN 3-540-67309-1

Springer-Verlag Berlin Heidelberg New York
ein Unternehmen der BertelsmannSpringer Science+Business Media GmbH

Printed in Germany

SPIN 10764795 42/2202-5 4 3 2 1 – Gedruckt auf säurefreiem Papier

Vorwort

Die seit Jahren „gepredigte“ Kundenorientierung steht im Informationszeitalter vor neuen Herausforderungen: Steigende Kundenanforderungen müssen unter dem Druck sinkender Margen und zunehmender unternehmensinterner Komplexität erfüllt werden, innovative Technologien und Systeme schaffen aber auch neue Potenziale.

Unternehmen können ihre wirtschaftliche Position nur noch sichern, indem sie einen Service anbieten, der entweder im Preis oder in der Leistung konkurrenzlos ist. Um einen dieser Wege zu beschreiten, ist eine radikale Orientierung am Kundenprozess unerlässlich. Eine konzeptionelle Fundierung dieses Ansatzes liefert das „Geschäftsmodell im Informationszeitalter“, das am Institut für Wirtschaftsinformatik der Universität St. Gallen entwickelt wurde. In diesem Rahmen fasst der Oberbegriff Customer Relationship Management (CRM) sämtliche Aktivitäten zusammen, deren Ziel eine konsequente Unterstützung von Kundenprozessen ist. Dazu zählen Lösungen wie Contact Center, Internet-Communities, Customer Profiling und Multi-Channel-Management.

Die Grundlagenkapitel stellen diese Instrumente im Zusammenhang dar und zeigen methodische Wege zu ihrer Umsetzung. Die anschliessenden Fallstudien beschreiben erfolgreiche Praxislösungen von der Verkaufsprozessunterstützung bis zum Beziehungsmarketing, die das IT-Potenzial so weit wie möglich ausschöpfen und zur Zufriedenheit der Kunden beitragen.

Die Grundlagen des vorliegenden Buches entstanden in den Kompetenzzentren „Business Knowledge Management“ und „Customer Relationship Management“. In ihnen entwickelt das Institut für Wirtschaftsinformatik der Universität St. Gallen gemeinsam mit führenden Unternehmen anwendungsnahe Lösungen (s. auch www.iwi.unsig.ch):

- *Kompetenzzentrum „Customer Relationship Management“ (CC CRM)*
  Seit dem 1. September 1999 entwickelt das CC CRM bankenspezifische Konzepte und Lösungen für das Customer Relationship Management. Ergebnisse sind Kundenprozess- und Geschäftsmodelle, Konzepte für das Customer Profiling und Multi-Channel-Management sowie Prototypen für prozessorientierte, integrierte CRM-Arbeitsplätze. Analysen von CRM-Systemen und methodischen Ansätzen zur CRM-Einführung bilden hierfür die Basis.

- *Kompetenzzentrum „Business Knowledge Management" (CC BKM)*
  Das anfangs 1999 gestartete CC BKM entwickelt eine Methode zur Einführung von Wissensmanagement. Es analysiert die Basistechnologien wie Dokumentenmanagement-Systeme und neue Werkzeuge wie Enterprise Information Portals. Im Vordergrund steht derzeit die Konkretisierung von Wissensmanagement-Instrumenten wie Knowledge Networks oder Skill Management zur Unterstützung von Geschäftsprozessen, insbesondere im Verkauf und in der Produktentwicklung.

Partnerunternehmen	**Vertreter in Arbeitsgruppen und Beiräten des CC BKM und CC CRM**
ABB Business Services	M. Grannas, K. Hannonen, B. Perisa, Dr. R. Sinkwitz
AGI IT Services	J. Arnold, U. Halter, A. Ocker (St. Gallische Kantonalbank)
Bank Austria	A. Faltinger, K. Markart, W. Schediwy, F. Tupy
Credit Suisse	Dr. L. Godelmann, G. Jaeger, Dr. W. Luef, A. Mahler, T. Reich
Helsana	M. Gygax, P. Jaggi, F. Obrist, M. Sofka, E. Wiederkehr
Landesbank Baden-Württemberg	T. Armbruster, A. Decker, R. Mödlagl, B. Schäfer
Deutsche Telekom	Dr. M. Brunk, M. Rothaut, H. A. Schneider
Union Investment	E. Jauß, F. Lutterbeck

Bild 0-1: Projektmitarbeiter in den Partnerunternehmen des IWI-HSG

Wir danken allen Partnerunternehmen und Projektmitarbeitern, ohne die dieses Buch nicht zustande gekommen wäre (s. Bild 0-1). Für ihren Einsatz bei der Bucherstellung danken wir Herrn R. Schmid und Frau A. Arodell. Für die inhaltliche Qualitätssicherung schulden wir allen Kollegen an unserem Lehrstuhl Dank; für die stilistische und orthografische Qualitätssicherung gebührt Frau A. Glaus besonderer Dank. Für die Betreuung seitens des Verlages danken wir Herrn Dr. W. Müller.

St. Gallen, April 2000 *V. Bach, H. Österle*

Inhaltsübersicht

Inhaltsverzeichnis

Teil 1: Grundlagen

1 Mit Customer Relationship Management zum Prozessportal

Roland E. Schmid, Volker Bach, Hubert Österle

Radikale Zentrierung auf Kundenprozesse wird im Informationszeitalter wettbewerbsentscheidend. Unternehmen positionieren sich als Leistungsintegratoren, die über ein Prozessportal komplette Kundenprozesse unterstützen. Customer Relationship Management (CRM) schafft die Voraussetzungen für die profitable Realisierung von Prozessportalen. CRM sorgt für intensivere Kundenbindung und präzisere Kundenselektion, aber auch für effizientere CRM-Prozesse in Marketing, Verkauf und Service. Es nutzt dazu die technologischen Potenziale vom multimedialen Vertriebskanal bis zur CRM-Standardsoftware.

Das „St. Galler Modell für prozesszentriertes CRM“ identifiziert die zu gestaltenden Komponenten: Kundenprozesse, Prozessportale, Medien und Kanäle, CRM-Prozesse und -Wissensstrukturen, die durch Mitarbeiter, Unterstützungsprozesse und Systeme umgesetzt werden.

Wie diese Komponenten zu gestalten sind, hängt von den verwendeten CRM-Instrumenten ab: Kunden-, Kanal- sowie Prozess- und Wissensmanagement bilden abgeschlossene, überschaubare Teilprojekte, die jeweils einen eigenen Business Case bieten und daher leichter zu realisieren sind.

1.1 Prozessportale im Geschäftsmodell des Informationszeitalters

1.1.1 Vom Produkt zum Kundenprozess

Obwohl Kundenorientierung bereits seit Jahren propagiert wird und ein Leitsatz vieler Unternehmen ist, steht nach wie vor das angebotene Produkt meist im Mittelpunkt der Marketing- und Verkaufsaktivitäten. Die Kundenorientierung erschöpft sich in der Regel darin, den Kunden zuvorkommend und zügig zu bedienen und ihm auch nach dem Kauf bei Fragen und Problemen zur Verfügung zu stehen. Der Kunde hat jedoch normalerweise ein weitergehendes Bedürfnis. Er befindet sich mitten in einem Kundenprozess wie zum Beispiel dem „Autobesitz“ oder dem „Immobilienerwerb“. Im Rahmen dieses Prozesses benötigt er eine Vielzahl von Produkten und Dienstleistungen, die er sich selbst zusammensucht. Dazu muss er in der Regel mehrere Anbieter von Produkten und Dienstleistungen kontaktieren, die Angebote evaluieren und die Koordination des Prozesses übernehmen. Es handelt sich häufig um Prozesse wie z.B. den Immobilienerwerb, die der Kunde vielleicht nur einmal im Leben durchläuft und mit denen er daher sicher wenig Erfahrung hat. Ein Anbieter, der den Kundenprozess vollständig unterstützt, also alle benötigten Leistungen aus einer Hand anbietet und den Kunden in seinem Prozess führt, schafft für ihn einen erheblichen Zusatznutzen [vgl. Kühn/Grandke 1997].

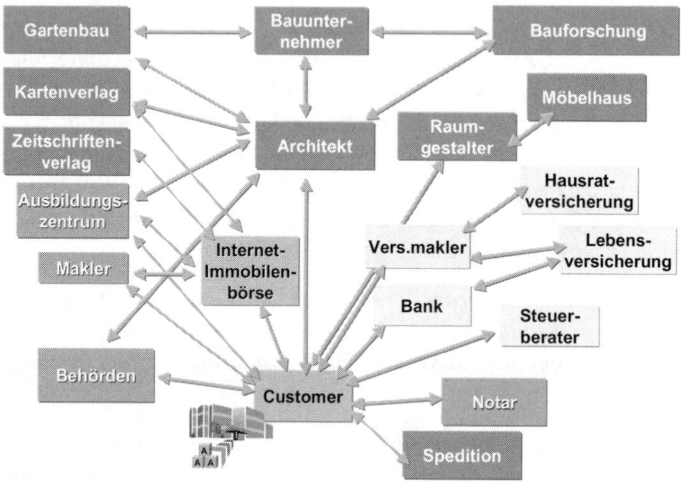

Bild 1-1: Der Bausektor ist stark produktzentriert.

Betrachtet man beispielsweise den Kundenprozess „Immobilienerwerb" näher, so stellt man fest, dass die gesamte Branche stark produktzentriert aufgebaut ist (s. Bild 1-1). Der Kunde, der eine Immobilie erwerben oder bauen möchte, muss Leistungen von unzähligen Partnern in Anspruch nehmen. Angefangen beim Immobilienmakler über verschiedene Behörden, Architekt, Bauunternehmer, Bank, Versicherung, Notar bis zu Spedition und Möbelhaus, unterhält und koordiniert der Kunde jede einzelne Geschäftsbeziehung.

1.1.2 Beispiel yourhome.ch

In letzter Zeit sind verschiedene Angebote entstanden, die zum Ziel haben, diesen Kundenprozess möglichst umfassend zu unterstützen. Die Websites www.immoseek.de von der HypoVereinsbank und www.yourhome.ch (s. Bild 1-2) von der Credit Suisse zum Beispiel nutzen das Internet, um dem Kunden möglichst viele Services rund um den Immobilienerwerb zur Verfügung zu stellen.

Bild 1-2: www.yourhome.ch

Bei yourhome kann sich der Kunde in der Rubrik „Was muss ich wissen?“ zunächst grundlegend informieren. Hier findet er Hintergrundinformationen über die Bedarfsermittlung, die Objektsuche sowie über Rechtsfragen, Steuerthemen, Finanzierungsmöglichkeiten und Versicherungsfragen. Diese Informationen helfen dem Kunden, den Ablauf seines Kundenprozesses optimal zu organisieren. Checklisten und Hinweise, was bei den einzelnen Aktivitäten zu beachten ist, erlauben es, auf einfache Weise Prozess-Know-how aufzubauen.

Konkrete Unterstützung bei der Suche nach einem geeigneten Objekt findet man in der Rubrik „Was gibt es auf dem Markt?“. Der Kunde kann hier in zwei von Drittanbietern zur Verfügung gestellten Immobiliendatenbanken nach geeigneten Objekten suchen. Ausserdem hat er Zugriff auf Kartenmaterial, das ihm Auskunft über die Wohnlage und die Umgebung eines gefundenen Objektes gibt. Eine weitere Funktion bietet Unterstützung, wenn der Kunde ein Objekt individuell bewerten lassen möchte. Ausserdem besteht eine Zugriffsmöglichkeit auf nützliche Adressen, zum Beispiel von Immobilienmaklern und Liegenschaftsbewertern.

Geht es um die Finanzierung der Immobilie, bietet yourhome unter der Rubrik „Online-Finanzierung“ die Möglichkeit der persönlichen Budgetplanung, der Ermittlung von Konditionen für Hypotheken der Credit Suisse sowie der Berechnung von steuerlichen Auswirkungen und von Versicherungsvarianten. Es besteht die Möglichkeit, online einen Antrag für eine Hypothek zu erstellen.

Die Rubrik „Rund ums Wohnen“ bietet eine weitergehende Unterstützung des Kundenprozesses. Unter „Bau / Umbau / Renovation“ findet man Informationen über einen typischen Bauablauf sowie diverse Checklisten. Der Umzug wird durch Informationen über Umzugsmöglichkeiten und -kosten sowie durch einen Link auf ein Speditionsunternehmen unterstützt. Zur Planung der Inneneinrichtung stehen Checklisten sowie eine kostenlose Möblierungssoftware zum Download zur Verfügung. Auch für den Gartenbau findet man ausführliches Informationsmaterial.

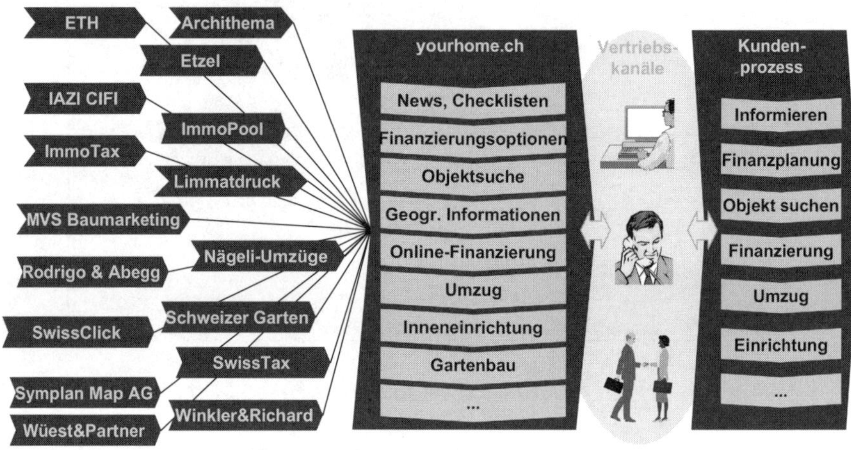

Bild 1-3: Yourhome.ch integriert externe und eigene Angebote.

Das Beispiel yourhome zeigt, wie die eigentliche Kernleistung der Credit Suisse – die Finanzierung – nicht mehr als allein stehendes Produkt angeboten wird, sondern eingebettet ist in eine Lösung zur Unterstützung des gesamten Kundenprozesses. Zur Bereitstellung dieses umfassenden Leistungsspektrums kooperiert die Credit Suisse mit verschiedenen Drittanbietern wie zum Beispiel Herstellern von Kartenmaterial, Umzugsunternehmen, Immobilienmaklern, Steuerspezialisten etc. Die Angebote von den Drittanbietern und die eigenen Angebote bündelt die Credit Suisse und stellt sie im Wesentlichen über Internet, aber auch teilweise per Telefon oder in der Filiale dem Kunden zur Verfügung (s. Bild 1-3).

1.1.3 Prozessportale

Einige innovative Unternehmen – wie zum Beispiel auch die Credit Suisse mit yourhome – sind bereits dazu übergegangen, den gesamten Kundenprozess zu unterstützen. Sie bieten dem Kunden aus einer Hand jedes Produkt, jede Dienstleistung und jede Information, die er braucht, und führen ihn in diesem Prozess. Sie werden zum Leistungsintegrator und Spezialisten für diesen Prozess. Dem Kunden bieten sie diese Leistungen in einem Prozessportal an. In diesem Prozessportal fasst das Unternehmen alle Dienstleistungen und Informationen für einen bestimmten Kundenprozess zusammen. Dabei werden sowohl eigene Leistungen als auch solche von Kooperationspartnern gebündelt [s. Österle 1999, S.45-51; vgl. Schmid/Bach 2000].

Der Kunde greift – je nach Situation und Präferenz – über beliebige Vertriebskanäle auf das Prozessportal zu. Die Leistungen sind also keineswegs etwa auf das WWW als Vertriebskanal beschränkt. Der Kunde kann beispielsweise über das Web auf das Prozessportal zugreifen, um erste Informationen zu erhalten, dann aber möglicherweise eine persönliche Beratung in Anspruch nehmen und schliesslich telefonisch eine Bestellung auslösen. Unternehmen können die Leistungen der Prozessportale auch auf bestimmte Vertriebskanäle – beispielsweise das Telefon – beschränken. In der Regel wird jedoch jedes Prozessportal im Internet-Auftritt des Unternehmens zumindest dokumentiert sein. Häufig wird der Internet-Auftritt der Startpunkt für die Inanspruchnahme der Leistungen eines Prozessportals sein.

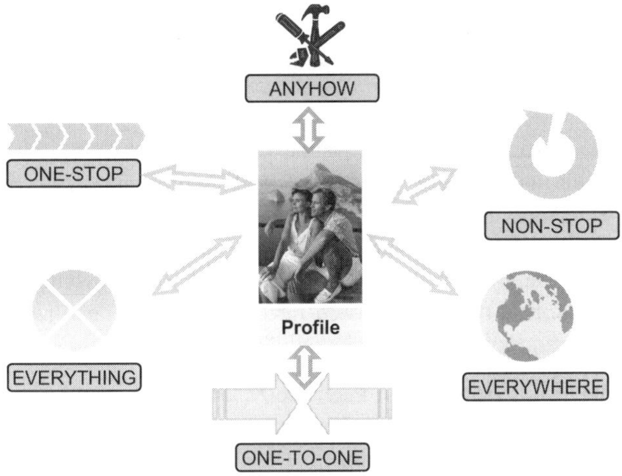

Bild 1-4: Nutzen eines Prozessportals für den Kunden

Ein Prozessportal bietet dem Kunden erheblichen Zusatznutzen (s. Bild 1-4):

- Everything: Er bekommt alle Produkte, Dienstleistungen und Informationen aus einer Hand, benötigt nur eine Geschäftsbeziehung.
- One-stop: Der Kunde kann das gesamte Geschäft in einem einzigen Vorgang erledigen. Er muss – abgesehen vom physischen Warentransport – nie auf den Lieferanten warten (keine Unterbrechung des Kundenprozesses).
- Anyhow: Er erhält Prozessunterstützung gemäss seiner bevorzugten Weise (z.B. per Telefon und Fax).

- One-to-one: Die Kommunikation mit dem Lieferanten ist vom Marketing bis zum After-Sales-Service auf seinen Bedarf (Kundenprofil) abgestimmt.
- Everywhere und non-stop: Er bekommt die Leistungen überall auf der Welt und jederzeit.

Für den Anbieter eines Prozessportals ist es essenziell, über ein überzeugendes, überlegenes Know-how im Kundenprozess zu verfügen. Ein Kunde wird die Leistungen eines Prozessportals nur in Anspruch nehmen, wenn er sicher sein kann, von Spezialisten in seinem Prozess unterstützt zu werden. Jedes Unternehmen muss entscheiden, für welche Kundenprozesse es selbst als Leistungsintegrator auftreten kann, an welche Prozessportale es zuliefert und / oder an welche Kunden es direkt verkauft.

Ein weiterer wichtiger Faktor für die Akzeptanz von Prozessportalen beim Kunden ist das Vertrauen, das er dem Prozessportal entgegenbringt. Denn nur einem als vertrauenswürdig eingeschätzten Portalanbieter wird er die notwendigen persönlichen, teilweise vertraulichen Informationen preisgeben. Banken geniessen beispielsweise in der Regel ein sehr hohes Mass an Vertrauen und haben dadurch einen nicht zu vernachlässigenden Wettbewerbsvorteil beim Aufbau von Prozessportalen.

Der Erfolg eines Prozessportals wird auch durch das Erreichen einer kritischen Zahl von Kunden und Anbietern bestimmt [s. Hagel/Singer 1999, S.169ff.]. Der Kunde wird einerseits zu dem Prozessportal tendieren, über das er die meisten Anbieter erreicht, andererseits wird ein Anbieter bevorzugt mit solchen Portalen kooperieren, über die er am meisten Kunden erreicht. Die kritische Masse ist auch erforderlich, um hohe Investitionskosten für den Aufbau eines Prozessportals auf möglichst viele Transaktionen umlegen zu können.

Neben der Anzahl der Anbieter ist auch die Neutralität gegenüber den Anbietern ein wesentlicher Erfolgsfaktor. Kunden erwarten einen möglichst umfassenden und objektiven Vergleich der Leistungen. Dies ist in der Regel kein Problem bei reinen Leistungsintegratoren, die keine eigenen Leistungen erbringen. Auch für einen Prozessportalbetreiber, der in seinem Portal eigene Produkte oder Dienstleistungen anbietet, ist es eine Erfolg versprechende Strategie, in das Prozessportal einen Konkurrenzvergleich aufzunehmen oder selbst auch Konkurrenzprodukte zu verkaufen. Dies ist heute noch kaum der Fall. Zum Beispiel müsste yourhome neben den Finanzierungsprodukten der Credit Suisse auch solche der Konkurrenz anbieten und die Konditionen entsprechend vergleichen. Prozessportale mit mangelnder Neutralität laufen Gefahr, ihre Kunden an unabhängige, neutrale Portale zu verlieren.

1.1.4 Beispiel autobytel.com

Autobytel.com (s. Bild 1-5) fasst in einem Prozessportal alle Leistungen rund um Autokauf und -besitz zusammen. Der Kunde kann nach neuen oder gebrauchten Autos suchen, zu jedem Modell stehen technische Daten, Testberichte und Preisinformationen zur Verfügung, die Vergleiche einfach machen. Über das Netzwerk von mehr als 3000 Autohändlern kann der Kunde Angebote für Neuwagen anfordern oder einen passenden Gebrauchtwagen in der Nähe des Wohnortes lokalisieren. Mit Hilfe von Banken und Versicherungen als weitere Partner bietet Autobytel.com dem Kunden Finanzierung, Autoversicherung und Gebrauchtwagengarantie an. Im Auktionsbereich können Autos ver- oder ersteigert werden. Über die Personalisierungsfunktionalität kann sich der Kunde über Zeitpunkte für notwendige Wartungen oder über Rückrufaktionen für sein Modell per E-Mail informieren lassen. Im „Store“ können Autozubehör und andere Artikel online gekauft werden.

Bild 1-5: Prozessportal von Autobytel.com

Für den Kunden wird Autokauf- und besitz deutlich erleichtert. Angeschlossene Händler und andere Partner erreichen über das Prozessportal (s. Bild 1-6) eine Vielzahl von zusätzlichen potenziellen Kunden. Autobytel.com verdient an Vermittlungsprovisionen und mit Bannerwerbung.

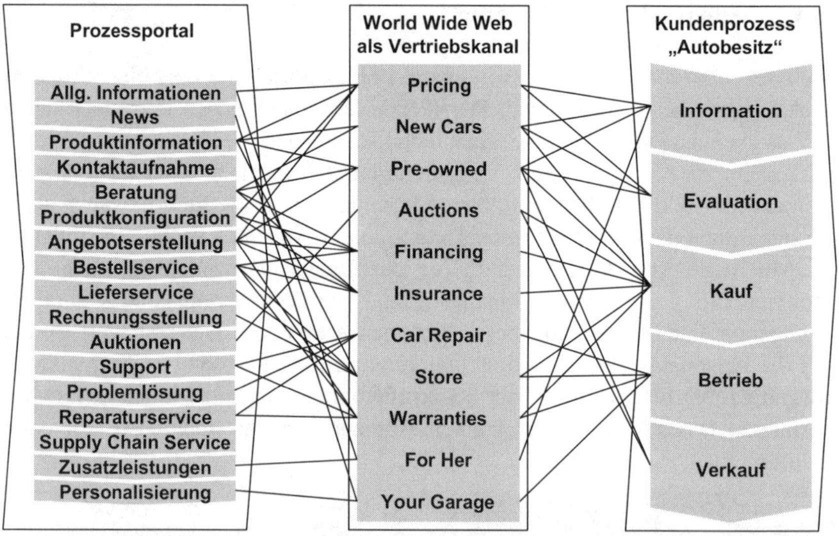

Bild 1-6: Autobytel.com bietet über das Prozessportal kundenprozesszentrierte Leistungen

Autobytel.com wurde 1995 gegründet. Seither wurden über 4 Millionen Kunden beim Autokauf unterstützt. Heute generiert Autobytel.com bei den angeschlossenen Händlern einen Umsatz an Autoverkäufen in Höhe von 1,6 Millionen US$ pro Stunde [Autobytel.com 2000].

Das Beispiel autobytel.com zeigt ein Prozessportal eines Anbieters, der als reiner Leistungsintegrator fungiert. Dem Kunden von autobytel.com bietet er Zugang zu Fahrzeugdaten aller namhaften Autohersteller sowie zu einem breiten Spektrum an Händlern. Da autobytel.com selbst weder Autos herstellt noch verkauft, ist auch die Neutralität gewährleistet.

1.1.5 Das Geschäftsmodell des Informationszeitalters

Prozessportale spielen eine zentrale Rolle in einem neuen Geschäftsmodell des Informationszeitalters [s. Österle 2000]. Im Rahmen dieses Geschäftsmodells (s. Bild 1-7) bilden sich verschiedene neue Rollen heraus.

Das Prozessportal bildet die Schnittstelle zum Kunden. Es bezieht die benötigten Produkte und Dienstleistungen von verschiedenen Lieferanten und Drittanbietern, mit denen es Kooperationen eingeht. Diese sind darauf spezialisiert, konkurrenzfähige Produkte zu erstellen und über Prozessportale zu vertreiben.

Weitere, meist hoch standardisierte Dienstleistungen bezieht das Prozessportal von sogenannten e-Service-Providern. Dies ist beispielsweise die Transaktionsabwicklung im Zahlungsverkehr, die Durchführung von Logistikleistungen oder die Bereitstellung von herstellerübergreifenden Produktkatalogen. E-Service-Anbieter sind darauf spezialisiert, diese Leistungen kosteneffizient und in grossem Volumen zu erbringen.

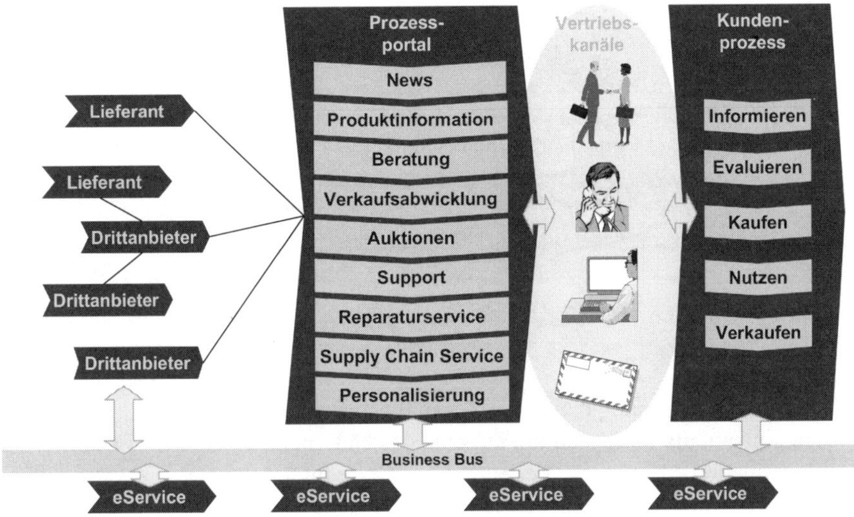

Bild 1-7: Geschäftsmodell des Informationszeitalters

Die Kommunikation zwischen den einzelnen Partnern in dem neuen Wertschöpfungsnetzwerk erfolgt über den sogenannten „Business Bus". Dieser umfasst Protokolle und Schnittstellen, die auf semantischer Ebene standardisiert sind. Die Existenz eines Business Bus als standardisierte Kommunikationsmöglichkeit erlaubt den einfachen Aufbau von Kooperationsnetzwerken und die einfache Einbindung neuer Partner.

Vom einem geschäftlichen Standpunkt aus betrachtet sind die zahlreichen IT-Entwicklungen für sieben fundamentale Trends der Geschäftstransformation verantwortlich (s. Bild 1-8) [s. Österle 1999]:

- Das *Enterprise Resource Planning*, also die operative Abwicklung des Geschäfts, läuft beinahe unspürbar im Hintergrund. Integrierte Applikationen für die Administration sowie für die Produktentwicklung und Technik erlauben eine Konzentration auf das Geschäft anstatt auf die Administration.
- *Wissensmanagement* versorgt jede Aufgabe innerhalb eines Prozesses mit dem nötigen Wissen über Kunden, Konkurrenten, Produkte usw., vor allem auch über den Prozess selbst.
- *Intelligente Geräte* bringen die Informationsverarbeitung an den Ort des Geschehens. Die Verkehrsinformation kommt über das Navigationssystem (GPS) zum Fahrer, die Point-of-Sales-Information aus der Ladenkasse zum

Produkthersteller und die Maschinenstörungen von den Sensoren zum Servicemitarbeiter.

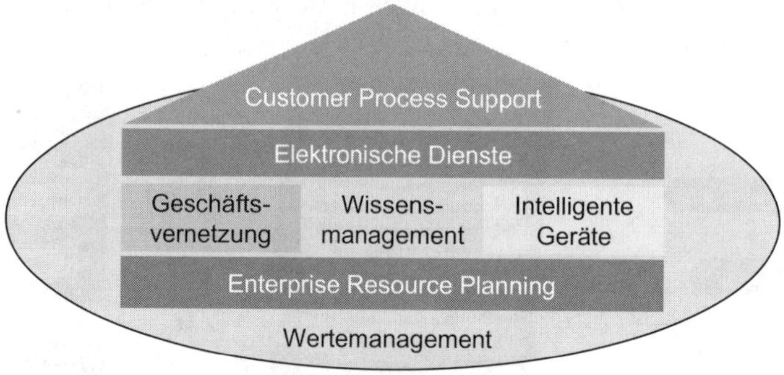

Bild 1-8: Sieben Trends auf dem Weg zum Unternehmen des Informationszeitalters

- *Geschäftsvernetzung* macht die Zusammenarbeit zwischen zwei Unternehmen so einfach, als ob es sich um ein einziges Unternehmen handelte. So steht die Information über einen Verkauf des Endproduktes ohne Verzögerung allen Unternehmen dieser Supply Chain zur Verfügung.
- Viele Teilprozesse, die heute jedes Unternehmen individuell betreibt, werden als *elektronische Dienste* vom Netz bezogen oder dort bereitgestellt. Ein Beispiel könnte Kundenprofiling sein. Zusätzlich zum Lieferanten kann ein Online-Datenbankanbieter als Dritter sowie der Kunde selbst die Verantwortung für sein Profil übernehmen und es über einen elektronischen Dienst anbieten.
- Unternehmen verkaufen nicht einzelne Produkte oder Dienstleistungen, sondern unterstützen ganze *Kundenprozesse*. Transportunternehmen übernehmen den Logistikprozess, Ärzte unterstützen den gesamten Therapieprozess und Versicherungen betreuen an Stelle des Kunden den Prozess der Schadensabwicklung.
- Die Unternehmensführung orientiert sich nicht nur an den finanziellen Ergebnissen, sondern an den Faktoren, welche zu diesen Ergebnissen führen. Aus dem finanziellen Management wird ein *Wertemanagement*, das die Schlüsselfaktoren für den Unternehmenserfolg im Auge behält.

Die Unterstützung ganzer Kundenprozesse durch Prozessportale ist einer dieser Trends. Zur Realisierung und zum Betrieb von Prozessportalen ist die Einführung eines umfassenden Customer Relationship Managements erforderlich.

1.2 Kundenprofitabilität durch Customer Relationship Management

„Kundenorientierung“ ist für kein Unternehmen ein neues Thema. Dennoch gibt es eine Reihe aktueller geschäftlicher und technologischer Auslöser für Customer Relationship Management:

- *Technologische Potenziale* in Form neuer, multimedialer Vertriebskanäle, leistungsfähiger Integrationstools wie Data Warehouses und effizienzsteigernder CRM-Standardsoftware (Punkt 1.2.1);
- Geänderte *geschäftliche Zielsetzungen*, welche z.B. die Kundenbindung anstelle der Neukundengewinnung in den Mittelpunkt stellen (Punkt 1.2.2).

1.2.1 Technologische Potenziale

Die moderne Informationstechnologie bietet eine Vielzahl von Ansatzpunkten für Customer Relationship Management. Entwicklungen wie zum Beispiel die rasante Zunahme der Internet-Nutzung eröffnen Unternehmen vollkommen neue Möglichkeiten. Der Einsatz der IT beschränkt sich nicht mehr auf die reine Unterstützung von internen Arbeitsabläufen. Vielmehr schaffen innovative IT-Lösungen eigenständige Quellen der Wertschöpfung. Neuartige Strategien werden ermöglicht. Aber auch die Marktanforderungen und Qualitätserwartungen an Produkte und Dienstleistungen verändern sich. Der optimale, kundenorientierte Einsatz moderner IT wird immer mehr zum kritischen Wettbewerbsfaktor.

Neben einer Vielzahl (mehr oder weniger) neuer Produkte und Systeme führen einige fundamentale Entwicklungen zu grundlegendem Wandel der Vertriebskanäle, zu neuen Möglichkeiten der Systemintegration und der Prozessunterstützung.

1.2.1.1 Multimediale Vertriebskanäle

Informationstechnologische Innovationen haben die Vielfalt der verfügbaren Vertriebskanäle in den letzten Jahren drastisch erhöht: Vom Telefon über World Wide Web und Selbstbedienungsterminals bis hin zu mobilen, über WAP (Wireless Application Protocol) kommunizierenden Endgeräten wie Handys oder PDAs. Gleichzeitig entstehen auf allen Medien neue Intermediäre wie z.B. Internet-Malls.

Bild 1-9: Raumplanungstool in www.yourhome.ch

Die Kombination von Internet-Tools mit simultaner Audio-Übertragung reduziert, wie die gesamte durch das WWW vorangetriebene Multimedialisierung der elektronischen Vertriebskanäle, die Notwendigkeit persönlicher Kontakte. Eine zunehmende Zahl auch beratungsintensiver Services lassen sich über die neuen Medien abwickeln. So bieten in yourhome.ch die Credit Suisse und ihre Partner eine Reihe multimedialer Services an, z.B. ein Raumplanungstool (s. Bild 1-9).

Die Bedeutung der verschiedenen Vertriebskanäle unterscheidet sich jedoch deutlich. So stufen Banken im deutschsprachigen Raum die Bedeutung der Filiale heute und auch für die Zukunft als sehr hoch ein [s. auch Ernst & Young 1998; Schmid et al. 2000]. Bild 1-10 zeigt, dass 29% der Banken die Filiale als den auch zukünftig wichtigsten Vertriebskanal betrachten, weitere 35% explizit die Filiale in Kombination mit elektronischen Vertriebskanälen wie Internet und Call-Center.

Diese Einschätzung wird damit begründet, dass der persönliche Kontakt zum Kunden für die Pflege der Kundenbeziehung und für die Kundenbindung nach wie vor sehr wichtig ist und dass für komplexe Bankprodukte in den Bereichen Anlage und Finanzierung eine persönliche Beratung erforderlich ist. Allerdings verfolgen fast alle Banken die Strategie, Standardtransaktionen von der Filiale auf kostengünstigere Vertriebskanäle zu verlagern. Das grösste Potenzial sehen die Banken dabei in der Entwicklung neuer, elektronischer Vertriebskanäle und im zielgerichteten, koordinierten Einsatz der verfügbaren Vertriebskanäle.

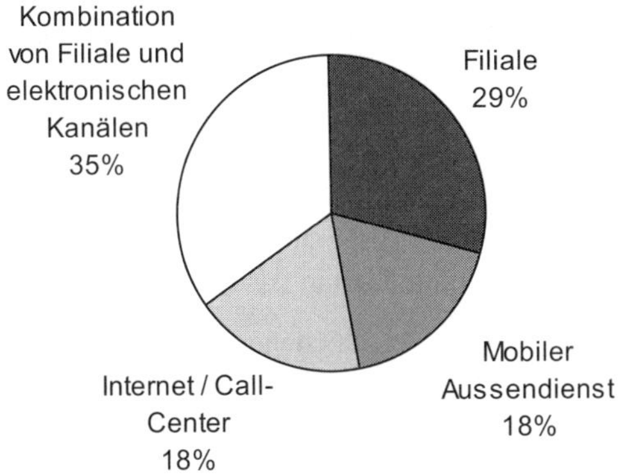

Bild 1-10: Vertriebskanäle mit grösster Bedeutung in der Zukunft [Schmid et al. 2000]

Aufbau und Integration der elektronischen Vertriebskanäle erfordern eine Medienintegration nicht nur in Kunden-, sondern auch in internen Geschäftsprozessen:

Ein erster Schritt ist die *Computer-Telefon-Integration (CTI)*: Spezifische Schnittstellen koppeln die Telekommunikationsanlage mit dem Informationssystem und ermöglichen den Datenaustausch. Durch die Integration ist z.B. eine automatische Anwahl aus dem Informationssystem heraus und eine statistische Auswertung der Kommunikation möglich. CTI findet besonders im Bereich der Call Center Anwendung.

Bei der *Computer-Telefonie* führen die Informationssysteme selbst sämtliche Telefonfunktionen aus. Ein gutes Beispiel zur Computer-Telefonie ist das Phone-Banking, bei dem ein Sprachcomputer den Dialog mit dem Kunden führt.

Am weitesten geht das *Unified Messaging*, indem es verschiedene Medien integriert. Beim Unified Messaging gehen Daten als Sprache, Email, SMS oder Fax in ein zentrales Hard- und Softwaresystem ein und können auch wieder über verschiedene Medien abgerufen werden. Das Konzept ist noch nicht sehr weit verbreitet, verspricht aber die Realisierung neuer Potenziale für das CRM, da alle Kundenkontakte über alle Medien zentral bearbeitet werden können [s. Acken 1998, S.70ff.].

1.2.1.2 Systemintegration

Wesentliche Voraussetzung für erfolgreiches Customer Relationship Management ist eine einheitliche Datenbasis, z.B. für Kundeninformationen. Data Warehousing-Systeme schaffen diese Grundlage, indem sie die effiziente Bereitstellung und Verarbeitung grosser, vorwiegend quantitativer Datenmengen sowie deren Auswertung und Analyse ermöglichen [s. Jansen et al. 2000]. Die unternehmensinternen Quellen der im Data Warehouse gespeicherten Daten sind die Datenbestände der operationalen DV-Systeme. Zusätzlich lassen sich auch beliebige unternehmensexterne Datenquellen in das Data Warehouse einbinden.

Die Ausgangsdaten werden über verschiedene Integrationstools extrahiert, vereinheitlicht, bereinigt, aggregiert und regelmässig in das Data Warehouse übertragen. Parallel zu dem zentralen Data Warehouse lassen sich auch Teilmengen des Datenbestandes in dezentral organisierten „Data Marts" ablegen. Multidimensionale Sichten auf das Data Warehouse werden über einen oder mehrere Warehouse-Server bereitgestellt und von verschiedenen Front-End-Tools zur Analyse (sog. OLAP-Tools), Reportgenerierung oder zum Data Mining genutzt.

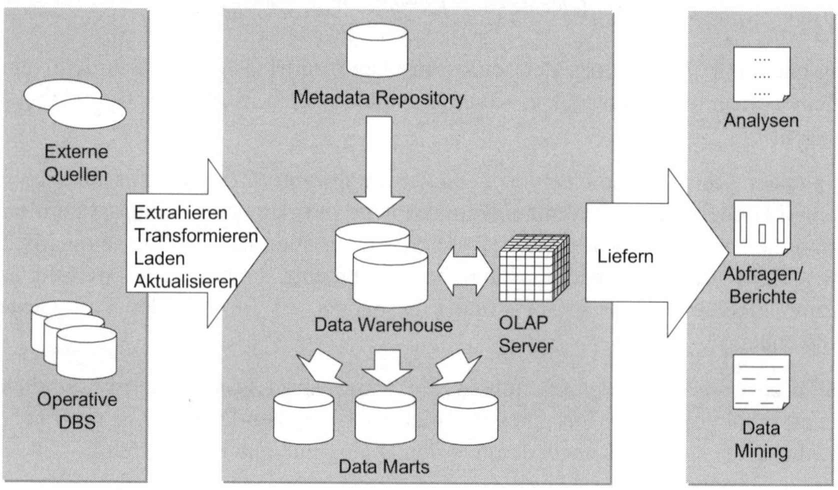

Bild 1-11: Data-Warehouse-Architektur [Chaudhuri/Umeshwar 1997]

Data Warehouses bieten Integrationsmechanismen für den ausschliesslich lesenden Zugriff auf operative Systeme. Weite Teile der Kunden- und CRM-Prozesse bestehen jedoch aus Transaktionen, die Modifikationen in den zu integrierenden Systemen vornehmen. Hierzu sind andere Arten von Middleware verfügbar, für die Brokat Twister ein Beispiel ist [vgl. Österle et al. 1996]: Die Firma Brokat bietet mit ihrem Produkt Twister eine Lösung zur integrierten Anbindung verschiedener Vertriebskanäle an die Back-End-Systeme an. Den Kern bildet dabei ein systemunabhängiger Teil, in dem die einzelnen Geschäftsprozesse, Geschäftsobjekte und technischen Objekte abgebildet sind. Von diesem Kern aus bestehen

Schnittstellen zu verschiedenen Back-End-Systemen wie z.B. Host-Systemen, SQL-Datenbanken oder SAP R/3. Verschiedene Vertriebskanäle werden über Front-End-Module bedient. Diese enthalten lediglich Darstellungsinformationen, greifen aber auf die im Kern abgebildete Geschäftslogik zu. Eine konsistente Sicht über alle Vertriebskanäle ist somit gewährleistet. Durch den modularen Aufbau lassen sich jederzeit weitere Vertriebskanäle ergänzen.

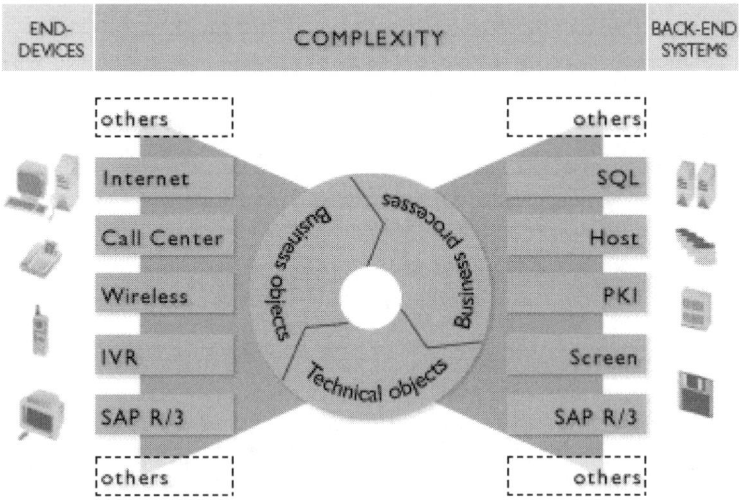

Bild 1-12: Architektur von Brokat Twister [Brokat 1999]

1.2.1.3 Standardsoftware

Standardsoftware wie z.B. die Siebel-Produktfamilie befindet sich zur Zeit stark im Aufwind. Derartige Produkte erlauben die integrierte Abwicklung der Prozesse Marketing, Verkauf und Service, basierend auf einem einheitlichen Datenbestand mit Produkt- und Kundeninformationen. Durch die Integration der CRM-Prozesse wird der Informationsfluss zwischen den Prozessen gefördert. Beschwert sich zum Beispiel ein Kunde beim Customer Service, so stehen die entsprechenden Informationen dem Kundenberater auch im nächsten Verkaufsgespräch zur Verfügung.

Ein Beispiel ist NSE FINAS Enterprise. NSE ist ein im deutschsprachigen Raum aktiver Anbieter von Branchensoftware für Banken. Wichtigstes Produkt ist FINAS Enterprise, eine integrierte CRM-Lösung für Banken, die mit verschiedenen Komponenten den gesamten CRM-Prozess abdeckt. Die wichtigsten Funktionalitäten sind in Bild 1-13 dargestellt.

In der Pre-Sales-Phase bietet FINAS Enterprise auf Basis eines Kundeninformationssystems und Kundenbetreuungssystems umfassende Funktionalitäten für Kundenanalyse, Kundenselektion, Kampagnenmanagement usw. Für die Sales-

Phase beinhaltet FINAS Enterprise Funktionen zur Verkaufsunterstützung, die spezifisch auf die einzelnen Produkte ausgerichtet sind. Zusätzlich sind Offertverwaltung, Provisionsabrechnung etc. verfügbar. Die Post-Sales-Phase umfasst im Wesentlichen verschiedene Funktionalitäten zur Unterstützung administrativer Abläufe.

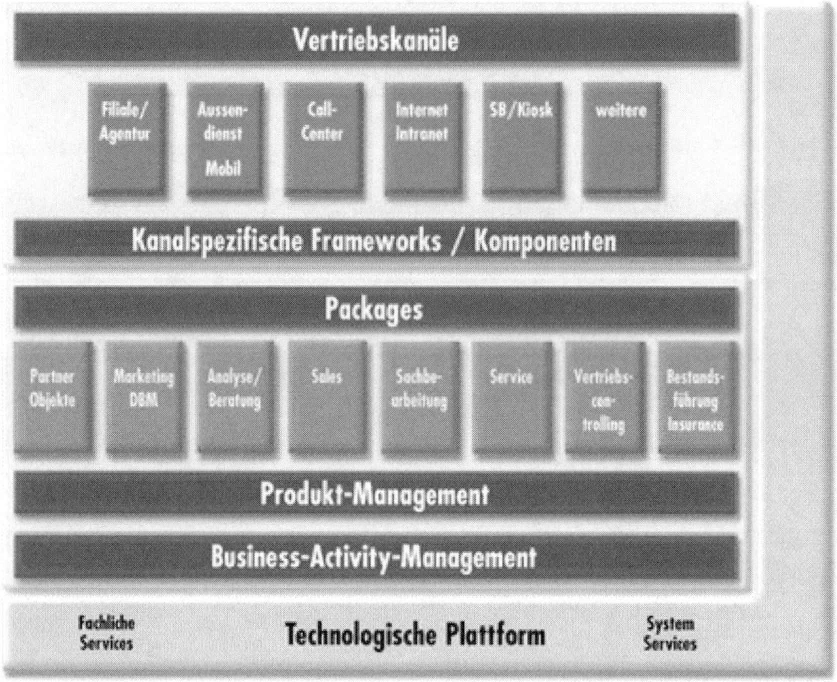

Bild 1-13: Das FINAS Enterprise Komponentenprinzip [NSE 2000]

FINAS Enterprise unterstützt verschiedene Vertriebskanäle. Verkaufsargumente und Produktinformationen können in der zentralen Produktdatenbank gespeichert werden, wobei die Spezifika der einzelnen Vertriebskanäle berücksichtigt werden können.

Gegenüber der bisher vorherrschenden Eigenentwicklung bietet Standardsoftware eine Vielzahl von Vorteilen, darunter:

- (potenziell) kostengünstige und schnelle Verfügbarkeit,
- Nutzung von bereits „vorgedachten“ Prozessen und Datenstrukturen,
- Verminderung des technologischen Risikos,
- Partizipation an der technologischen und funktionalen Weiterentwicklung der Software.

Diesen Vorteilen gegenüber stehen in der Praxis häufig noch relativ hohe Kosten der „Komplettpakete" sowie bisher vergleichsweise wenig Erfahrung bei der Einführung und Integration von CRM-Systemen.

1.2.2 Geschäftliche Ziele

Customer Relationship Management zielt auf die Steigerung der Kundenprofitabilität. Dazu nutzt es auf der einen Seite Potenziale zur Kundenbindung, -selektion und -gewinnung. Auf der anderen Seite spielen aber auch Effizienzsteigerungen in den CRM-Prozessen eine wesentliche Rolle [vgl. Emmert et al. 2000, S.27].

1.2.2.1 Kundenbindung

Bis heute ist ein Grossteil der Marketinganstrengungen auf die Gewinnung von Neukunden ausgerichtet. Es ist jedoch bekannt, dass die Akquisitionskosten für einen Neukunden den Gewinn aus dieser Geschäftsbeziehung für eine längere Zeit konsumieren [Kunz 1996, S.17] (vgl. Bild 1-14). Dazu kommt die Gefahr, durch günstige Lockangebote Neukunden gegenüber Stammkunden zu bevorteilen und letztere dadurch zu verlieren.

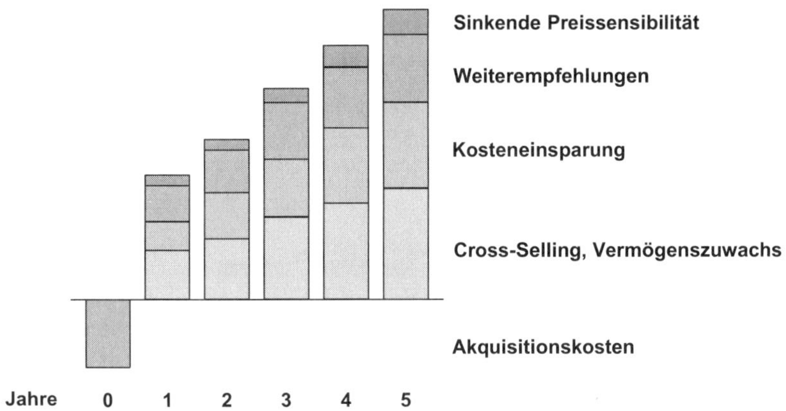

Bild 1-14: Nutzen langfristiger Kundenbeziehungen [Bernet/Held 1998, S.62]

Untersuchungen haben gezeigt, dass die Kosten für das Halten von bestehenden Kunden etwa fünf- bis siebenmal niedriger sind als der Aufwand für die Gewinnung eines Neukunden [Kunz 1996, S.18]. Da in der Regel jeder verlorene Kunde durch einen Neukunden ersetzt werden muss, kann ein Unternehmen desto profitabler wirtschaften, je mehr seiner Kunden Stammkunden sind. Bild 1-15 veranschaulicht diesen Sachverhalt. Während das Unternehmen mit einer Treuequote von 50% in drei Jahren 150 Neukunden gewinnen muss, um die Kundenzahl konstant zu halten, muss das Unternehmen mit einer Treuequote von 80% im selben Zeitraum nur 60 Neukunden gewinnen.

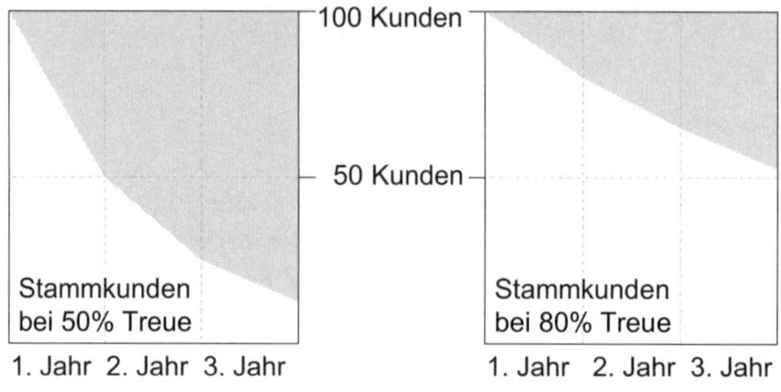

Bild 1-15: Vergleich zweier Unternehmen mit unterschiedlichen Treuequoten [Kunz 1996]

1.2.2.2 Kundenselektion

Das blinde Binden von möglichst vielen Kunden führt jedoch nicht zwangsläufig zum gewünschten finanziellen Erfolg. Üblicherweise machen 20% der Kunden 80% des Umsatzes aus [vgl. Schwede 2000, S.9]. Ziel ist es also, alle Akquisitions- und Kundenbindungsaktivitäten auf solche Kunden auszurichten, die zumindest mittel- bis langfristig profitabel sind.

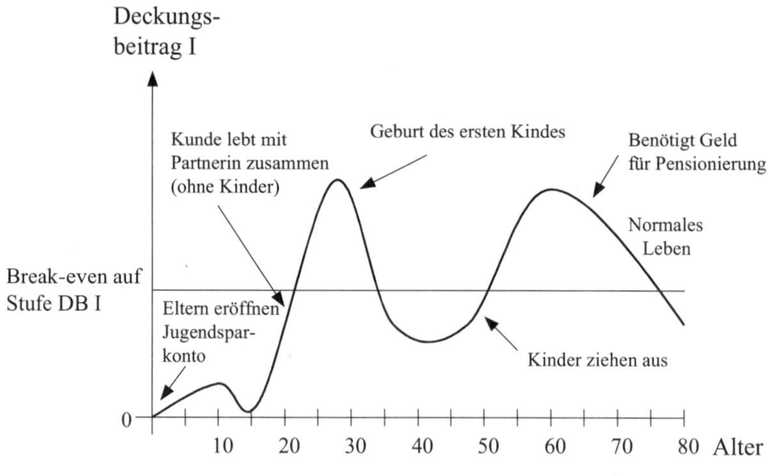

Bild 1-16: Profitabilität eines Kunden nach Lebensereignissen [Dubs 1998]

Dies kann nur verwirklicht werden, wenn Unternehmen über ihre Kunden möglichst viele Informationen gewinnen, die Rückschlüsse auf die (zukünftige) Profitabilität des Kunden oder zumindest bestimmter Kundensegmente zulassen. Wertvoll sind beispielsweise Informationen, die Hinweise auf den Anteil des eigenen Unternehmens am Gesamtpotenzial des Kunden geben bzw. weitere Anbieterbeziehungen aufdecken. Solche Informationen erlauben es, dem Kunden gezielt Dienstleistungen anzubieten, die er derzeit von anderen Konkurrenten beziet. Des Weiteren generiert die Kenntnis von Ereignissen und Zielen im privaten oder beruflichen Umfeld des Kunden (z.B. Kinder, Arbeitslosigkeit, Hausbau etc.) sowie die Kenntnis von persönlichen Interessen (z.B. Urlaubsgewohnheiten, Hobbys etc.) Cross-Selling-Potenziale und erlaubt Rückschlüsse auf die Rentabilität (s. Bild 1-16).

1.2.2.3 Kundengewinnung

Trotz aller Massnahmen in den Bereichen der Kundenbindung und der Kundenselektion kann nicht verhindert werden, dass auch (potenziell) profitable Kunden abwandern. Eine laufende Akquisition von Neukunden ist also erforderlich, um diese Verluste auszugleichen. In der Regel wird ein wachsender Kundenstamm angestrebt, sodass die Rate der gewonnenen Neukunden die Abwanderungsrate übersteigen muss. Neben der Kundenbindung und der Kundenselektion ist also auch die Kundengewinnung ein wichtiger Bestandteil des Customer Relationship Managements. Dabei spielen neben Massenwerbemassnahmen zum Beispiel auch Mailingaktionen und andere Kampagnen oder Weiterempfehlungsprogramme eine Rolle.

1.2.2.4 Effizienzsteigerung

Während einer längerfristigen Geschäftsbeziehung sammelt ein Unternehmen Erfahrungen im Ablauf der Transaktionen und baut zusätzliches Wissen über den Kunden im CRM-System auf. Durch Auswertung des Wissens kann es die Kundenbedürfnisse schneller befriedigen, wodurch sich die Transaktionskosten und -zeiten reduzieren und der Kundenwert steigt.

Ausserdem können Unternehmen durch den Einsatz von CRM-Systemen unmittelbar die Aufwände reduzieren, indem manuelle Tätigkeiten wie das Selektieren von Adressen für Mailings oder die Nachbereitung eines Kundenbesuchs automatisiert in den CRM-Systemen ablaufen. Diese kostensenkenden Impulse, die von den CRM-Systemen ausgehen, sind mit denen klassischer Informationssysteme weitgehend identisch und werden deshalb an dieser Stelle nicht weiter betrachtet [vgl. u.a. Stahlknecht 1993]. Zur Verdeutlichung sind hier lediglich einige Beispiele angegeben [s. Hansen 1992]:

- effiziente Bearbeitung grosser Datenmengen,

- automatische Abwicklung manueller Tätigkeiten,
- Entlastung der Kundenberater von Verwaltungsarbeiten,
- effiziente Beschaffung qualifizierter Unterlagen zur Entscheidungsunterstützung,
- bessere Kapazitätsauslastung durch Ressourcenbündelung z.B. in Call-Centern,
- Umleitung der Kunden zu kostengünstigeren Kanälen.

1.3 Das St. Galler Modell für prozesszentriertes CRM

Zur Realisierung der geschäftlichen Potenziale identifiziert das St. Galler Modell für prozesszentriertes Customer Relationship Management (im Folgenden: CRM-Modell) die wesentlichen Gestaltungsbereiche von CRM-Projekten. Abhängig von den jeweils verwendeten Instrumenten betrifft nicht jedes CRM-Projekt unbedingt alle Gestaltungsbereiche in vollem Umfang (s. Punkt 1.4). Ein Gesamtbild ist jedoch notwendig, um das reibungslose Zusammenspiel mehrerer Projekte sicherzustellen. Jeder der beiden Gestaltungsbereiche „Kundenprozessunterstützung" und „Kundenzentrierte Organisation" besteht aus mehreren Komponenten, die im Folgenden beschrieben sind.

1.3.1 Gestaltungsbereich „Kundenprozessunterstützung"

Der Gestaltungsbereich „Kundenprozessunterstützung" entspricht im Wesentlichen der in Punkt 1.1.5 dargestellten Struktur des Geschäftsmodells im Informationszeitalter. Bild 1-17 zeigt diesen Gestaltungsbereich am Beispiel eines Portals für Finanzdienstleistungen: Unterschiedliche *Kundenprozesse* (Privatkunde, Selbstständiger, Studentin) nutzen über *Medien* und *Kanäle* die vom Anlageportal bereitgestellten Leistungen. Interne *Prozesse* (Research, Produktmanagement) und externe Anbieter (Reuters) stellen diese Leistungen bereit, die das *Prozessportal* bündelt und ergänzt.

Bei der Abgrenzung der verschiedenen Kanäle muss zwischen einer Unternehmenssichtweise und einer Kundensichtweise unterschieden werden. Aus Unternehmenssicht ist es z.B. relevant, ob ein Kunde über eine Filiale oder über ein Call Center entgegen genommen wird, es spielt aber keine Rolle, ob der Kunde die Filiale besucht oder nur dort anruft. Aus Kundensicht hingegen ist es ausschlaggebend, ob er per Telefon mit dem Unternehmen Kontakt aufnimmt oder in die Filiale geht. Ob sein Telefonanruf aber in der Filiale oder in einem Call Center bedient wird, ist dem Kunden egal – sofern ihn die Dienstleistung zufrieden stellt.

Für den Kunden relevant sind zunächst die Medien, über die er das Unternehmen kontaktiert. Im Folgenden ist mit dem Begriff *Kanal* die Unternehmenssichtweise und mit dem Begriff *Medium* die Kundensichtweise gemeint.

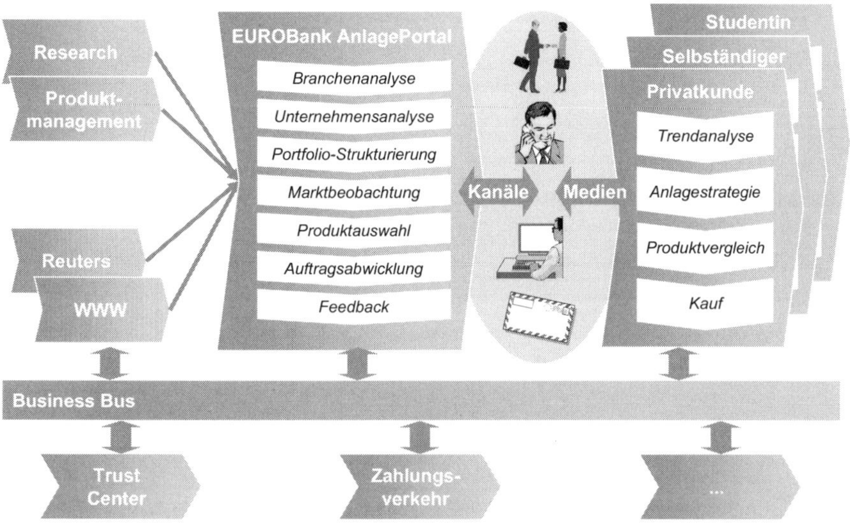

Bild 1-17: Gestaltungsbereich „Kundenprozessunterstützung" am Beispiel „Kapitalanlage"

1.3.2 Gestaltungsbereich „Kundendenzentrierte Organisation"

Der Gestaltungsbereich „Kundenzentrierte Organisation" umfasst die zur unternehmensinternen Umsetzung von Customer Relationship Management notwendigen Komponenten:

- Die *CRM-Prozesse* Marketing, Verkauf und Service mit den von ihnen über das Prozessportal abgegebenen Leistungen;
- die *CRM-Wissensstruktur* der benötigten Mitarbeiterfähigkeiten, Daten und Dokumente;
- die *CRM-Basis,* bestehend aus Mitarbeitern und ihren Rollen in Unterstützungsprozessen sowie Informationssystemen.

Bild 1-18 zeigt die Komponenten für das obige Beispiel „Kapitalanlage". Für den Marketingprozess sind seine Leistungen im Prozessportal, die dafür genutzten Kanäle, die Kernaufgaben sowie die benötigten Wissensstrukturen dargestellt. Die Wissensstruktur enthält dokumentiertes Wissen (in Form von Datensätzen, Dokumenten und ihren Beziehungen untereinander, dargestellt als Oval bzw.

durchgezogene Linien), aber auch „implizites", in den Köpfen der Mitarbeiter vorhandenes Wissen (als „Wolke" und gestrichelte Linien dargestelltes Marketing-Know-how).

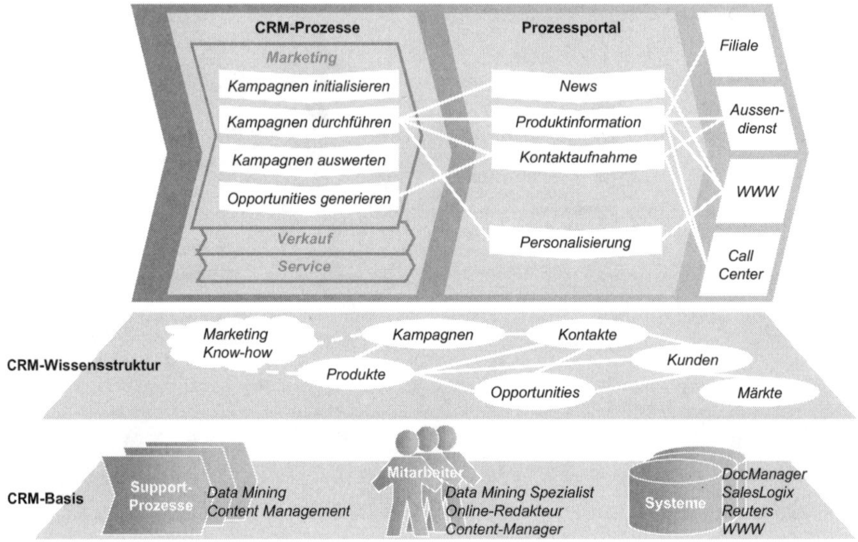

Bild 1-18: Gestaltungsbereich „Kundenzentrierte Organisation" am Beispiel „Kapitalanlage"

1.3.2.1 CRM-Prozesse

Customer Relationship Management findet in den Prozessen Marketing, Verkauf und Service statt. In der Regel können alle Kundenkontakte unternehmensseitig einem dieser drei Prozesse zugeordnet werden [vgl. ECCS 1999]. Auf der Kundenseite ist jeder Kundenkontakt im Customer Buying Cycle einer der Phasen *Anregung, Evaluation, Kauf* und *After-Sales* zuzuordnen [s. Muther 1999, S.14ff.]. Eine eindeutige Zuordnung dieser Phasen zu den Prozessen Marketing, Verkauf und Service ist nicht möglich. Im Wesentlichen wird der Kunde aber in der Anregungsphase durch den Marketingprozess bedient, die Kontakte während der Evaluationsphase und der Kaufphase finden im Verkaufsprozess statt, einen Teil der Kaufphase sowie die After-Sales-Phase deckt der Serviceprozess ab.

Auch Back-Office-Prozesse wie z.B. Einkauf, Produktentwicklung, Qualitätsmanagement und Leistungserstellung sind im Zusammenhang mit Customer Relationship relevant. Hier finden zwar normalerweise keine direkten Kundenkontakte statt, ein Informationsaustausch mit den CRM-Prozessen ist jedoch unbedingt notwendig. So müssen zum Beispiel alle relevanten Produktinformationen aus der Produktentwicklung den Mitarbeitern in Marketing, Verkauf und

Service zur Verfügung stehen. Umgekehrt müssen Beschwerden und Anregungen der Kunden aus dem Serviceprozess an die Produktentwicklung weitergeleitet werden.

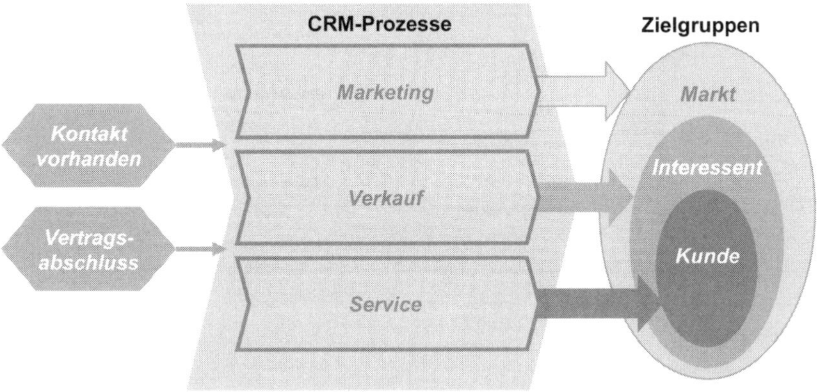

Bild 1-19: Abgrenzung der CRM-Prozesse

Zur Abgrenzung der Prozesse Marketing, Verkauf und Service werden einerseits die Zielgruppen der Prozessaktivitäten und andererseits die Ereignisse Kundenkontakt und Vertragsabschluss betrachtet (s. Bild 1-19), [vgl. Stender/Schulz-Klein 1998, S.11ff.]. Der Marketing-Prozess hat prinzipiell den gesamten Markt als Zielgruppe. In der Regel wird diese Zielgruppe anhand verschiedener Kriterien eingegrenzt, um einen Kreis potenzieller Kunden mit hoher Erfolgswahrscheinlichkeit anzusprechen. Für die Abgrenzung ist es irrelevant, ob ein breites Massenmarketing oder ein stark individualisiertes Marketing durchgeführt wird. Ziel des Marketing-Prozesses ist es in jedem Fall, beim potenziellen Kunden Interesse für ein bestimmtes Produkt zu wecken. Die Zielgruppe kann dabei durchaus bestehende Kunden umfassen, denen ein zusätzliches Produkt angeboten wird. Marketingaktivitäten können auch allein auf die Bindung bestehender Kunden abzielen (Kundenbindungsmarketing). Sobald ein Kunde in einem individuellen Kontakt sich für das angebotene Produkt interessiert, geht der Marketingprozess in den Verkaufsprozess über. Bild 1-18 zeigt die wichtigsten Leistungen des Marketingprozesses im Prozessportal, seine Kernaufgaben und die benötigten Wissensstrukturen, die diese Aufgaben unterstützen.

Der Verkaufsprozess umfasst alle Aktivitäten, die im Kontakt mit einem interessierten Kunden zu einem Vertragsabschluss führen sollen. Dies können zum Beispiel Beratungsgespräche oder die Bereitstellung von Informationsmaterial sein. Mit dem Vertragsabschluss endet der Verkaufsprozess. Es schliessen sich einerseits der Serviceprozess und andererseits der Prozess Leistungserstellung an. Die Leistungserstellung ist ein Back-Office-Prozess ohne direkten Kundenkontakt. Hier werden die vertraglich vereinbarten Leistungen erbracht. Bild 1-20 zeigt die wichtigsten Leistungen des Verkaufsprozesses im Prozessportal, seine Kernaufgaben und – als Vorgriff auf 1.3.2.2 – die benötigten Wissensstrukturen.

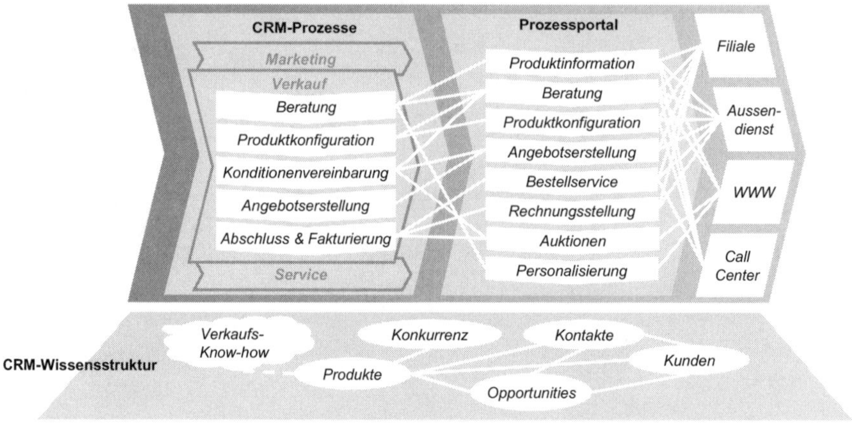

Bild 1-20: CRM-Prozess Verkauf

Alle weiteren Kundenkontakte finden im Serviceprozess statt, über den der Kunde die Lieferung, Auskünfte und Hilfestellungen erhält, aber über den er auch in Rahmenverträgen vereinbarte Einzelaufträge (z.B. Wertpapiertransaktionen) erteilen kann. Aus dem Serviceprozess heraus kann ein Potenzial für den Verkauf eines zusätzlichen Produktes entstehen, das dann wiederum vom Marketing- oder Verkaufsprozess weiterverfolgt wird. Bild 1-21 zeigt die wichtigsten Leistungen des Serviceprozesses im Prozessportal, seine Kernaufgaben und die Wissensstrukturen, welche diese Aufgaben unterstützen.

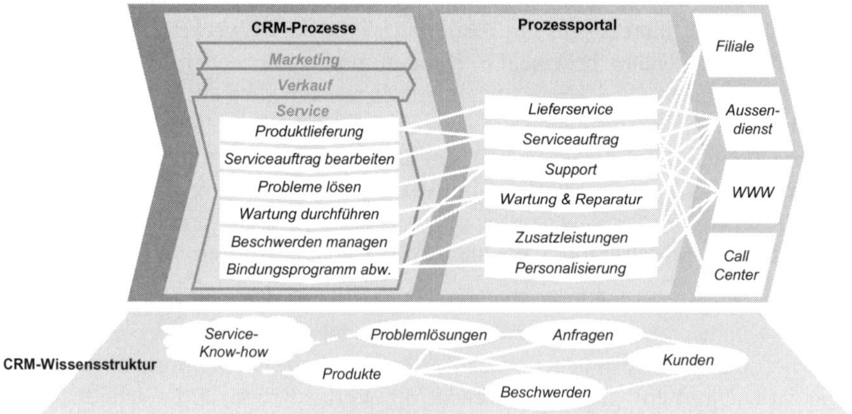

Bild 1-21: CRM-Prozess Service

1.3.2.2 CRM-Wissensstruktur

Ein wesentlicher Bestandteil des Customer Relationship Managements ist die integrierte Betrachtung der Prozesse Marketing, Verkauf und Service. Um das volle Potenzial von CRM ausschöpfen zu können, muss der Informationsfluss innerhalb und zwischen diesen Prozessen sichergestellt werden. So benötigt zum Beispiel der Kundenberater im Beratungsgespräch Informationen über den Kunden (Stammdaten, Vermögen, Kundenstatus, Hintergrundinformationen, ...), über Produkte (Konditionen, Leistungen, Verkaufsargumente, Konkurrenzprodukte, ...), über relevante politische Ereignisse und Markteinschätzungen usw.

Durch eine prozessorientierte Kategorisierung, Filterung und Aufbereitung dieser Informationen entsteht entscheidungsrelevantes Wissen für Mitarbeiter in CRM-Prozessen. Die Zusammenführung der relevanten Inhalte in einer Wissensstruktur dient dabei folgenden Zwecken:

- *Schaffung von Transparenz:* Häufig ist in Unternehmen eine Vielzahl von Informationen bereits vorhanden oder kann leicht beschafft werden, wird aber bisher in den Prozessen nicht oder nur unzureichend genutzt.
- *Begriffsklarheit:* Die Strukturierung sorgt für die Entwicklung einer einheitlichen Sprache: was versteht das Unternehmen unter einem „Kunden", einem „Produkt" etc.
- *Systemunabhängigkeit:* Durch die Strukturierung ist es möglich, die Informationsbedarfe aus den Prozessen unabhängig von den konkreten Informationssystemen zu erfassen und zu beschreiben. Die Informationsbedarfe, die z.B. der Kategorie Kundeninformationen zugeordnet werden, können dann durch eine Kombination verschiedener Informationssysteme abgedeckt werden. So ist es zum Beispiel denkbar, dass dem Kundenberater neben den Daten aus einem zentralen Kundeninformationssystem auch relevante Dokumente aus einem Dokumentenmanagementsystem sowie Reports aus einem Data Warehouse und verschiedene externe Informationsquellen im Internet zur Verfügung stehen. Zusätzlich könnte ihm ein Expertenverzeichnis helfen herauszufinden, an wen er sich bei bestimmten Detailfragen wenden kann.

Die folgenden Abschnitte beschreiben kurz die vier zentralen Kategorien Kunden-Produkt-, Kampagnen- und Serviceinformationen.

Kundeninformationen

Zur Kategorie Kundeninformationen gehören sämtliche Informationen, die ein Unternehmen über seine Kunden hat. Der Begriff Kunde umfasst dabei sowohl bestehende als auch potenzielle und ehemalige Kunden. Kundeninformationen setzen sich aus drei Bestandteilen zusammen [vgl. Davenport 1998]:

- *Datenbasierte Kundeninformationen:* Dazu gehören alle in klassischen Transaktionssystemen und Datenbanken vorliegenden Kundeninformationen wie z.B. Stammdaten, Aufträge, Reklamationen, Daten über die Nutzung von Kanälen etc. Weitere relevante Kundeninformationen entstehen daraus durch statistische Auswertung und Interpretation. Damit ist es z.B. möglich, eine Kundenbewertung durchzuführen und die Kunden bestimmten (Teil-) Segmenten zuzuordnen. Dazu sind Lösungen erforderlich, welche in die Bereiche Data Mining und Customer Profiling fallen.

- *Informationen aus Kundeninteraktionen:* Bei jeder Interaktion eines Kunden mit dem Unternehmen erhält es Informationen über den Kunden. Dabei handelt es sich in der Regel um qualitative Fakten wie z.B. Informationen über bestimmte Interessensgebiete des Kunden, über die familiäre oder berufliche Situation, über persönliche Ziele des Kunden oder auch über Geschäftsbeziehungen des Kunden zu anderen Unternehmen. Beim persönlichen Kontakt entstehen diese Informationen zunächst im Kopf des Vertriebsmitarbeiters, der seine Beobachtungen, Einschätzungen und Kommentare in einem adäquaten System verfügbar machen sollte. Ähnliche Informationen können aber beispielsweise auch durch Analyse des Navigationsverhaltens des Kunden auf der Homepage des Unternehmens gewonnen werden.
- *Implizite, unstrukturierte Kundeninformationen:* Bei einer persönlichen Interaktion eines Kunden mit einem Vertriebs- oder Servicemitarbeiter entsteht bei diesem Wissen über den Kunden, das er nicht wie oben beschrieben in entsprechenden Systemen explizit verfügbar machen kann. Der Mitarbeiter „kennt" den Kunden, ist in der Lage, sein Verhalten einzuschätzen, ohne jedoch dieses Wissen explizit formulieren oder weitergeben zu können. Über ein CRM-System kann diese Art von Kundeninformation nicht direkt zugänglich gemacht werden. Es ist jedoch möglich, in Form eines „Expertenverzeichnisses" festzuhalten, wer über solche impliziten Informationen über bestimmte Kunden oder Kundensegmente verfügt und diese Metainformationen verfügbar zu machen.

Eine grosse Herausforderung besteht darin, die Kundeninformationen prozess- und systemübergreifend zu integrieren. Die Mitarbeiter in den CRM-Prozessen Marketing, Verkauf und Service müssen Zugriff auf einen konsistenten Bestand an Kundeninformationen haben. Zudem müssen die verschiedenen Informationsbestandteile über einen Kunden in einem einheitlichen Front-End abrufbar sein, d.h. der Mitarbeiter muss über einen Oberfläche Zugriff auf Stammdaten, Transaktionen, Kundenbewertung, Kontakthistorie, Hintergrundinformationen etc. haben.

Produktinformationen

Die Kategorie Produktinformationen umfasst sämtliche im Unternehmen verfügbaren Informationen über seine Produkte und Dienstleistungen. Dazu gehören Informationen für Kundenberater wie Produktbeschreibungen, aktuelle Konditionen, Verkaufsargumente und Konkurrenzprodukte, aber auch Informationen für

Kunden wie Broschüren oder Produktinformationen auf der Website. Zusätzlich relevant sind auch Absatzzahlen, Verkaufserfahrungen (z.B. welche Zielgruppen sprechen auf das Produkt am besten an) etc.

Wie die Kundeninformationen müssen auch die Produktinformationen den Prozessen, in denen sie genutzt werden, integriert zur Verfügung stehen. Neben den CRM-Prozessen spielt der Prozess Produktentwicklung eine grosse Rolle. Dieser stellt einerseits einen Grossteil der Produktinformationen bereit und ist andererseits auf Feedback z.B. über Akzeptanz etc. angewiesen, um die Produktpalette bedarfsorientiert weiterentwickeln zu können.

Idealerweise liegen die Produktinformationen in einer einheitlichen Datenbasis vor. Die Informationen sind dabei so strukturiert, dass für jedes Nutzungsszenario eine adäquate Sicht auf die Produktinformationen zur Verfügung steht. So können kundengerechte Darstellungen und Erläuterungen in Prospekte und Website einfliessen, während ausführlichere Verkaufsargumente nur dem Kundenberater angezeigt und Absatzzahlen vor allem der Produktentwicklung und dem Controlling präsentiert werden.

Kampagneninformationen

Die Kampagneninformationen betreffen die im CRM-Teilprozess Marketing durchgeführten Kampagnen. Dazu gehören Ziele der Kampagne, angesprochene Zielgruppen, beworbene Produkte, verwendetes Medium (Telefon, Web, Post,...) und Werbematerial sowie Auswertungsinformationen (Responsequote, Abschlussquote, Kundenfeedback etc.).

Die Durchführung von Marketingkampagnen erfordert auch den Einbezug von Produkt- und Kundeninformationen. Bei der Strukturierung von Kampagneninformationen ist darauf zu achten, dass Verbindungen zu den entsprechenden anderen Informationskategorien hergestellt werden können, ohne die verwendeten Produkt- und Kundeninformationen redundant bei den Kampagnen erfassen zu müssen.

Serviceinformationen

Serviceinformationen werden vor allem im CRM-Teilprozess Service genutzt und erzeugt. Es handelt sich dabei einerseits um Informationen über bestehende Kundenbeziehungen, die zum Beispiel die mit dem Kunden vereinbarten Serviceleistungen spezifizieren, andererseits um Informationen, die aus Servicekontakten mit Kunden entstehen, wie zum Beispiel Beschwerden. Ein Beschwerdemanagement muss dafür sorgen, dass die Beschwerden an die richtige Stelle weitergeleitet werden, z.B. an die Produktentwicklung oder an eine Abwicklungsabteilung.

Diese Informationen können in der Regel entweder bestimmten Kundeninformationen oder bestimmten Produktinformationen zugeordnet werden und bilden damit eigentlich nur eine spezielle Sicht auf diese beiden Kategorien. Daneben gibt es auch davon unabhängige Serviceinformationen wie zum Beispiel Know-how zur Lösung von Kundenproblemen.

1.3.2.3 CRM-Basis

Die CRM-Basis setzt sich aus Mitarbeitern sowie Systemen und Unterstützungsprozessen zusammen. Besondere Bedeutung kommt den Mitarbeitern dadurch zu, dass neben ihrem generell kundenorientierten Verhalten insbesondere die Wahrnehmung ihrer Rollen in Prozessen sowie ihr Know-how erfolgskritisch für Customer Relationship Management sind.

Systeme

CRM-Systeme bieten eine Vielzahl von Funktionen zur Unterstützung der CRM-Prozesse, von denen Bild 1-22 einige wichtige auflistet [s. Potreck 1997, S.748 ff.; Lossau 1998, S.24; Schulze/Bach 1999, S.11 ff.].

Die grundlegenden Anforderungen an die Funktionalität der CRM-Systeme ergeben sich aus den übrigen Komponenten des CRM-Modells:

- *Ausrichtung auf Prozesse:* bezogen sowohl auf Kundenprozesse (bei direkter Nutzung durch den Kunden) als auch auf CRM-Prozesse (bei Nutzung durch Mitarbeiter);
- *Multikanalfähigkeit:* Bedienung verschiedenster Medien vom stationären Verkaufsmitarbeiter über den mobilen Service-Aussendienst bis zu Call Center, WWW und WAP;
- *Multimedia:* Unterstützung strukturierter Daten und multimedialer Dokumente;
- *Personalisierung:* Individuelle Sichten für den einzelnen Mitarbeiter und Kunden;
- *Skalierbarkeit:* Performante Nutzung umfangreicher Datenmengen bei hohen Nutzerzahlen;
- *Integration:* Zusammenführung von Daten aus verschiedensten Systemen zum Aufbau der für Kunden- und CRM-Prozesse notwendigen Wissensstrukturen (s. Punkt 1.3.2.2).

Heutige Standardsoftware für Customer Relationship Management bietet einen Teil dieser Funktionalitäten, häufig eingeschränkt auf einzelne (Teil-) Prozesse (z.B. Help Desks für den Service) und auf bestimmte Kanäle (z.B. Aussendienst, Call Center-, eCommerce-Lösungen). Daraus ergibt sich zusammen mit der Notwendigkeit, Daten aus bereits vorhandenen Systemen nutzen zu können, ein hoher Integrationsbedarf. Kritische Punkte sind dabei u.a. die hohe Fehleranfälligkeit durch zahlreiche Schnittstellen, Performance-Probleme, fehlende Realtime-Fähigkeit bei redundanter Datenhaltung und eine komplexe Berechtigungsverwaltung.

Marketing	**Verkauf**	**Service**	**Führung und Unterstützung**
Kampagnen-management	Account-Management	Problemlösungs-management	(Gruppen-) Kalender (-Integration)
Kundenselektion	Contact-Management	Call Center Management	E-Mail-Integration
Marketing Enzyklopädie	Opportunity-Management	Serviceanalysen	Berichtswesen (Reporting)
Marketing-Analysen	Activity-Management	Management Serviceverträge	Workflow-Management
Markt-segmentierung	Informationen zu Verkaufsvorgängen	(Internet) Self Service	Dokumenten-management
Kundenprofil-verwaltung	Informationen zu Wettbewerbern	Aussendienstservice (Field Service)	Suchmaschinen
Abwicklung von Marktunter-suchungen und Kundenbefragungen	Produktkonfigurator		Monitoring- und Frühwarnfunktionen
	Angebotserstellung, Preisfindung und Auftragserfassung		
Management des Produktportfolios und des Produkt-lebenszyklusses	Vertriebsplanung		
	Vertriebsanalyse und Forecasting		
	Mobile Sales		

Bild 1-22: Funktionen von CRM-Systemen

Unterstützungsprozesse

Zum Betrieb der Systeme, zur Erstellung und Verteilung von CRM-relevantem Wissen sind spezifische Unterstützungsprozesse erforderlich. Ihre primäre Herausforderung ist die Sicherstellung der notwendigen Informationsqualität (Zuverlässigkeit, Aktualität etc.).

Eine Ausprägung derartiger Unterstützungsprozesse ist das Content Management zur Verteilung bspw. von Produktwissen: In der liefernden Fachabteilung (z.B.

Produktmanagement) sind Autoren zuständig für die Erstellung der Wissensobjekte (z.B. Produktdokumentationen) sowie für die Überwachung ihrer Gültigkeit und Nutzung. Ebenfalls in der Fachabteilung angesiedelte Themen-Verantwortliche haben die Aufgabe, Wissensobjekte inhaltlich freizugeben, aber auch das Feedback der Nutzer aufzunehmen und entsprechende Modifikationen von Wissensobjekten zu veranlassen. Content Manager sind für die formale Einordnung und Freigabe (Layout u.ä.) sowie ggfs. für die technische Aufbereitung (Konvertierung, „Verlinkung" etc.) verantwortlich (s. Bild 1-23).

Weitere für das Customer Relationship Management relevante Unterstützungsprozesse sind z.B. Data Mining-Prozesse zur Kampagnenplanung, Researchprozesse zur Markt- und Unternehmensanalyse. Welche Unterstützungsprozesse in welcher Form notwendig sind, hängt im Einzelnen von den CRM-Instrumenten ab (s. Punkt 1.4).

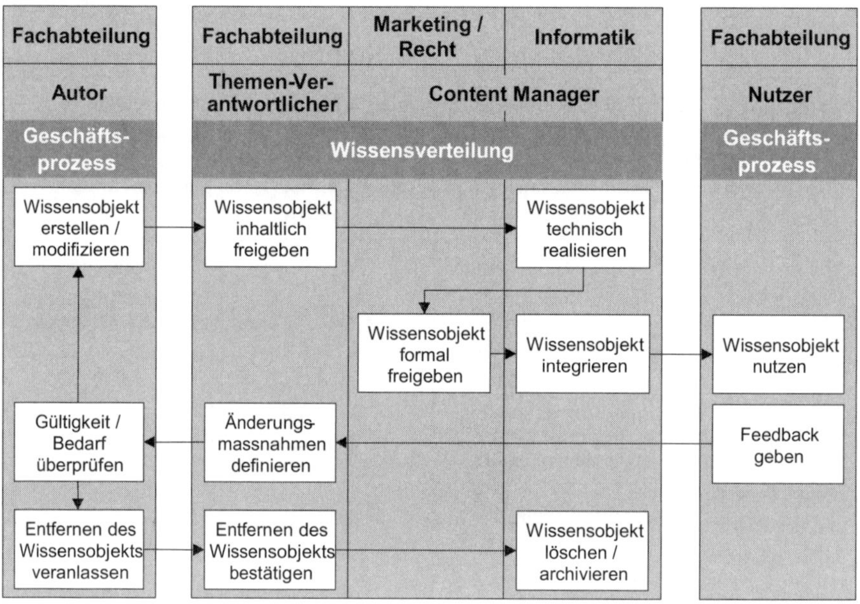

Bild 1-23: Unterstützungsprozess „Content Management" zur Wissensverteilung

Mitarbeiter

Mitarbeiter und ihre Fähigkeiten stellen einen – wenn nicht den – kritischen Punkt bei der Einführung von Customer Relationship Management dar. Sowohl auf die Kostenseite als auch den Erfolg von CRM-Lösungen hat das Personalmanagement einen zentralen Einfluss. Gerade für häufig mit CRM in Verbindung gebrachte „moderne" Organisationsformen wie Call und Contact Center stellen die Mitarbeiterunzufriedenheit und daraus resultierende hohe Fehlzeiten und Fluktuationsraten um die 25 Prozent pro Jahr die zentrale Herausforderung dar [s. Henn et al. 1998; Hay Management Consultants o.J.]. Ähnliches gilt aber auch für Mitarbeiter in klassischen „Front"-Bereichen, wo bspw. eindimensionale Karrieremodelle den erfolgreichen Verkäufer in Führungspositionen bringen, die seinen Fähigkeiten schliesslich nicht entsprechen. Aus CRM-Sicht ergeben sich an das Personalmanagement insbesondere folgende Anforderungen:

- Entwicklung von Karrieremodellen, die im Verkauf oder Service z.B. auch Fachkarrieren ohne wachsende Personalverantwortung ermöglichen;
- Schaffung von Entwicklungsmöglichkeiten mit Aufgabenausweitung;
- Klare(re) Definition von Stellenprofilen für CRM-Prozesse;
- Einführung von ganzheitlichen Anreizsystemen, die z.B. nicht nur auf Abschlussquoten zielen, sondern die langfristige Bindung von Kunden belohnen.

1.4 Instrumente des Customer Relationship Managements

Wo sollte ein CRM-Projekt ansetzen? Wie sieht sein Business Case aus? Viele Unternehmen stehen vor der Frage, welches handhabbare CRM-Module sind, die sich in vertretbarer Zeit realisieren lassen, ohne durch eine eingeengte Sichtweise zukünftige Erweiterungen zu „verbauen". Die im Folgenden beschriebenen Instrumente sollen darauf eine erste Antwort liefern:

- Das *Kundenmanagement* ermittelt und analysiert Kundenprofile, selektiert profitable Beziehungen zu bestehenden und potenziellen Kunden und definiert die jeweils sinnvollen Bearbeitungsmassnahmen.
- Das *Kanalmanagement* gleicht die vom Kunden gestellten Kanalanforderungen mit den Möglichkeiten des Unternehmens ab; es definiert die strategische Gestaltung der einzelnen Kanäle, die Steuerungsinstrumente für die Kanalnutzung durch den Kunden (z.B. kanalspezifische Preismodelle) und die unternehmensinterne Koordination (z.B. Provisionsverrechnung zwischen den Kanälen usw.) sowie die Systemanforderungen für eine einheitliche Kundensicht über alle Kanäle hinweg.
- Das *Prozess- und Wissensmanagement* entwirft und unterstützt Kunden- und CRM-Prozesse. Es sorgt für Standardisierung und Führbarkeit der Prozesse und stellt ihnen Wissen über Märkte, Kunden, Produkte, Verkaufstechniken usw. bereit. Prozess- und Wissensmanagement steigern z.B. durch verbesserte Beratungsqualität, Nutzung von Cross-Selling-Potenzial usw. die Profitabilität von Kundenbeziehungen.

Alle drei Instrumente nutzen Teile der oben dargestellten technologischen Potenziale (s. Punkt 1.2.1) zur Erreichung der geschäftlichen Ziele des CRM (s. Punkt 1.2.2), d.h. sie haben jeweils einen eigenen Business Case.

Gleichzeitig bieten sie eine insgesamt höhere Realisierbarkeit, weil sie einen überschaubar(er)en Einfluss auf die Komponenten des CRM-Modells haben, wodurch die Komplexität des Einführungsprojektes abnimmt. Darüber hinaus benötigen die einzelnen Instrumente weniger strategische Vorentscheidungen; bspw. sollte zwar vor der Nutzung von Prozess- und Wissensmanagement die Servicestrategie überprüft werden, aber es ist keine neue Segmentstrategie notwendig. Feststehen muss jedoch die „Portalstrategie", d.h. mit welchen Leistungsbündeln (bestehend aus eigenen und Fremdprodukten) das Unternehmen welche Märkte angehen möchte.

1.4.1 Kundenmanagement

1.4.1.1 Beispiel Wachovia Bank

Die amerikanische Wachovia Bank [Wayland/Cole 1997, S.150ff.] war führend im Angebot von personalisierten Dienstleistungen und hatte so einen überdurchschnittlichen Kundenstamm angezogen. Die profitabelsten Kunden wurden von Private Bankern betreut, jedem Massenkunden war ein persönlicher Kundenberater zugeordnet. Dies führte jedoch dazu, dass die gut ausgebildeten Kundenberater sich einen grossen Teil ihrer Zeit mit Routineaufgaben beschäftigen mussten.

Aus dieser Situation heraus beschloss die Wachovia Bank, eine neue Kundensegmentstrategie zu entwickeln, bei der die potenzielle Rentabilität die Basis für die Segmentierung bildet. Mit Hilfe leistungsfähiger Customer Profiling-Lösungen entwickelte die Bank Modelle, um die zukünftige Rentabilität möglichst gut vorherzusagen. Diese Prognosen erfolgten basierend auf verhaltensorientierten Kriterien über den gesamten Kundenstamm. Es stellte sich heraus, dass sich in den obersten und in den untersten Rentabilitätssegmenten sowohl Ärzte als auch Fabrikarbeiter befanden.

Den entstandenen Kundensegmenten wurden verschiedene Vertriebskanäle zugeordnet (s. Bild 1-24). Die rentabelsten Kunden mit hohen Wachstumserwartungen werden weiterhin von Private Bankern oder von persönlichen Kundenberatern betreut. Potenziell hoch profitable Kunden erhalten einen persönlichen „Relationship Banker". Kundensegmente mit niedrigen Wachstumserwartungen sind in der Regel Call-Center-Mitarbeitern zugeordnet.

Mit diesem Modell können sich die persönlichen Kundenberater auf den individuellen Aufbau von viel versprechenden Kundenbeziehungen konzentrieren, während Routinetransaktionen weitgehend über das Call-Center abgewickelt werden.

Erste Erfahrungen haben gezeigt, dass die neue Kundensegmentstrategie sowohl bei Kunden als auch bei Mitarbeitern auf Akzeptanz gestossen ist.

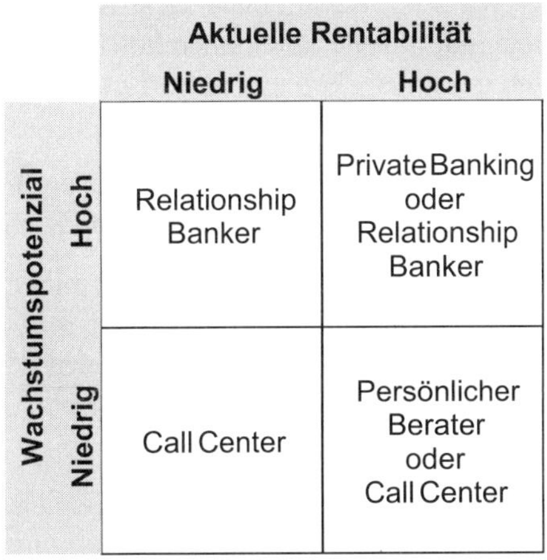

Bild 1-24: Kundensegmente nach Rentabilität und Potenzial [Wayland/Cole 1997]

1.4.1.2 Potenziale

Eine vollständige Unterstützung der Kundenprozesse zu jedem Preis ist nicht sinnvoll. Einerseits hat jedes Unternehmen genau zu prüfen, welche Kundenprozesse unterstützt werden sollen: Es kommen diejenigen Kundenprozesse in Frage, in denen der Kunde ausreichend Bedarf an Produkten und Dienstleistungen hat, mit denen das Unternehmen Gewinn erzielen kann. Andererseits muss das Unternehmen versuchen, die richtigen – nämlich die profitablen – Kunden zu unterstützen und dies möglichst lang.

Voraussetzung für diese Entscheidungen sind Kundenprofile (s. Punkt 1.3.2.2 – Kundeninformationen), die Informationen aus unterschiedlichsten Quellen zusammenführen (vgl. Bild 1-25, [s. Gronover/Bach 2000]):

- Kundenberater und Aussendienstmitarbeiter erhalten aufgrund ihres persönlichen Kontaktes eine Fülle von Informationen über den Kunden und dessen Umfeld. Daneben haben auch Servicemitarbeiter, wie bspw. der technische Kundendienst oder Mitarbeiter im Call-Center, die Möglichkeit, Informationen über den Kunden bereitzustellen (z.B. über die Kundenzufriedenheit).
- Kundenreaktionsdaten geben Aufschluss über das Verhalten und die Interessen der Kunden. Anhand von Responseanzeigen, Reaktionen auf Marketingaktionen, Reklamationen, Freundschaftswerbungen oder Kundenclubs kann das Unternehmen wertvolle Daten generieren.

- Die Auswertung von Kundenaktivitäten wie beispielsweise dem Einkaufsverhalten, dem bevorzugten Weg der Geschäftsabwicklung, dem Zahlungsverhalten oder der Wahl der Konditionen kann Auskunft über unterschiedliche Präferenzen und individuelle Situationen liefern. Auch Navigationsmuster innerhalb von Internetseiten können spezifische Interessen des Kunden aufzeigen.
- Im Rahmen eigener Marktforschungsprojekte erheben die meisten Unternehmen in mehr oder weniger regelmässigen Abständen Kundendaten.
- Listbroker sind Unternehmen, die sich auf die Vermietung oder den Verkauf von Adresslisten mit qualifizierten Merkmalen wie bspw. Weinbesteller oder Fotoartikelkäufer spezialisiert haben. Durch Abgleich derartiger Adresslisten mit der eigenen Kundendatenbank können wertvolle Zusatzinformationen über Kunden und Interessenten gewonnen werden.
- Mit Hilfe externer Online-Datenbanken können beispielsweise dort abrufbare Markt- und Brancheninformationen über Segmentierungsmerkmale auch auf individuelle Kundenadressen übertragen werden. Dies kann insbesondere in Business-to-Business-Beziehungen zu erhöhter Kundentransparenz führen.

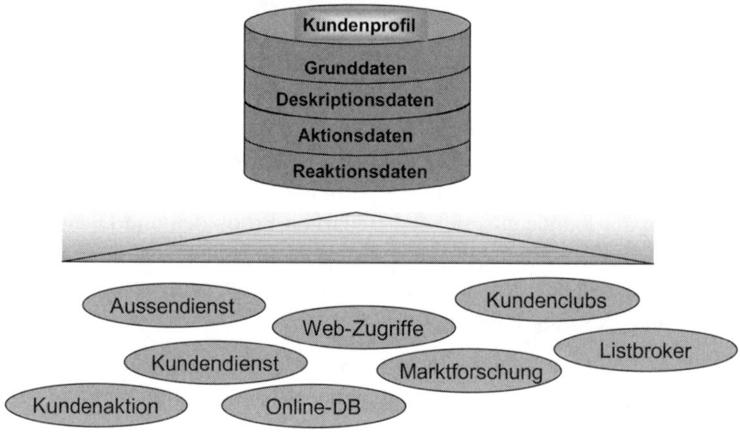

Bild 1-25: Bestandteile und Quellen von Kundenprofilen

Die Nutzung der Kundenprofile ermöglicht es dem Kundenmanagement, folgende geschäftlichen CRM-Potenziale zu erschliessen (s. Punkt 1.2.2):

- *Kundenbindung* durch Ausrichtung des Prozessportals auf den Kundenprozess, durch Personalisierung der Kommunikation und durch rechtzeitiges Erkennen von Abwanderungstendenzen;
- *Kundenselektion* durch Ermittlung des Kundenwertes;

- *Kundengewinnung* durch Ausrichtung des Prozessportals auf den Kundenprozess, durch Ermittlung und Nutzung von Cross-Selling-Potenzialen sowie durch bedürfnisgerechte und rechtzeitige Ansprache;
- *Effizienzsteigerung* durch fokussierte Kampagnen mit reduzierten Streuverlusten.

1.4.1.3 Strategie und Umsetzung

Der strategische Ansatzpunkt des Kundenmanagements ist die Aufteilung des Gesamtmarktes in Kundensegmente [vgl. Gabler 1997, Stichwort Marktsegmentierung]. Die Segmentierung muss in vielen Fällen „vor dem Hintergrund eines Mengengeschäfts mit wenig attraktiver Renditesituation, fortschreitenden technologischen Innovationen und alternativen Vertriebsformen neu überdacht werden" [Droege & Comp. 1997, S.37]. Zur Bildung von Kundensegmenten dienen im Allgemeinen folgende Kriterien [vgl. Gabler 1997; Nitsche 1998, S.19f.]:

- *Demographische Kriterien*, z.B. Alter, Geschlecht, Haushaltsgrösse, Nationalität;
- *Geographische Kriterien*, z.B. Aufspaltung des Weltmarktes, Segmentierung in regional zusammenhängende Gebiete, Bevölkerungsdichte, Ortsgrössenklasse;
- *Sozio-ökonomische Kriterien*, z.B. Einkommen, Schulbildung, Beruf;
- *Psychographische Kriterien*, z.B. Lebensstil, Persönlichkeitsmerkmale, Interessen;
- *Kaufverhaltens- und Responsemerkmale*, z.B. Transaktionshäufigkeit, Preissensitivität, Sonderangebotsresponse.

Unternehmen verwenden meist demographische und sozio-ökonomische Kriterien zur Segmentierung [s. Nitsche 1998, S.40]. Alter, Geschlecht, Einkommen sowie Informationen über die jeweilige Lebensphase (Familienstand, Alter des Ehepartners, Zahl und Alter der Kinder) lassen wichtige Rückschlüsse auf die Kundenbedürfnisse zu.

Aufgrund der oben erläuterten Trends erweisen sich jedoch diese Segmentierungsansätze mehr und mehr als ungeeignet [s. Grebe/Kreuzer 1997]. Ein neuerer Ansatz gliedert die Kunden nach Loyalität und Rentabilität [s. Bernet 1998, S.26ff.]. Danach sind CRM-Aktivitäten vor allem auf Kunden mit hoher Rentabilität und niedriger Loyalität auszurichten. Als schwierig erweist sich bei diesem Ansatz die Messung der Loyalität. Weitere Ansätze beziehen zunehmend psychographische Kriterien ein und versuchen, auf der Basis von Marktforschung Typologien zu entwickeln, in welche die einzelnen Kunden eingeordnet werden können. Typische Kategorien sind bei Banken zum Beispiel der „konsumfreudige Berufsanfänger" oder der „spassorientierte Mengenkunde" [vgl. z.B.

Grebe/Kreuzer 1997]. Derartige Modelle haben sich aber als nicht praxistauglich erwiesen, da innerhalb der einzelnen Segmente keine ausreichende Homogenität besteht [s. Droege & Comp. 1997, S.43].

Erfolgversprechender ist die Segmentierung auf der Basis verhaltenstypischer Merkmale. Datenmaterial über das Kaufverhalten ihrer Kunden liegt Dienstleistern in der Regel in grossem Umfang vor. Die Transaktionsdaten eines Girokontos, einer Kreditkarte oder eines Wertpapierdepots beispielsweise lassen umfassende Rückschlüsse auf das tatsächliche Kaufverhalten und -potenzial des Kunden zu. Häufig sind diese Daten zwar vorhanden, werden jedoch nicht genutzt [s. Droege & Comp. 1997, S.40]. Moderne Informationstechnologie erlaubt es, die verfügbaren Daten zu analysieren und für eine Kundensegmentierung nutzbar zu machen. Damit ist es möglich, jeden Kunden individuell zu behandeln und ihm auf Basis seines Kaufverhaltens und der weiteren über ihn bekannten Merkmale passende Produkt- und Dienstleistungspakete anzubieten (One-to-one Marketing). Jeder Kunde bildet dabei praktisch ein eigenes Kundensegment. Dies ist zwar zum Beispiel im Private Banking und im Firmenkundengeschäft bei einer kleinen Zahl hoch profitabler Kunden praktikabel, häufig verunmöglichen jedoch Anforderungen des Datenschutzes oder Aufwandsüberlegungen im Massengeschäft ein kundenindividuelles Marketing.

Stützt sich die Kundensegmentierung ausschliesslich auf Verhaltensdaten, lassen sich daraus kaum Rückschlüsse auf die zukünftige Profitabilität eines Kunden ziehen. Bspw. sind zu Beginn einer Karriere die meisten Personen für Banken noch nicht profitabel. Für eine Bank wäre es jedoch interessant zu wissen, welche der Berufsanfänger sich innerhalb der nächsten 10 Jahre voraussichtlich zu profitablen Kunden entwickeln [vgl. Wayland/Cole 1997, S153ff.]. Derartige Schlüsse sind durch eine möglichst kundenindividuelle Kombination von Verhaltensdaten mit demographischen und sozio-ökonomischen Kriterien wie Alter, Ausbildung, Beruf, Einkommen möglich.

Um die optimale Granularität der Kundensegmente zu bestimmen, ist das Konzept des „Return on Knowledge“ hilfreich [s. Wayland/Cole 1997, S.132ff.]. Je detaillierter die Kundensegmente bestimmt werden sollen, desto mehr Wissen über die Kunden muss dafür aufgebaut werden. Da der Aufbau solchen Wissens mit Kosten verbunden ist, lohnt sich die Segmentierung nur, solange der Gewinn durch die individuellere Kundenorientierung diese Kosten übersteigt und damit ein positiver „Return on Knowledge“ erzielt wird. Der Gewinn durch die Segmentierung lässt sich ermitteln, indem man einerseits die Varianz der Kundenbedürfnisse im Gesamtmarkt betrachtet und andererseits die Varianz der Wertschöpfungspotenziale der einzelnen Kundenbeziehungen.

Bild 1-26 illustriert die verschiedenen Abstufungen. Ist der Markt sehr homogen, so kann auf eine Segmentierung ganz verzichtet werden. Variiert der Markt nach beiden Kriterien stark, so ist eine möglichst kundenindividuelle Segmentierung wünschenswert. Variiert der Markt nur in einem der beiden Kriterien stark, so ist eine Segmentbildung nach diesem Kriterium Gewinn bringend.

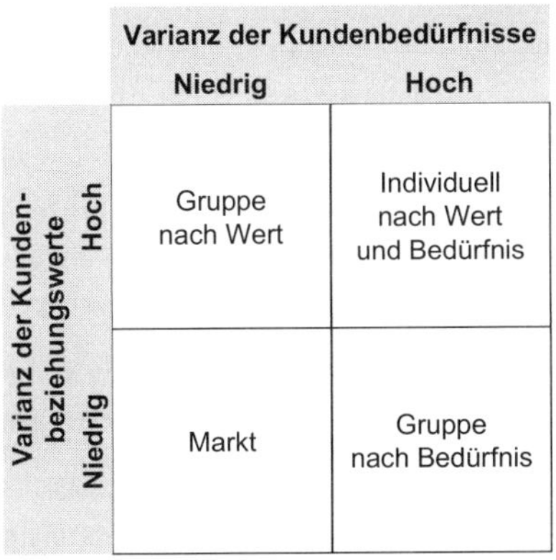

Bild 1-26: Portfolio Management Strategien [Wayland/Cole 1997]

Die Segmentierung schafft die Voraussetzungen u.a. für segmentspezifische Kanal- und Servicestrategien (s. Punkte 1.4.2 und 1.4.3). Die von ihr genutzten Kundenprofile unterstützen aber auch weitere, operative Ansatzpunkte des Kundenmanagements, z.B.:

Das *Kampagnenmanagement* identifiziert für ein gegebenes Produkt potenzielle Kunden (Zielgruppenselektionen), steuert die Kundenansprache (durch Mailing, Outbound Call-Center oder direkt durch den Kundenberater), erfasst die Kundenreaktionen und überprüft den Gesamterfolg (vgl. Kapitel 9). Analog lassen sich im *Verkaufschancenmanagement* für einen gegebenen Kunden potenziell passende Produkte ableiten.

- Die *Personalisierung* z.B. von Internet-Seiten auf Basis der individuellen Präferenzen des Kunden erhöht dessen Bindung an die Web-Site.
- *Kundenprozessmonitoring* durch Protokollierung von Aktionen auf der Web-Site ermöglicht detaillierte Rückschlüsse auf die Kundenbedürfnisse. Daraus lassen sich Gestaltungsmassnahmen für den Internet-Auftritt (Navigation, Personalisierung) und Hinweise auf zusätzlich benötigte Services ableiten (vgl. Kapitel 5).

Bild 1-27 zeigt diese und einige zusätzliche Ansatzpunkte des Kundenmanagements im Zusammenhang des CRM-Modells.

Komponente CRM-Modell	Ansatzpunkte des Kundenmanagements	
Prozessportal / Kanäle / Medien	Kunden-prozess-monitoring	Protokollierung und Generalisierung von Kundenprozessen, z.B. durch Auswertung der Kundenaktionen im WWW
	Personalisierung	Konfiguration der im Prozessportal angebotenen Leistungen, auf Basis sowohl der Kundenprozesse als auch der absehbaren Kundenprofitabilität
	Berater-arbeitsplatz	Erfassung und Nutzung von Kundenprofilen; Nutzung von Kampagnen-Aktionsplänen und Cross-Selling-Empfehlungen
CRM-Prozesse	Kampagnen-management	Entwicklung, Durchführung und Auswertung von Kampagnen im Marketingprozess über verschiedene Kanäle (z.B. Direct Mail, Call-Center, Kundenberater, Empfehlungsprogramme)
	Kunden-bindungs-marketing	Messung und Analyse der Kundenzufriedenheit; Entwicklung und Erbringen von Zusatzleistungen (Newsletter, Seminare, Clubs); Durchführung von Kundenbefragungen
	Verkaufs-chancen-management	Identifikation von Verkaufschancen und Realisierung im Verkaufsprozess
CRM-Wissens-struktur	Kundenprofil	Integrierte Sicht auf Kundenmerkmale, Kontakthistorien, Kampagnen, Produktnutzung etc., inkl. Cross-Selling-Empfehlungen, Kundenzufriedenheits- und Stornoindikatoren
CRM-Basis	Data Mining-Prozess	Unterstützungsprozess für das Data Mining
	Personal-management	Aufbau und Entwicklung von qualifizierten Mitarbeitern
	Content Management	Unterstützungsprozess für Dokumentation und Verteilung von Kunden- und Kampagnenwissen
	Data Warehouse	Systemunterstützung durch Profiling-Tools, Data Warehouse- und Analyse-Tools

Bild 1-27: Ansatzpunkte des Kundenmanagements

1.4.2 Kanalmanagement

1.4.2.1 Beispiel Credit Suisse Youtrade

Bei der Erschliessung der neuen Vertriebskanäle Telefon und Internet verfolgte die Credit Suisse von Anfang an die Strategie, bestehende und neue Kanäle in einem einheitlichen Angebot zu integrieren. Bestehende Konto- und Anlageprodukte wurden sukzessive um Zugriffsmöglichkeiten über Telefon und Internet erweitert. Das Angebot umfasst heute eine breite Palette an Funktionen zur Kontoführung, Depotverwaltung und Abwicklung von Wertpapiertransaktionen.

Am 12. April 1999 lancierte die Credit Suisse mit „youtrade" als erste Bank in der Schweiz den kostengünstigen, direkten Wertpapierhandel über Internet und Telefon. Damit verfügt die Credit Suisse über ein zweites Angebot für Wertpapiertransaktionen und Depotverwaltung über die Vertriebskanäle Internet und Telefon. Von den anderen Produkten und Dienstleistungen der Credit Suisse ist youtrade jedoch vollkommen unabhängig. Es verfügt über einen eigenen, separaten Kundenstamm, über ein eigenes Dienstleistungsangebot und über eigene Konditionen. Beratungsleistungen werden bei youtrade nicht angeboten. Das Angebot richtet sich an Kunden, die keine Beratungsleistungen benötigen, dafür jedoch günstigere Konditionen in Anspruch nehmen möchten.

Die Credit Suisse rechnet damit, dass nur ein kleiner Teil der youtrade-Kunden vorher bereits Credit Suisse-Kunden im Wertpapiergeschäft waren. Das Ziel ist es, durch die günstigen Konditionen Kunden anzuziehen, die vorher noch nicht im Wertpapierbereich engagiert waren oder ihr Depot bei anderen Banken geführt haben, aber keine Beratungsleistungen in Anspruch genommen haben. Der Gesamtkundenbestand soll so erweitert werden.

Das Beispiel der Credit Suisse zeigt eine mögliche Kanalstrategie auf, in der ein über alle Vertriebskanäle integriertes Dienstleistungsangebot parallel zu einem auf Internet und Telefon beschränkten, vollkommen eigenständigen Dienstleistungsangebot besteht. Durch eine gezielte Gestaltung der angebotenen Leistungen und eine klare Ausrichtung auf verschiedene Zielgruppen wird versucht, eine interne Konkurrenzierung zu vermeiden.

1.4.2.2 Potenziale

Während vor 20 Jahren noch der persönliche Kontakt zum Filialmitarbeiter oder mobilen Aussendienst die einzigen bedeutsamen Vertriebskanäle waren, sind seither aufgrund der rasanten technischen Entwicklungen immer mehr neue Vertriebskanäle hinzugekommen. Zunächst haben sich Selbstbedienungsautomaten zum Bargeldbezug, Fahrkartenkauf etc. etabliert, die nach und nach zu multifunktionalen Kundenterminals erweitert wurden. Anfang der 90er-Jahre etablierte sich das Telefon dank der Verfügbarkeit moderner Call-Center-Technologie als Vertriebskanal – verschiedene darauf spezialisierte Unternehmen wie Direktversicherungen und -banken wurden gegründet. Ab etwa 1996 kam das Internet mit WWW und E-Mail als Vertriebskanal dazu. Neueste Trends sind die Nutzung von Kurzmitteilungen über Mobiltelefonnetze (SMS) und von „Palmtop"-Computern über das „Wireless Application Protocol" (WAP).

Die verfügbaren Kanäle müssen so kombiniert und eingesetzt sein, dass sie im Sinne der Kundenbindung und Kundengewinnung höchstmöglichen Nutzen bringen. Das Kanalmanagement muss die Frage beantworten, über welchen Kanal welcher Kunde in welchem Prozessschritt auf das Unternehmen zugreifen soll. Ausgehend vom Kundenprozess müssen die Kanäle so ausgewählt und gestaltet werden, dass sie diesen effizient unterstützen und vereinfachen. Ein Firmenkunde beispielsweise, der bereits sein gesamtes Bestellwesen über das Internet abwickelt, erfährt durch einen integrierten, internetbasierten Zahlungsverkehr einen grossen Nutzen. Ein viel reisender Aussendienstmitarbeiter zieht es vermutlich vor, seine privaten Geschäfte von jedem beliebigen Standort aus per Telefon zu erledigen.

Das Kanalmanagement unterstützt die Erschliessung der geschäftlichen CRM-Potenziale (s. Punkt 1.2.2) also folgendermassen:

- *Kundenbindung:* Erfüllung der Medienpräferenzen des Kunden, permanente Erreichbarkeit, reduzierte Reaktionszeiten, bessere Know-how-Verfügbarkeit durch Bündelung z.B. in Contact-Centern;
- *Kundengewinnung:* Kundenansprache über geeignete Kanäle, z.B. Outbound-Call-Center;
- *Effizienzsteigerung:* Steuerung der Kanalwahl des Kunden z.B. durch differenzierte Preismodelle, verbesserte interne Kapazitätsnutzung durch kanalübergreifende Lastverteilung (z.B. Telefon und E-Mail im Contact-Center), Kostensenkung durch Qualifikationsabstufung (Differenzierung von Support Levels) oder Outsourcing.

1.4.2.3 Strategie und Umsetzung

Bei der Vielfalt an Vertriebskanälen stehen Unternehmen vor dem Problem, ihr Dienstleistungsspektrum auf die verfügbaren Kanäle abzustimmen. Dabei gibt es zwei grundsätzliche Strategien:

- Neue Kanäle entstehen unabhängig vom bestehenden Geschäft, indem Tochtergesellschaften gegründet werden oder zumindest ein eigener Markenname eingeführt wird (z.B. Advance Bank oder youtrade). Die neuen Kanäle bauen einen eigenen Kundenstamm auf und konzipieren ein eigenes Produktangebot.

- Die bestehenden Vertriebskanäle werden durch neue ergänzt, wobei über alle Vertriebskanäle ein einheitliches Dienstleistungsangebot zur Verfügung steht. Ein gemeinsamer Kundenstamm wird über alle Kanäle bedient. Diese Strategie verfolgen die meisten Versicherungen, viele mittelgrosse Banken und die meisten übrigen Dienstleister.

Bei der Entwicklung einer Multikanalstrategie stehen Fragen im Vordergrund, welche die Marktpositionierung des Unternehmens betreffen. Ausgangslage für eine solche Strategieentwicklung ist die Bestandsaufnahme der angebotenen Produkte, der angesprochenen Kundensegmente sowie der bedienten Vertriebskanäle. Sind bereits verschiedene Marken oder mehrere eigenständige Unternehmenseinheiten vorhanden, so sollte die Gesamtheit aller Produkte und Kundensegmente betrachtet werden. Auf dieser Basis kann anhand der folgenden Fragestellungen eine Multikanalstrategie entwickelt werden:

- *Welche Vertriebskanäle sollen abgedeckt werden?*
  Durch die Analyse der Kundensegmente sowie der Produkte auf Eignung für bestimmte Vertriebskanäle kann ermittelt werden, welche Vertriebskanäle ein Potenzial für das Unternehmen haben.
  Für Finanzdienstleister gilt bspw.: Universalbanken und Versicherungen im Privatkundengeschäft werden in der Regel alle Vertriebskanäle bedienen wollen, um für einen möglichst breiten Kundenkreis attraktiv zu sein. Direktversicherer und -banken spezialisieren sich auf einzelne Vertriebskanäle (z.B. Telefon und Internet oder ausschliesslich Internet, wie die erste europäische reine Internetbank „first-e"), in denen sie ihre Kernkompetenz sehen und Dienstleistungen zu günstigen Konditionen anbieten können. In der Vermögensverwaltung tätige Banken sehen häufig persönlichen Kontakt und individuelle Beratung als wichtigsten Wettbewerbsvorteil an und verzichten daher ganz auf den Aufbau elektronischer Vertriebskanäle.

- *Welche Produkte sollen welchen Kunden über welche Vertriebskanäle angeboten werden?*
  Zunächst stellt sich die Frage, ob neue technische Möglichkeiten genutzt werden sollen, um neue Produkte anzubieten und auf diesem Weg neue Kundensegmente anzusprechen, oder ob lediglich die bestehende Produktpalette den bestehenden Kundensegmenten über zusätzliche Vertriebskanäle angeboten werden soll. Jede mögliche Kombination aus Produkt(bündel), Kundensegment und Vertriebskanal müssen nun auf geschäftliches Potenzial und Kompatibilität im Hinblickauf andere strategische Vorgaben überprüft werden. Dabei können gängige Methoden der Strategieplanung angewendet werden. Insbesondere muss auch die interne Konkurrenzsituation zwischen den verschiedenen Angeboten beachtet werden [vgl. Holmsen et al. 1998].

- *Integration oder Separation der Vertriebskanäle?*
  Aus den identifizierten Kombinationen kann abgeleitet werden, welche Produkte integriert über mehrere Vertriebskanäle angeboten werden müssen und

welche Produkte separat für bestimmte Vertriebskanäle aufgebaut werden müssen. Die aktuelle Marktsituation und die individuelle Marktpositionierung des Unternehmens spielen dabei eine grosse Rolle.

- *Zentrale oder dezentrale Kanalsteuerung?*
  Ein wichtiger organisatorischer Aspekt der Multikanalstrategie ist die Fragestellung, ob der Kanal zentral oder dezentral gesteuert werden soll. [Holmsen et al. 1998] unterscheiden drei Varianten der Kanalsteuerung: Im „koordinierten Kanalmodell" gibt es eine zentrale Stelle, welche die Zuordnung von Kanälen, Produkten und Kundensegmenten vornimmt. Im „gesteuerten Konkurrenzmodell" werden an einer zentralen Stelle klare Verantwortlichkeiten und Richtlinien, insbesondere für einige kritische Produkt-Kanal-Zuordnungen, getroffen. Für die detaillierte Kanalsteuerung gibt es jedoch mehrere dezentrale verantwortliche Stellen. Im „Modell der konkurrierenden Kanäle" findet überhaupt keine zentrale Steuerung mehr statt. Das Angebot von Produkten über die einzelnen Kanäle erfolgt dezentral, und der Markt entscheidet über den Erfolg der einzelnen Angebote.

Bild 1-28 zeigt die zur Umsetzung des Kanalmanagements notwendigen Ansatzpunkte im Rahmen des CRM-Modells.

Komponente CRM-Modell	**Ansatzpunkte des Kanalmanagements**	
Prozessportal / Kanäle / Medien	Preismodelle	Steuerung der Kanalnutzung über kanalspezifische Preismodelle
	Kanal-organisation	Definition von Organisationseinheiten (z.B. Filiale, Aussendienst, Contact Center etc.), von Aufgabenverteilung und ihren Zugangspunkten über verschiedene Medien (z.B. Telefonnummern, E-Mail-Adressen, URLs)
	Medien-integration	Parallele Bereitstellung und Nutzung mehrerer Medien (z.B. Call-Back-Button auf Internet-Seite)
	Berater-arbeitsplatz	Kanalspezifische Sichten z.B. für Filial-, Aussendienst-, Contact-Center-Mitarbeiter
CRM-Prozesse	Kanal-steuerung	Provisions- und Kostenverrechnung zwischen Kanälen
	Kanal-koordination	Informationsflüsse zwischen Kanälen über Kundeninteraktionen (z.B. Weiterleiten von Anfragen, Hinweis auf Verkaufschancen)

Bild 1-28: Ansatzpunkte des Kanalmanagements

Komponente CRM-Modell	Ansatzpunkte des Kanalmanagements	
CRM-Wissens-struktur	Kunden-kontakte	Kanalübergreifende Verfügbarkeit von vergangenen und geplanten Kundenkontakten
CRM-Basis	Content Management	Kanalübergreifende Verteilung von Produkt-, Markt-, Problemlösungs-Informationen (s. Punkt 1.3.2.3 – Unterstützungsprozesse)
	Personal-management	Aufbau und Entwicklung von qualifizierten Mitarbeitern (z.B. im Contact-Center)
	System-integration	Integration von kanalspezifischen Systemen (vgl. Punkte 1.2.1.2 und 1.4.3.3)

Bild 1-28: Ansatzpunkte des Kanalmanagements (Forts.)

1.4.3 Prozess- und Wissensmanagement

1.4.3.1 Beispiel Union-Investment

Die Union-Investment-Gruppe gehört zu den führenden Kapitalanlagegesellschaften Deutschlands. Mit einer Produktpalette von 151 Fonds verwaltet sie ein Fondsvermögen von 35 Milliarden Euro in knapp 2 000 000 Investmentdepots (Stand März 1999). Der Vertrieb der Fonds erfolgt ausschliesslich über Vertriebspartner, hauptsächlich sind dies die Volks- und Raiffeisenbanken in Deutschland.

Aus einem Beschluss heraus, das Internet in der Kommunikation mit Kunden und Beratern verstärkt zu nutzen, entstand das Projekt „Computer Aided Selling" (CAS). Dabei wurde in drei Stufen ein Online-Angebot für die Endkunden und für die Berater bei den Vertriebspartnern erstellt. Die erste Stufe beinhaltet ein umfassendes Informationsangebot für Endkunden, das in den Internetauftritt der Union-Investement integriert wurde. In der zweiten Stufe wurde ein Beratungssystem für die Kundenberater bei den Vertriebspartnern realisiert. Über ein Extranet können diese auf ein Beratungsinformationssystem zugreifen und online die Depots ihrer Kunden einsehen. Die dritte Stufe erlaubt es den Kundenberatern, über das Extranet online Kauf- und Verkaufstransaktionen durchzuführen.

Das Beratungsinformationssystem integriert unter einer Browser-Oberfläche umfassende Informationen für den Kundenberater. Diese sind in verschiedene Bereiche gegliedert:

- *Fonds:* Produktinformationen, Fondspreise, Performance, Charts, …
- *Märkte:* Hintergrundinformationen zu Kapitalmärkten, Branchen, Ländern und Fundamentaldaten
- *Depot-Abwicklung:* Abwicklungsanweisungen, Formulare, Abrechnungen, …
- *Basiswissen:* Grundlagen über Fonds, Märkte und Investment
- *Kontakte:* Ansprechpartner, Feedback- und Diskussionsmöglichkeiten
- *Beratung:* Beratungswerkzeuge, Modellrechner, Präsentationshilfen, …
- *Anlagekonzepte:* Informationen zur Strategie der Union Investment
- *Verkauf und PR:* Marketingmaterial und Pressemitteilungen
- *Downloads:* Dokumente und Formulare zum Ausdrucken, Offline-Beratungstools
- *UnionDepotOnline:* Depoteinsicht und Analyse für Berater

Der Kundenberater kann also über das Extranet jederzeit auf sämtliche Informationen zugreifen, die er für seine Beratungstätigkeit braucht. Durch den Einsatz der Internet-Technologie benötigt er dazu lediglich einen PC mit Web-Browser sowie einen Internet-Zugang bei einem lokalen Provider. Es fallen also weder Kosten für die Verteilung von Spezialsoftware an, noch sind teure Datenleitungen von den Vertriebspartnern zur Union erforderlich.

In der dritten Ausbaustufe wird die Funktionalität zur Depoteinsicht durch die Möglichkeit ergänzt, Kauf- und Verkaufstransaktionen online durchzuführen. Das bisher reine Informationssystem wird dadurch zu einem kombinierten Informations- und Transaktionssystem. Dem Berater stehen unter einer einheitlichen Oberfläche Hintergrundinformationen, aktuelle Marktdaten, sowie die Möglichkeit für den Zugriff auf die Kundendepots und für die Auslösung von Transaktionen zur Verfügung.

1.4.3.2 Potenziale

Kunden sehen Wissen als selbstverständlichen Bestandteil von Produkten und Dienstleistungen an: Banken stellen umfassende Finanzinformationen nicht nur über ihre eigenen Produkte bereit, Dell bringt umfassendes Service-Know-how aufs Internet, Marshall Industries verbündet sich mit einem Anbieter von Seminaren zu neuen Produkten und Technologien. Wissen wird zu einem wesentlichen Bestandteil von Prozessportalen.

Gleichzeitig steigen die Kundenanforderungen an die Qualität der nachgefragten Leistungen. Gegenüber immer besser informierten Kunden müssen Kundenberater und Servicemitarbeiter einen Know-how-Vorsprung besitzen. Ausserdem werden auch die Anforderungen an die soziale Kompetenz der Mitarbeiter im Kundenkontakt weiter wachsen.

Um diese Qualität zu wettbewerbsfähigen Kosten bieten zu können, benötigen Unternehmen ein konsequentes Prozess- und Wissensmanagement:

- Prozessmanagement macht Kunden- und CRM-Prozesse besser beherrschbar, indem es Abläufe standardisiert und transparent macht sowie die Messung der Prozess-Performance ermöglicht.
- Wissensmanagement macht dokumentiertes Wissen (z.B. über Produkte, Märkte) und implizites Wissen der Mitarbeiter (z.B. Verkaufstechniken, Technologie-Know-how) verfügbar und stellt seine Nutzung in Kunden- bzw. CRM-Prozessen sicher. Damit schafft es u.a. die Voraussetzungen für neue Organisationsformen wie Contact-Center oder Team-Selling.

Damit trägt Prozess- und Wissensmanagement zur Realisierung der CRM-Potenziale bei:

- *Kundenbindung:* Verbesserte Beratungs- und Servicequalität durch unternehmensweite Realisierung von Best-Practice-Prozessen, durch nutzungsorientiert aufbereitete, zuverlässige Informationen (z.B. über Produkte und Märkte), durch erhöhtes Niveau fachlichen Wissens (z.B. durch Dokumentation von Problemlösungen) und durch Zusammenführung von Spezial-Know-how (z.B. in Service-Teams);
- *Kundengewinnung:* Erhöhte Abschluss- und Cross-Selling-Quoten durch unternehmensweit verfügbares Verkaufs-Know-how,
- *Effizienzsteigerung* durch unternehmensweite Realisierung von Best-Practice-Prozessen und durch bessere Nutzung des Mitarbeiter-Know-hows (z.B. Skill-based Routing in Contact-Centern); schnellere Einarbeitung neuer Mitarbeiter durch dokumentierte Prozesse und Werkzeuge; höhere Prozess-Performance durch umfangreicheres Führungswissen auf Basis von Monitoringdaten.

1.4.3.3 Strategie und Umsetzung

Die Servicequalität ist neben der Produktqualität und dem Preis ein wesentlicher Faktor, der den subjektiven Wert aus Kundensicht beeinflusst. Eine gängige Wettbewerbsstrategie – insbesondere für etablierte Banken und Versicherungen, die dem Preiswettbewerb der Direktanbieter begegnen müssen – ist die Erhöhung der Servicequalität. Wesentliche Voraussetzung dafür ist der Auf- und Ausbau kundenzentrierter CRM-Prozesse sowie serviceorientierter Unternehmens- und Mitarbeiter-Kompetenzen. Prozess- und Wissensmanagement bieten dazu eine Reihe von Ansatzpunkten [vgl. Bach et al. 2000]:

- Der Aufbau einer *Prozessführung* ist häufiger Auslöser von CRM-Projekten. Bestandteile sind u.a. [s. Österle 1995]:
  - Entwicklung und Einführung von unternehmensweiten *Prozess-Standards* (vgl. Kapitel 3). Hilfreich zur Kommunikation und Verankerung der Standards sind Prozessinformationssysteme wie das der Credit Suisse [s. Reich 2000]. Es strukturiert und dokumentiert Prozesswissen von Führungsgrössen über die einzelnen Tätigkeiten bis zu den jeweils benötigten Applikationen und Sachmitteln (s. Bild 1-29).
  - Etablierung einer prozessorientierten *Führungsorganisation*, bestehend aus einem Prozessmanager, einem Prozesszirkel und einem Prozess zur kontinuierlichen Verbesserung der CRM-Prozesse.
  - Schaffung von *Führungsinstrumenten*, insbesondere Führungsgrössen zur Messung des Prozesserfolgs, die möglichst durch *Prozessmonitoring* automatisch vom CRM-System ermittelbar sein sollten, sowie darauf aufbauenden Anreizsystemen für die Mitarbeiterführung.

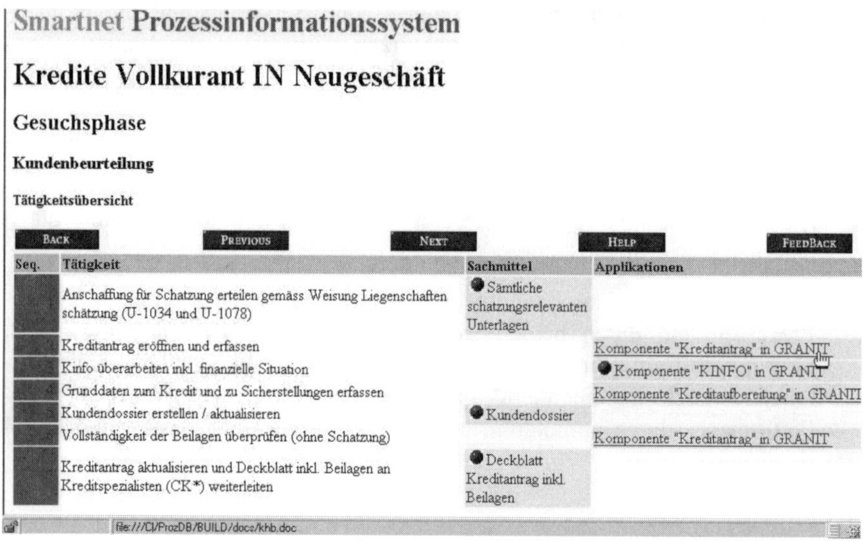

Bild 1-29: Credit Suisse Prozessinformationssystem [Reich 2000]

- Die *Prozessintegration* bringt mehrere Informationssysteme unter einer einheitlichen Oberfläche zusammen (Desktop Integration) und verknüpft sie durch eine Prozesssteuerung (Aktivitätenmanagement oder Workflow). Dies schafft die technische Voraussetzung für prozessorientierte Beraterarbeitsplätze. Unter den Lösungen in der Praxis finden sich sowohl Eigenentwicklungen (s. Kapitel 3) als auch Standardsysteme (s. Kapitel 7 und 8). Ein Beispiel für letztere ist Siebel Service (s. Bild 1-30), das eine Reihe von

Funktionalitäten für den Serviceprozess unter einer integrierten Oberfläche anbietet, wie z.B.:

- *Einsatzplanung:* Ansprechpartner beim Kunden, bisherige Probleme und Service-Aktivitäten, verfügbare Service-Mitarbeiter;

- *Workflow:* Termine für Telefonate, Besuche, Sitzungen, Planung der Kollegen;

- *Lösungen:* Strukturierte Ablage bekannter Problemlösungen und Ansprechpartner, Suchmöglichkeiten, Verteilung ungelöster Anfragen an Experten, automatische Benachrichtigung bei Problemlösung, Ermittlung häufiger Probleme;

- *Profile:* Erhebung der Kundenzufriedenheit, Ferndiagnose und Planung vorbeugender Massnahmen;

- *Reports:* Service-Umsatz pro Kunde / Produkt, Kundenzufriedenheit mit Call-Center, Einhaltung Service-Level, Problem-Trends.

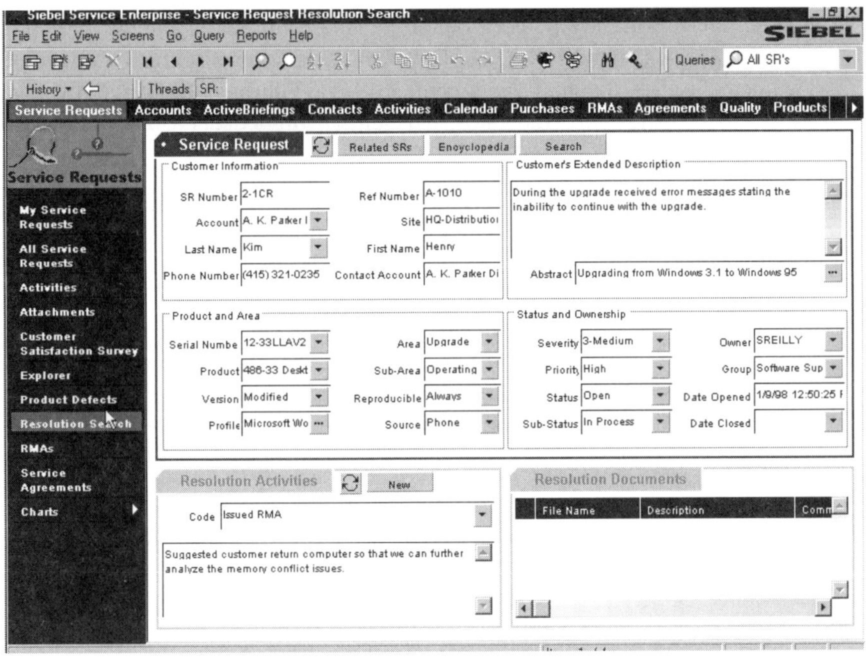

Bild 1-30: Oberfläche von Siebel Service

- *Content Management* dient der Verteilung dokumentierten Wissens (s. Punkt Punkt 1.3.2.3 – Unterstützungsprozesse). Die Potenziale liegen in der verbesserten Versorgung der CRM-Prozesse mit aktuellen und konsistenten – meist unstrukturierten – Informationen wie Produktbeschreibungen, Marktanalysen etc. [vgl. Kaiser et al. 1999].

- *Expertise Directories* (häufig auch „yellow pages“ genannt) unterstützen die unternehmensweite Vermittlung von Ansprechpartnern zu bestimmten Themen. Dies geschieht üblicherweise durch die Bereitstellung einer Datenbank z.B. im Intranet, die bestehende Mitarbeiterverzeichnisse um Angaben zur Qualifikation und Expertise bez. Produkten, Kundengruppen etc. ergänzt. Das geschäftliche Potenzial von Expertise Directories entsteht durch die Überbrückung von Grenzen zwischen Organisationseinheiten. Sie fördern die projekt-, produkt-, segment- und regionenübergreifende Wissensverteilung. Sie helfen, Doppelarbeiten zu vermeiden und Synergien zu nutzen.

- *Communities of Practice* stellen einen ersten Schritt zur Formalisierung und gezielten Nutzung der in jedem Unternehmen vorhandenen informellen Netzwerke dar. Communities sind selbst organisierende Netzwerke mit freiwilliger Mitgliedschaft, haben jedoch eine explizit formulierte thematische Ausrichtung (z.B. auf Wissen über bestimmte Kundengruppen oder Märkte) und definierte Mitglieder. Jeder Beteiligte hat sowohl die Rolle des Experten als auch die des Nutzers. Anreize bestehen in dem gegenseitigen Geben und Nehmen aller Beteiligten. Es gibt keine explizite Führungsstruktur, notwendig ist jedoch i. Allg. ein Moderator, der selbst Mitglied der Community sein muss.

- *Wissensnetzwerke* sollen die Vorteile von zentralisierten Formen wie Content Management mit denen von Communities verbinden: Internationale Präsenz und Verfügbarkeit mit hoher Identifikation, Vertrauen und Verständnis unter den Teilnehmern. Gleichzeitig sollen sie die Bereitschaft der Experten zum Teilen von Wissen erhöhen, indem sie Unterstützung bei der Beantwortung von Routine-Fragen bieten. Die Schweizer Rück etablierte derartige Wissensnetzwerke zu Themen wie „Long Latent Claims“, um langfristige latente Risiken zu diskutieren und die entsprechende im Unternehmen vorhandene Expertise zu bündeln [s. Raab et al. 2000]. Die Schweizer Rück etablierte dazu folgende Rollen:

    - Der *Kompetenzverantwortliche* hat die globale Führungsverantwortung für das Wissensnetzwerk. Er sollte ein anerkannter Experte in dem weiterzuentwickelnden Kompetenzbereich sein.

    - Der für den operativen Betrieb des Wissensnetzwerkes Verantwortliche übernimmt die Rolle eines *Netzwerk Managers*: Er führt die notwendigen Experten zusammen, koordiniert ihre Diskussionen und dokumentiert die Ergebnisse. Neben fachlicher Qualifikation in dem jeweiligen Kompetenzbereich hat er zentrale Aufgaben in der Motivation der Experten und der Kommunikation der Ziele und Ergebnisse des Netzwerks.

- Die *Experten* bilden einerseits eine Community, die durch gegenseitigen Austausch neues Wissen entwickelt. Gleichzeitig beantworten sie aber auch die anspruchsvolleren Fragen der Nutzer. Routine-Fragen sollten dagegen bereits durch das vom Netzwerk Manager dokumentierte Know-how geklärt sein.
- *Nutzer* sind entweder Mitglieder des Netzwerks, die aktiv Fragen stellen können, oder Aussenstehende, denen nur das dokumentierte Wissen zur Verfügung steht. Der Netzwerk Manager entscheidet über neue Mitglieder, sodass auch auf diese Weise der Aufwand für die Experten reguliert werden kann.

Bild 1-31 zeigt die Vielzahl von Ansatzpunkten des Prozess- und Wissensmanagements im Kontext des CRM-Modells.

Komponente CRM-Modell	**Ansatzpunkte des Prozess- und Wissensmanagements**	
Prozessportal / Kanäle / Medien	Wissens-leistungen	Erhöhung von Umfang und Qualität der Beratungs- und Serviceleistungen
	Berater-arbeitsplatz	Prozessorientierte Erfassung, Entwicklung und Nutzung von Wissen
CRM-Prozesse	Prozess-Standards	Definition und Einführung von unternehmensweit einheitlichen Prozessen (z.B. für das Account-Management, die Service-Organisation etc.)
	Aktivitäten-management	Planung, Vor- und Nachbereitung von Verkaufs-gesprächen, Service-Terminen etc.
	Beschwerde-management	Analyse, Verteilung und Beantwortung von Beschwerden; Anstossen von Verbesserungsmass-nahmen in CRM- und anderen Geschäftsprozessen
	Führungs-instrumente	Unterstützung der Führung von CRM-Prozessen durch Führungsgrössen (z.B. Kampagnenerfolg, Abschlussquoten, Reaktionszeiten, Service Levels, Kundenzufriedenheit etc.) und Anreizsysteme
	Führungs-organisation	Prozessmanager und -zirkel sowie Prozess zur kontinuierlichen Verbesserung

Bild 1-31: Ansatzpunkte des Prozess- und Wissensmanagements

Komponente CRM-Modell	**Ansatzpunkte des Prozess- und Wissensmanagements**	
CRM-Wissens-struktur	Kundenkontakte	Aktivitäten und Termine zur Kundenbearbeitung
	Dokumentiertes Fachwissen über Produkte, Märkte etc.	Strukturierte Dokumentation von Wissen über Produkte, Märkte, Problemlösungen, externe Quellen etc.
	Prozesswissen	Dokumentation von Prozessen, ihren Aufgaben, Leistungen, Führungsgrössen, Systemen, Weisungen etc.
	Expertise Directory	Nutzungsorientiert strukturiertes Verzeichnis von Mitarbeitern mit ihren Kompetenzen und Qualifikationen
	Beschwerden	Kundenkritik und unternehmensseitige Reaktionen (Verbesserungsmassnahmen, Kundenkommunika-tion etc.)
CRM-Basis	Content Management	Unterstützungsprozesse und Verantwortlichkeiten zur Aktualisierung, Verteilung und Löschung von Wissen
	Community of Practice	Verantwortlichkeiten für die Moderation von Communities
	Wissensnetzwerk	Teilformalisierte Communities mit entsprechenden Rollen für Management und Moderation
	Personal-management	Aufbau und Entwicklung von qualifizierten Mitar-beitern
	Prozess-monitoring	Monitoring- und Auswertungsfunktionen für systemgestützt messbare Führungsgrössen
	Workflow	Ablaufsteuerung und Aktivitätenmanagement für CRM-Prozesse
	Desktop Integration	Einheitliche Oberfläche für in CRM-Prozessen notwendige Informationssysteme

Bild 1-31: Ansatzpunkte des Prozess- und Wissensmanagements (Forts.)

1.5 Konsequenzen

Unternehmen, die sich als kundenzentrierte Leistungsintegratoren positionieren, beachten beim Entwurf ihres Prozessportals Folgendes:

- *Spezialist für Kundenprozess:* Der Leistungsintegrator beherrscht den Kundenprozess besser als der Kunde selbst, da er diesen Prozess im Gegensatz zum Kunden zu seinem strategischen Kernprozess macht.
- *Customer Resource Life Cycle:* Kundenzentrierung geht vom Kundenprozess aus. Sie versucht, den Prozess und damit das Problem des Kunden umfassend im Sinne des Customer Resource Life Cycles [s. Ives/Learmonth 1984] zu lösen und dafür möglichst viele Produkte, Dienstleistungen und Informationen zu verbinden.
- *Virtuelle Geschäftsgemeinschaft:* Die ausgebaute Form des Leistungsintegrators beinhaltet auch eine virtuelle Gemeinschaft, die dem Kunden einerseits den geordneten Zugang zu allem für ihn und seinen Prozess relevanten Wissen verschafft und die andererseits die direkte Kommunikation zwischen Kunden sowie zwischen Kunden und Anbietern der einzelnen Leistungen ermöglicht [s. Hagel/Armstrong 1997, S. 57ff.].
- *Kundendaten:* Die Unterstützung des gesamten Kundenprozesses macht es möglich, detaillierte Daten über den Kunden, sein Nutzungs- und Kaufverhalten zu sammeln [s. Hagel/Armstrong 1997, S.128]. Aus Gründen des Datenschutzes, aber auch aus Gründen der Integration könnte ein erheblicher Teil dieser Daten beim Kunden in Form seines persönlichen oder geschäftlichen Profils liegen, das er beliebigen Geschäftspartnern nach Verwendungszweck selektiv zur Verfügung stellen könnte.
- *Leistungsbündel:* Leistungsintegratoren bieten typischerweise Multilieferanten-Produktkataloge, Produktsuche, Konfiguratoren, Auftragserfassung und -abwicklung, Zahlung, Logistik, Branchennachrichten, Zugriff auf Informationsdienste, Seminare, Diskussionsforen und Helpdesk.
- *Globalisierung:* Leistungsintegratoren sprengen schnell konventionelle regionale Begrenzungen und werden zu globalen Anbietern.
- *Outsourcing von Prozessteilen:* Kundenprozesszentrierung beginnt mit der Unterstützung von wenigen Leistungen und reicht bis zum kompletten Outsourcing.

In den nächsten drei Jahren werden viele Unternehmen das Ziel verfolgen, als Prozessportal eine starke Marktposition aufzubauen. „Klassische“ Unternehmen versuchen, ihr Angebot in diese Richtung zu entwickeln, neue Unternehmen wollen sich in dieser Form etablieren. Die wichtigsten Aufgaben auf diesem Weg sind:

- *Kundenprozess:* Der Anbieter muss den Kundenprozess nicht nur verstehen, sondern ein überlegenes Know-how im Kundenprozess aufbauen.
- *Rolle im Business Network:* Ein Unternehmen hat zu entscheiden, für welche Kundenprozesse es selbst als Leistungsintegrator auftreten kann, an welche Leistungsintegratoren es zuliefert und / oder an welche Kunden es direkt verkauft.
- *Kritische Masse der Kunden:* Der Leistungsintegrator braucht einen hohen Marktanteil, einerseits um die hohen Investitionen im Aufbau des Geschäftes auf genügend Transaktionen umlegen zu können, andererseits um die Lieferanten zu überzeugen, dass er das richtige Netzwerk bietet. Die Lieferanten werden u. U. von Leistungsintegratoren zur Exklusivität verpflichtet [s. Hagel/Singer 1999, S. 169ff.].
- *Kritische Masse der Anbieter:* Der Anbieter muss die Lieferanten der benötigten Leistungen überzeugen, ihre Leistungen über ihn auf dem Markt anzubieten. Der Kunde wird mit dem Leistungsintegrator zusammenarbeiten, zu dem er aufgrund der Marke das grösste Vertrauen hat und der ihm den Zugang zu den meisten Lieferanten bietet [s. Hagel/Singer 1999, S. 169ff.].
- *Business Community:* Je mehr Prozesse zwischen den Mitgliedern einer Business Community kooperieren, desto grösser ist der aus diesem Netzwerk gewinnbare Nutzen, desto grösser ist der Anreiz für weitere Teilnehmer.

Customer Relationship Management ist das Mittel für Umsetzung und Betrieb von Prozessportalen. Prozesszentriertes CRM geht vom Kundenprozess aus und realisiert entsprechende Portale, Kanäle, CRM-Prozesse, Wissensstrukturen, Systeme, Mitarbeiterqualifikationen und Unterstützungsprozesse. Wie diese Komponenten im Einzelnen zu gestalten sind, ergibt sich aus dem / den verwendeten CRM-Instrumenten Kunden-, Kanal- sowie Prozess- und Wissensmanagement. Bild 1-32 gibt einen Überblick ihrer jeweiligen Ansatzpunkte. Die Aufteilung in Instrumente ermöglicht abgegrenzte, überschaubare (Teil-) Projekte, die mit den im nächsten Kapitel beschriebenen Methoden sicher durchführbar sind.

CRM-Komponente	Kundenmanagement	Kanalmanagement	Prozess- und Wissensmanagement
Prozessportal / Kanäle / Medien	Kundenprozess-monitoring	Medienintegration	Wissensleistungen
	Personalisierung	Preismodelle	
		Kanalorganisation	
	Beraterarbeitsplatz	Beraterarbeitsplatz	Beraterarbeitsplatz
CRM-Prozesse	Kampagnen-management	Kanalsteuerung	Führungsinstrumente und -organisation
	Verkaufs-chancenmanagement	Kanalkoordination	Aktivitäten-management
	Kundenbindungs-marketing		Beschwerde-management
			Prozess-Standards
CRM-Wissens-struktur	Kundenprofil	Kundenkontakte	Kundenkontakte
			Prozesswissen
			Dokumentiertes Fachwissen über Produkte, Märkte etc.
			Beschwerden
			Expertise Directory
CRM-Basis	Content Management	Content Management	Content Management
	Personalmanagement	Personalmanagement	Personalmanagement
	Data Mining-Prozess		Wissensnetzwerk
			Community of Practice
	Data Warehouse	Systemintegration	Prozessmonitoring
			Workflow
			Desktop Integration

Bild 1-32: Ansatzpunkte der CRM-Instrumente in Bezug zu CRM-Komponenten

2 Methodische Einführung des Customer Relationship Managements

Jens Schulze

2.1 Einleitung

Die zunehmende Individualisierung des Kundenverhaltens, die abnehmende Kundenloyalität und eine schwächere Produktdifferenzierung verschärfen den Wettbewerb in den globalisierten und liberalisierten Märkten [vgl. Anton 1996]. Durch neue Informations- und Bezugsquellen (z.B. Internet) und weltweite Preistransparenz nimmt die Kundenbindung an ein Unternehmen ab, worauf die Unternehmen mit verstärkten Anstrengungen zur Erhöhung der Kundenorientierung reagieren. Dennoch stellt man eine gewisse Stagnation bei der Umsetzung der Kundenorientierung in Unternehmen fest [vgl. Homburg/Werner 1997]. Ein Ausweg sind Investitionen in neue Softwaresysteme zur Unterstützung des Marketing-, Verkaufs- und Serviceprozesses. Diese Prozesse sind häufig nicht vollständig vernetzt und vielfach unzureichend bzw. lediglich isoliert mit Informationstechnologie unterstützt. Die Einführung von CRM sollte diese Unzulänglichkeiten beseitigen. Untersuchungen zeigen jedoch immer wieder, dass ein grosser Teil dieser Projekte nicht den gewünschten Erfolg aufweisen. Die eingeführten CRM-Systeme stossen auf Widerstand im Unternehmen und werden nicht oder nicht vollumfänglich genutzt. Das Scheitern ist u.a. auf die folgenden Gründe zurückzuführen [vgl. Brill 1998]:

- fehlende Bereitschaft zu Änderungen in den Fachbereichen,
- häufiger Wechsel des Managements der Fachbereiche,
- unzureichende Kenntnis der erfolgversprechendsten Konzepte,
- zu hohes Einführungstempo,
- fehlende Vision,
- gestörte Zusammenarbeit im Projektteam,
- fehlende Koordination zwischen Projekten,
- Widerstand des mittleren Managements,
- Überbetonung der Technik,
- geringe strategische Sicherheit in Bezug auf die Systemanbieter.

Bei der Realisierung des CRM ist zur Vermeidung von erfolglosen Projekten ein systematisches Vorgehen zwingend. Ein solches Vorgehen ergibt sich aus einer

Methode zur CRM-Einführung auf allen Ebenen des Business Engineerings, das in einer Abfolge von Aktivitäten Techniken zur Erstellung von Ergebnissen auf Strategie-, Prozess- und IS/IT-Ebene beschreibt [vgl. Österle 1995].

Die Methode entstand im Rahmen des Kompetenzzentrums Customer Relationship Management (CC CRM) des Forschungsprogramms Business Engineering (BE HSG) am Institut für Wirtschaftsinformatik der Universität St. Gallen. Die Kompetenzzentren des Forschungsprogramms BE HSG forschen anwendungsorientiert auf strategischen Gebieten der Wirtschaftsinformatik in enger Kooperation mit der Praxis.

2.2 Bestehende Ansätze zur CRM-Einführung

Eine Auswertung bestehender Ansätze zur CRM-Einführung identifizierte die spezifischen Schwerpunkte und vernachlässigten Gestaltungsbereiche der einzelnen Ansätze [vgl. Schulze 2000]. Der Vergleich der Auswertungsergebnisse bildet die Grundlage zur Entwicklung einer Methode zur CRM-Einführung, welche die Schwerpunkte der einzelnen Ansätze aufgreift.

Dieser Abschnitt gliedert die bestehenden Ansätze in strategieorientierte, prozessorientierte, systemorientierte und wissensorientierte Ansätze entsprechend den jeweiligen Schwerpunkte und stellt jeweils ein Beispiel dieser Ansätze dar.

- *Strategieorientierte Ansätze*: Die strategieorientierten Ansätze zielen auf die Umsetzung bzw. Veränderung Unternehmensstrategie;
- *Prozessorientierte Ansätze*: Die Analyse und der Entwurf von Geschäftsprozessen bilden den Schwerpunkt der prozessorientierten Ansätze;
- *Systemorientierte Ansätze*: Die systemorientierten Ansätze zeigen Vorgehensweisen zur Einführung eines Informationssystems;
- *Wissensorientierte Ansätze*: Im Mittelpunkt der wissensorientierten Ansätze stehen der Aufbau und die Nutzung einer Kundendatenbank zur Realisierung des Wissensmanagements.

2.2.1 Strategieorientierter Ansatz: Einführungsmodell zum CRM nach PricewaterhouseCoopers

Die Unternehmensberatung PricewaterhouseCoopers begleitet seit mehreren Jahren Unternehmen bei der strategischen Einführung von CRM. Das Vorgehen der Einführung besteht aus einer Voranalyse und einem Implementierungsprozess.

Die Voranalyse unterteilt sich in die folgenden vier Phasen:

1. Strategy: Die Definition der CRM-Strategie, des Nutzens und der Kosten des Projekts sowie kritischer Erfolgsfaktoren des CRM legt die Basis zur Bestimmung der Anforderungen an ein CRM-System.
2. Specification of Demands: Die Umsetzung der Strategie in den Prozessen legt weitere Anforderungen zur Auswahl eines CRM-Systems fest.
3. System Analysis: Interviews mit Softwareanbietern gleichen die Anforderungen mit den Systemen ab und ermöglichen eine Softwareauswahl.
4. Implementation Plan: Die Erarbeitung eines Projektplans mit Angaben zu Aktivitäten, Aufgaben, Ressourcen und zur Schulung ist die Grundlage zur Klärung der Stop/Go-Entscheidung für das Projekt.

Im Falle einer positiven Entscheidung zur Durchführung des Projekts folgt der Implementierungsprozess des CRM auf Basis des folgenden Implementierungsmodells [s. Andersen et al. 1999]:

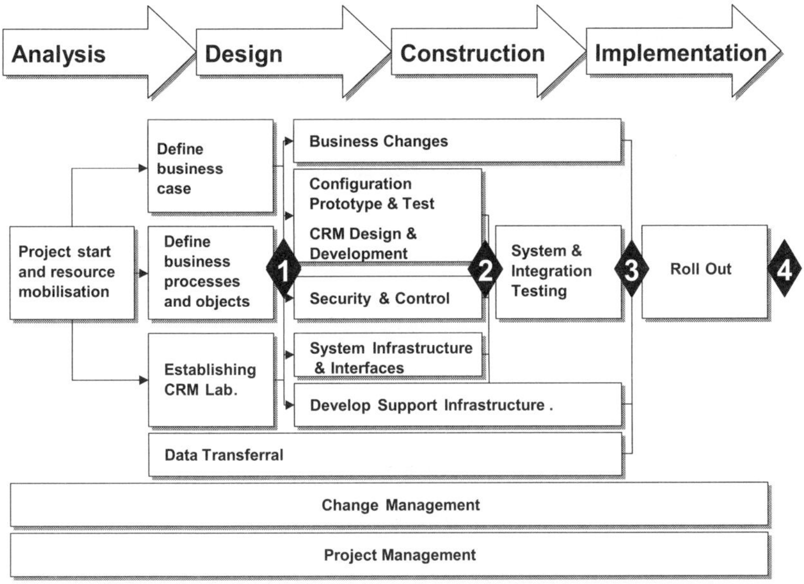

Bild 2-1: Implementierungsmodell nach PricewaterhouseCoopers

Das Modell orientiert sich am RAD-Ansatz, bei dem das Prototyping des CRM-Systems parallel zu allen anderen Projektphasen abläuft. Das Modell besteht aus einzelnen Gestaltungsbereichen, die aber nicht direkt einzelnen Phasen zugeordnet sind. Eine Trennung der Phasen ist auf Basis der vier Meilensteine des Ansatzes möglich:

- Meilenstein 1: Die Projektdefinition und die Analyse sind abgeschlossen. Vor diesem Meilenstein hat das Unternehmen die notwendigen Ressourcen angefordert, die Prozesse und Geschäftsobjekte definiert und eine technische Basis zum Prototyping eingerichtet.

- Meilenstein 2: Der Entwurf und Aufbau des CRM-Systems sind abgeschlossen. Das Unternehmen hat zuvor die geschäftlichen Veränderungen realisiert, das CRM-System konfiguriert und weiterentwickelt sowie die technische Infrastruktur implementiert.
- Meilenstein 3: Die Systemtests sind abgeschlossen. Zuvor hat das Unternehmen eingehende Tests des CRM-Systems und der Schnittstellen zu anderen Systemen erfolgreich durchgeführt.
- Meilenstein 4: Der Roll-Out ist abgeschlossen. Das Unternehmen hat das CRM-System in den Produktivbetrieb überführt.

Parallel zu allen Projektphasen führt das Unternehmen ein Change Management durch, das wesentlich aus der Information aller Beteiligten, der Teambildung und dem Wissenstransfer besteht. Das Projektmanagement realisiert die Projektdefinition, Problemlösungen und die Ergebniskontrolle.

2.2.2 Prozessorientierter Ansatz: Customer-Centered Reengineering Change Process Modell

Das Customer-Centered Reengineering Change Process Modell zeigt den unternehmerischen Gestaltungsbereich bei Projekten zur Umsetzung einer umfassenden Kundenorientierung. Das Modell besteht aus sieben Schritten, die als Basis zur Abwicklung von Projekten dienen [s. Crego/Schiffrin 1995]:

Bild 2-2: Customer-Centered Reengineering Change Process Modell

Die Schritte umfassen im Einzelnen:

1. Organizational Readiness:
   Bewertung und Vergleich der möglichen Auswirkungen des Reengineerings durch verschiedene Organisationseinheiten zur Unterstützung des Projekts. Der Vorgehensschritt zielt auf das obere Management, beurteilt aber auch die Rolle des mittleren Managements und der Mitarbeiter. Das Ergebnis sollte eine Entscheidung zugunsten eines Reengineering-Projekts durch die Geschäftsleitung sein.

2. Planning To Reengineer:
   Entwicklung eines umfassenden Projektplans, der die Definition des Projektteams, Klärung der Rollen und Verantwortlichkeiten, Projektziele und Zeitpläne umfasst

3. Communication And Training:
   Vorbereitung der Mitglieder des Projektteams auf ihre Tätigkeiten im Projekt durch Aufbau von Know-how mit entsprechenden Schulungen und Information des Gesamtunternehmens über das Projekt.

4. Strategic Assessment:
   Bewertung aller Bereiche des Unternehmens, die für die Kundenorientierung eine wichtige Bedeutung haben, und Identifikation der Ansatzpunkte zum Reengineering. Bild 2-3 zeigt die relevanten Bereiche [s. Crego/Schiffrin 1995]:

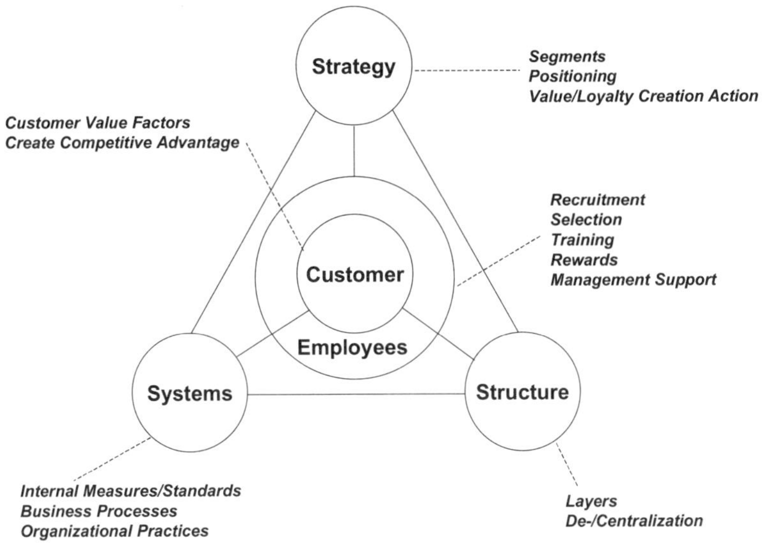

Bild 2-3: Customer-Centered Reengineering Strategic Assessment Framework

5. Strategic Remapping Plan:
   Entwicklung eines kompletten Plans zum Reengineering des gesamten Geschäftsbereichs. Der Plan bestimmt u.a. notwendige strukturelle Veränderungen, zu verbessernde Systeme und notwendige personelle Ressourcen. Der Plan ergibt sich aus einer Analyse der Daten aus dem Schritt Strategic Assessment, wird ggf. gemäss den Ergebnissen nachfolgender Projektschritte angepasst und einer Hierarchie folgend ausgeführt, die in Bild 2-4 dargestellt ist [s. Crego/Schiffrin 1995]:

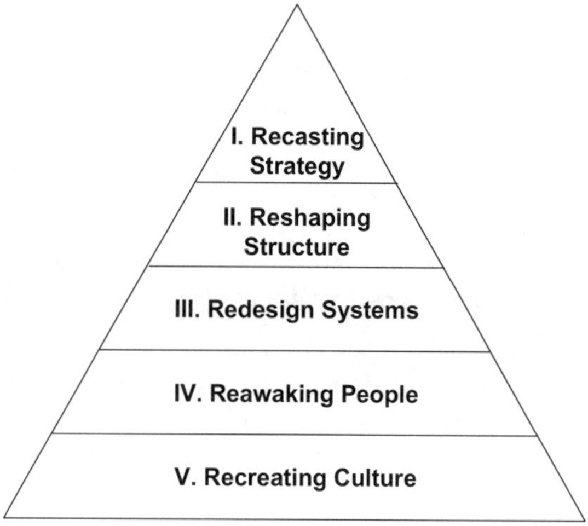

Bild 2-4: Customer-Centered Reengineering Pyramid

6. Redesign Systems:
   Redesign der Systeme und Prozesse, die für die Kundenorientierung kritisch sind.

7. Implementing Change:
   Identifikation der Hindernisse für eine erfolgreiche Implementierung der umstrukturierten Kernprozesse und Entwicklung von Plänen zum Überwinden der Hindernisse.

2.2.3 Systemorientierter Ansatz: Advanced Rapid Implementation Package

Der Ansatz des Advanced Rapid Implementation Package (ARIP) beschreibt eine Vorgehensweise zur Einführung der Standardsoftware Marketing Manager von UpDate.com. Das Vorgehen ermöglicht eine einheitliche Softwareeinführung bei allen Implementierungspartnern von UpDate.com. ARIP passt während des Implementierungsprozesses die Standardsoftware den individuellen Anforderungen der späteren Nutzer an. Das Vorgehen orientiert sich am RAD-Ansatz. Bild 2-5 gibt einen Überblick der Vorgehensschritte [s. Mutsis 1999]:

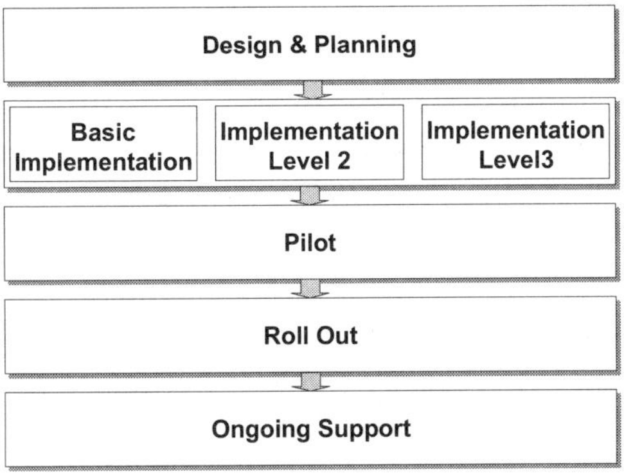

Bild 2-5: Vorgehen ARIP

Der Vorgehensschritt Implementation besteht aus den drei möglichen Teilschritten Basic Implementation, Implementation Level 2 und Implementation Level 3, deren Ausführung von den Anforderungen im Unternehmen abhängt.

Im Einzelnen umfassen die Vorgehensschritte die folgenden Aktivitäten:

- Design & Planning:
  Dieser Schritt schafft die Voraussetzungen zur Projektabwicklung, indem er in Workshops die Geschäftsprozesse sowie die Hard- und Softwareinfrastruktur analysiert und entsprechend den Anforderungen neu entwirft. Daraus ergeben sich Aktivitäten im Rahmen des Projekts, die ein Projektplan koordiniert. Die Aktivitäten spezifizieren u.a. notwendige Workflows, Bildschirmmasken, die Datensynchronisation und ein Schnittstellenkonzept.

- Basic Implementation:
  Dieser Vorgehensschritt realisiert eine Basisimplementierung des Marketing Managers durch Abbildung des Marketing- und Verkaufsprozesses. Die Implementierung besteht aus einer Client-Server-Installation, dem Datenimport, der Einrichtung der Datenbank und der Datensynchronisation für den mobilen Einsatz. Daneben realisiert der Schritt die Schulung von Systemadministratoren sowie Benutzerrichtlinien und organisiert einen Informationsworkshop für die späteren Nutzer.

- Implementation Level 2:
  Die zweite Stufe der Implementierung erweitert die Einrichtung der Datenbank, richtet spezifische Prozesse, z.B. zum Filtern der Datenbank für Selektionen, ein und passt die Benutzerrichtlinien an.

- Implementation Level 3:
  Die dritte Stufe ergänzt die Systemimplementierung um die Definition

notwendiger Workflows, die Integration von Drittprodukten und notwendige Schnittstellenprogrammierung.

- Pilot:
  Dieser Schritt überprüft die Systemimplementierung durch Einrichtung eines Pilot-Systems einschliesslich der Datensynchronisation im mobilen Systemeinsatz. Eine speziell geschulte Pilot-Benutzergruppe arbeitet am Pilot-System und spezifiziert weitere Anforderungen und zusätzlichen Anpassungsbedarf.

- Roll Out:
  Der abschliessende Schritt der Implementierung verwendet das Ergebnis der Pilot-Gruppe zur Installation und Konfiguration des Produktivsystems. Neben der Schulung aller Nutzer konzipiert der Schritt Kontrollzyklen der Systemimplementierung.

- Ongoing Support:
  Dieser Schritt gehört nicht zur Implementierung. Er beinhaltet weiterführende Unterstützung durch UpDate.com bei verschiedenen Fragestellungen bezogen auf die Datenbank oder den Marketing Manager.

2.2.4 Wissensorientierter Ansatz: Stufenmodell zum Aufbau von CRM

Das Stufenmodell beinhaltet ein Vorgehen zur Einführung von CRM durch Einrichtung der in Bild 2-6 angegebenen CRM-Systemarchitektur, die das Kundenwissen in den Vordergrund stellt [s. Müller 1999].

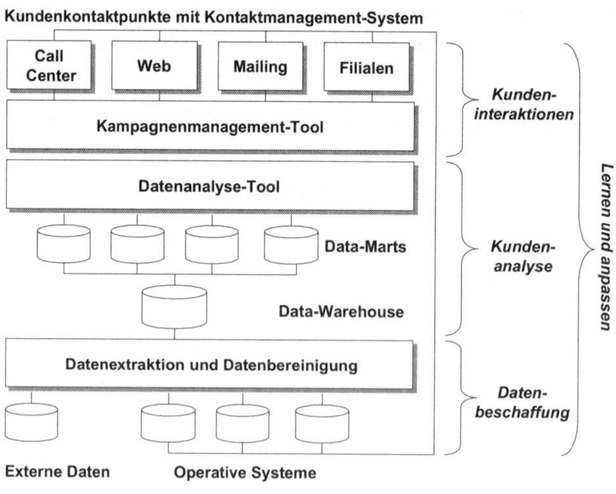

Bild 2-6: CRM-Systemarchitektur nach McKinsey

Das Vorgehen zum Aufbau der Systemarchitektur umfasst die folgenden Schritte:

1. Datenbeschaffung:
   Extraktion der Kundendaten aus vorhandenen Systemen und Überführung in ein Data Warehouse mit Ergänzung um externe Informationen.

2. Kundenanalyse:
   Aufgrund von Analysen im Data Warehouse werden Kundengruppen selektiert.

3. Kundeninteraktion:
   Planen von Kampagnen für die Kundengruppe durch ein Kampagnenmanagement-System über verschiedene Kanäle.

4. Lernen und Anpassen:
   Auswertung der Erfahrungen von Datenbeschaffung, Kundenanalyse und Kundeninteraktion durch Rückführung der Ergebnisse über den Kampagnenmanager in das Data Warehouse.

2.2.5 Vergleich der Ansätze

Der Vergleich aller Ansätze bezieht sich auf die jeweiligen Fokussierungen, die Bestandteile und die Gestaltungsbereiche. Der Umfang der Bestandteile ermöglicht eine Bewertung der Praxistauglichkeit der Ansätze. Die Gestaltungsbereiche und Zielsetzungen der Ansätze bilden die Basis zur Entwicklung der Methode zur CRM-Einführung, da diese den konsolidierten Gestaltungsbereich und die wesentlichen Zielsetzungen aller Ansätze aufgreift.

2.2.5.1 Vergleich der Fokussierungen

Bild 2-7 verdeutlicht den jeweiligen Fokus der Ansätze. Zusammengefasst ergeben sich daraus die folgenden typischen Zielsetzungen der bestehenden Ansätze:

- Strategische Einführung von CRM,
- Abwicklung kundenorientierter Reengineering-Projekte,
- Einführung von Standardsoftware zum CRM,
- Realisierung eines Mehrkanal-Distributionssystems,
- Realisierung eines kundenorientierten Führungssystems.

Alle Ansätze geben Hinweise zur Umsetzung des Fokus durch Anleitungen zur Projektdurchführung.

	Ansatz	Fokus
Strategieorientierung	Einführungsmodell zum CRM nach PWC [s. Andersen et al. 1999, S.81]	Einführung von CRM
	Einführungsmodell zum CRM [s. Peppers/Rogers 1999, S.11ff.]	Einführung von CRM
	Einführungsmodell zum CRM [Rapp 2000, S.36ff.]	Einführung von CRM
	Custor-System [s. Homburg/Werner, S.23ff.]	Messung und Management von Kundenzufriedenheit und Kundenorientierung
	Einführung von Beziehungsmanagement [s. Kotler/Bliemel 1999, S.1100]	Einführung von Beziehungsmanagement
	Relationship Banking [Held 1998, S.64f.]	Abwicklung von Projekten zum Kundenbeziehungsmanagement
	Customer-driven Distribution System [vgl. Stern et al. 1996; S.189]	Anpassung bestehender Distributionskanäle an die Kundenbedürfnisse
Prozessorientierung	C.-Centered reengineering Change Process Modell [s. Crego/Schiffrin 1995, S.51]	Abwicklung von kundenorientierten Reengineering-Projekten
	PROMET BPR [s. IMG 1997, S. AKTI 3]	Entwurf betrieblicher Prozesse und Strategieumsetzung

Bild 2-7: Vergleich der Fokussierung

	Ansatz	Fokus
Systemorientierung	10-Stufenplan [s. Schwetz 2000]	Effiziente und effektive Auswahl und Einführung eines CAS- bzw. CRM-Systems
	VIS Auswahlverfahren [s. Stender/Schulz-Klein 1998, S.31]	Auswahl und Einführung eines Informationssystems zur Unterstützung des Vertriebs (VIS)
	Advanced Rapid Implementation Package [s. Mutsis 1999, S.5]	Effiziente und effektive Implementierung der Standardsoftware Marketing Manager von UpDate.com
	Rapid Application Deployment	Effiziente und effektive Implementierung der Standardsoftware Siebel Enterprise Applications von Siebel Systems
	Enterprise Implementation Methodology [s. Vantive 1999, S.1ff.]	Effiziente und effektive Implementierung der Standardsoftware Vantive Enterprise System von Vantive Corporation
	Einführung eines SFA-Systems [Lossau 1998, S.25]:	Einführung eines SFA-Systems zu Unterstützung des Vertriebsprozesses
Wissensorientierung	Einführung einer Kundendatenbank [s. Vavra 1995; S.44f.]	Klärung von Entscheidungen im Rahmen der Einführung einer Kundendatenbank
	Stufenmodell zum Aufbau von CRM [s. Müller 1999, S.52]	Aufbau und Nutzung eines CRM-Systems
	Funktionales Customer-Relationship-Modell [s. Kelly 1999, S.54]	Anwendung des CRM mit Schwerpunkt auf den Kundendaten

Bild 2-7: Vergleich der Fokussierung (Forts.)

2.2.5.2 Vergleich der Bestandteile

Der Vergleich der Bestandteile basiert auf einigen Komponenten des Methoden-Engineerings [s. Abschnitt 2.3.2]. Bild 2-8 zeigt, dass lediglich die Methode PROMET BPR über alle Bestandteile verfügt und deshalb eine vollständige Nutzung des Ansatzes im Sinne des Methoden-Engineerings gegeben ist. Die meisten Ansätze verfügen über ein Vorgehensmodell, das einen Ablauf einzelner

Aktivitäten beinhaltet. Nur wenige Ansätze geben Ergebnisdokumente vor und spezifizieren Techniken zur Erstellung der Dokumente.

	Ansatz	Vorgehens-modell	Metamodell	Aktivitäten	Techniken	Dokumente	Rollen
Strategieorientierung	Einführungsmodell zum CRM nach PWC	X		X			
	Einführungsm. Zum CRM nach Peppers/Rogers	X					
	Einführungsmodell zum CRM nach Rapp	X		X			
	Custor-System	X		X	X		
	Einführung von Beziehungsmanagement	X				X	
	Relationship Banking	X		X			
	Customer-driven Distribution System	X					
Prozess-orientierung	C.-C. Reengineering Change Process Modell	X			X	X	
	PROMET BPR	X	X	X	X	X	X
Systemorientierung	10-Stufenplan	X		X		X	
	VIS Auswahlverfahren	X		X			
	Advanced Rapid Implementation Package	X		X		X	
	Rapid Application Deployment	X		X		X	

Bild 2-8: Vergleich der Bestandteile

	Ansatz	Vorgehens-modell	Metamodell	Aktivitäten	Techniken	Dokumente	Rollen
	Enterprise Implementation Methodology	X		X		X	
	Einführung eines SFA-Systems	X		X		X	
Wissensorientierung	Einführung einer Kunden-datenbank			X			
	Stufenmodell zum Aufbau von CRM			X			
	Funktionales Customer-Relationship-Modell	X		X			

Bild 2-8: Vergleich der Bestandteile (Forts.)

Es ist demnach ein Defizit in der Praxistauglichkeit vieler Ansätze feststellbar. Insbesondere vernachlässigen die Ansätze die Anleitungen zur Erstellung der Ergebnisse. Gerade diese Techniken ermöglichen einen effizienten und effektiven Projektablauf.

2.2.5.3 Vergleich der Gestaltungsbereiche

Die strategieorientierten Ansätze berücksichtigen vorwiegend die Gestaltungsobjekte Mitarbeiter, Kunde und Organisationseinheit, mit untergeordneter Bedeutung auch die Kundengruppen, Ziele / Strategien, interne Prozesse und Interaktionen mit den Kunden. Die zwei prozessorientierten Ansätze sind vorwiegend auf die Gestaltungsobjekte Organisationseinheit, Ziele, Prozesse und CRM-Systeme ausgerichtet. Dagegen stehen im Mittelpunkt der systemorientierten Ansätze vorwiegend die Mitarbeiter, die Organisationseinheit, die internen Prozesse und das CRM-System sowie, mit Abstrichen, Funktionen, Schnittstellen und Datenbanken / -quellen. Die wissensorientierten Ansätze gestalten insbesondere Kunden, Kundengruppen, Datenbanken / -quellen sowie Interaktionen und auch Schnittstellen.

Insgesamt vernachlässigen die Ansätze Führungsgrössen, kritische Erfolgsfaktoren, Anreizsysteme, Kundenprozesse, Wettbewerber, Wissensstrukturen, Daten, Objekte und Kanäle.

2.2.6 Anforderungen an eine Methode zur CRM-Einführung

Ein erheblicher Teil der CRM-Ziele entsprechen den aus dem Marketing bekannten Zielsetzungen. Einige Potenziale des CRM bietet auch das Marketing, insbesondere die speziellen Ausrichtungen wie Beziehungsmarketing, Direktmarketing oder Databasemarketing. Es ist jedoch bekannt, dass die Implementierung dieser Marketingkonzepte in der Praxis Defizite aufweist [s. Fritz 1995]. Mit dem Konzept des Business Engineerings bzw. Business Reengineering [vgl. Hammer/Champy 1993; Österle 1995] eröffnen sich neue Perspektiven zur Umsetzung des Marketings in der Praxis. Aus Sicht des Marketings wird bei vielen Projekten zum Business Engineering jedoch die Kundenorientierung vernachlässigt, weshalb die Forderung nach einer stärkeren Berücksichtigung des Marketings im Business Engineering einschliesslich des nach innen gerichteten internen Marketings entstand [s. Fritz/Oelsnitz 1998].

Eine Methode zur CRM-Einführung muss deshalb auf dem Vorgehen bei Projekten zum Business Engineering aufbauen mit dem Ziel, die Grundideen des Marketings zu implementieren. Besondere Berücksichtigung muss das interne Marketing finden, das die Aktivitäten zur Schulung und Motivation der internen Kunden, also jener Mitarbeiter, die im direkten Kundenkontakt stehen, umfasst [s. Fritz/Oelsnitz 1998; Kotler/Bliemel 1999].

Die vorliegende Methode zur CRM-Einführung setzt diese Anforderungen um, indem sie mit Mitteln des Business Engineerings vom Kundenprozess ausgehend die Front-Office-Prozesse neu gestaltet und dabei die Mitarbeiter mit berücksichtigt [vgl. Lüthi/Rüegg-Stürm 1998].

Aus der Betrachtung bestehender Ansätze des vorhergehenden Abschnitts ergeben sich zusätzliche Anforderungen an eine Methode zur CRM-Einführung, die diese Methode erfüllt.

Die Methode setzt die wichtigsten Zielsetzungen der betrachteten Ansätze um. Dazu gehören (s. Abschnitt 2.2.5.1):

- Strategische Einführung von CRM,
- Abwicklung kundenorientierter Reengineering-Projekte,
- Einführung von Standardsoftware zum CRM,
- Realisierung eines Mehrkanal-Distributionssystems,
- Realisierung eines kundenorientierten Führungssystems.

Die betrachteten Ansätze verfügen nur teilweise über Techniken zur Erstellung von Ergebnissen. Im Sinne einer praxisorientierten Anwendbarkeit berücksichtigt die Methode deshalb insbesondere diese Methodenbestandteile.

Schliesslich behandelt die Methode auch die wesentlichen Gestaltungsobjekte, die sich aus dem Vergleich der Ansätze ergeben. Die Interaktionen zwischen Unternehmen und Kunde, insbesondere die Marketingmassnahmen, gehören zum Betrieb des CRM und sind deshalb vom Gestaltungsbereich der Methode ausgeschlossen.

2.3 Methode zur CRM-Einführung

Häufig reduzieren Unternehmen die Einführung von CRM auf die Implementierung eines CRM-Systems. Zur Ausschöpfung aller Potenziale des CRM müssen Unternehmen die Systemeinführung aber von den Kunden ausgehend in die Gesamtorganisation einbetten [vgl. Peppers/Rogers 1999]. Da die Einführung des CRM alle Ebenen des Business Engineerings tangiert, ist eine systematische Vorgehensweise erforderlich. Sehr leicht können wichtige Dinge übersehen werden, was häufig zu einem Misserfolg des Gesamtprojekts führt.

Im Unternehmen nutzt das Projektteam die Einführungsmethode zur effizienten Abwicklung eines CRM-Einführungsprojekts. Am Projektmanagement sind die Fachbereiche, aber vor allem auch Vertreter des Marketings, des Verkaufs, des Service, der Informatik, sowie das mittlere Management beteiligt. Da häufig an CRM-Einführungsprojekten Beratungsunternehmen beteiligt sind, ergeben sich auch für diese Zielgruppe Handlungsempfehlungen zur effizienten und sicheren Durchführung des Projekts. Dadurch stellt man sicher, dass

- bei CRM-Einführungsprojekten keine wichtigen Gestaltungsparameter vernachlässigt werden,
- CRM-Einführungsprojekte zügig ablaufen und damit kostengünstig sind,
- die CRM-Einführungsprojekte von allen Beteiligten, insbesondere den Nutzern, aber auch dem Management, mitgetragen werden,
- die CRM-Einführungsprojekte insgesamt erfolgreich sind.

2.3.1 Gestaltungsbereich der Methode

Das CRM erstreckt sich über alle unternehmerischen Prozesse, die im direkten Kundenkontakt ablaufen. Diese Front-Office-Prozesse sind der Marketing-, Verkaufs- und Serviceprozess. Eine Abgrenzung der Aufgaben der einzelnen Teilprozesse wird auf Basis der Zielgruppe vorgenommen, an die sich die Aufgaben der Teilprozesse richten. Die Aktivitäten des Marketingprozesses wenden sich an den gesamten Zielmarkt, der aus der anonymen Öffentlichkeit, identifizierbaren Interessenten und bereits bekannten Kunden des Unternehmens besteht. Nachdem ein persönlicher Kontakt zwischen einem Vertreter des Marktes und dem Unternehmen stattgefunden hat, wird aus dem anonymen Vertreter ein Interessent. Das

Ereignis des vorhandenen Kontakts verbindet somit den Marketing- mit dem Verkaufsprozess. Die Aktivitäten des Verkaufsprozesses richten sich lediglich noch an die Interessenten und die bekannten Kunden. Nach Abschluss eines Auftrags ist der Verkaufsprozess beendet und die Aktivitäten des Serviceprozesses setzen ein, die sich nun ausschliesslich an die bekannten Kunden des Unternehmens richten. Die beschriebenen Zusammenhänge sind in Bild 2-9 dargestellt [s. Schulze et al. 2000].

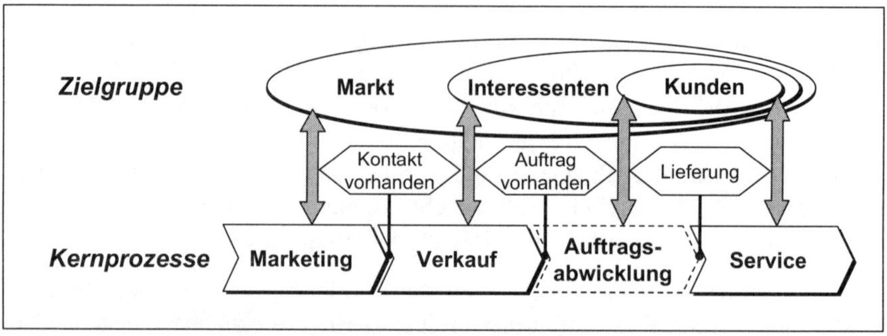

Bild 2-9: CRM-Prozesse

Zwischen dem Verkaufs- und Serviceprozess läuft der Auftragsabwicklungsprozess ab. Zu dessen Aufgaben gehören beispielsweise die Koordination mit der Fertigung und Beschaffung, Rechnungserstellung oder Ressourcenplanung. Da zur Durchführung dieser Aufgaben kein direkter Kundenkontakt notwendig ist, gehört der Auftragsabwicklungsprozess nicht zu den Front-Office-Prozessen. Der Prozess wird demzufolge auch generell nicht von CRM-Systemen unterstützt, sondern durch die speziell für die Back-Office-Prozesse konzipierten ERP-Systeme [vgl. Stender/Schulz-Klein 1998]. Die CRM-Systeme führen lediglich einen geringen Teil der Aufgaben der Auftragsabwicklung aus, wie z.B. das Anlegen von Aufträgen.

2.3.2 Methodenstruktur

Die Einführungsmethode stellt eine idealisierte Vorgehensweise als Generalisierung von Praxiserfahrungen dar. Sie baut auf den Grundsätzen des Methoden Engineerings auf und besteht aus einer Abfolge einzelner Aktivitäten, die in einem Vorgehensmodell angeordnet sind [vgl. Gutzwiller 1994]. Jede Aktivität produziert durch Anwendung spezifischer Techniken Ergebnisse, die wiederum für nachfolgende Techniken Voraussetzung sind. Zur Dokumentation des Gestaltungsrahmens existiert ein Metamodell, das sämtliche zu gestaltenden Objekte und die zwischen ihnen bestehenden Beziehungen enthält.

2.3.3 Vorgehensmodell

Das Vorgehensmodell ist ein Leitfaden zur Abwicklung von Projekten zur CRM-Einführung. Es gliedert sich in die einzelnen Phasen Planung, Vorstudie, Konzeption und Umsetzung. Jeder Schritt umfasst bestimmte Techniken, wie aus Bild 2-10 ersichtlich wird [s. Schulze 2000]. Die Anwendung der Techniken in bestimmten Phasen ist nicht zwingend und kann im konkreten Anwendungsfall verändert werden. Das Vorgehensmodell stellt lediglich die logischen Abhängigkeiten zwischen den Techniken dar. Je nach vorhandenem Entwicklungsstand im Unternehmen kann das Projektteam Techniken auslassen, wenn das Ergebnis der Technik bereits im Unternehmen vorliegt. Auch ist es möglich, im Projekt Techniken zu parallelisieren, um den Projektablauf effizienter zu gestalten.

Das Vorgehensmodell unterscheidet die folgenden Phasen:

- *Planung:*
  In der Planungsphase schafft das Unternehmen die Voraussetzungen zur Projektdurchführung. Dazu gehören die Zieldefinition, die Bildung des Projektteams und zusätzlicher Projektgremien, die Mobilisierung weiterer Ressourcen, die Definition von Meilensteinen, die Projektkontrolle und die Berücksichtigung des unternehmensweiten Projektportfolios. Die Planungsphase ist nicht Bestandteil des Methodenvorschlags.

- *Vorstudie:*
  Die Phase Vorstudie hat analytischen Charakter. Während der Phase analysiert das Projektteam das Kundenpotenzial, legt Marktsegmente mit zugehörigen Kundengruppen fest und plant Leistungen ein. Für die Bestimmung der Anforderungen zum Entwurf der CRM-Prozesse untersucht das Projektteam ausserdem die Kundenprozesse.

- *Konzeption:*
  Die Konzeptionsphase schafft die Grundlagen zur Gestaltung der CRM-Prozesse auf Basis der Kundenprozesse. Durch die Planung verschiedener Führungssysteme wird die Weiterentwicklung der CRM-Prozesse, aber auch der Systemnutzung und des Personals kontrolliert. Daraus ergeben sich die Anforderungen an ein einzuführendes CRM-System, die das Projektteam im Evaluationskonzept dokumentiert. Abschliessend konzipiert es die entstehenden organisatorischen Impulse zur Weiterentwicklung des Unternehmens und die Systemeinführung. Parallel zu den Phasen Vorstudie und Konzeption organisiert das Projektteam das Multi Channel Management. Teilaspekte des Multi Channel Managements sind in allen anderen Techniken enthalten.

- *Umsetzung:*
  Die Phase Umsetzung realisiert die Gestaltung der CRM-Prozesse, die Systemanpassung und -implementierung sowie die organisatorischen Veränderungen. Aus der Konzeptionsphase ergeben sich dazu Ansätze zur Bildung

von Teilprojekten. Die Phase der Umsetzung ist nicht Bestandteil des Methodenvorschlags.

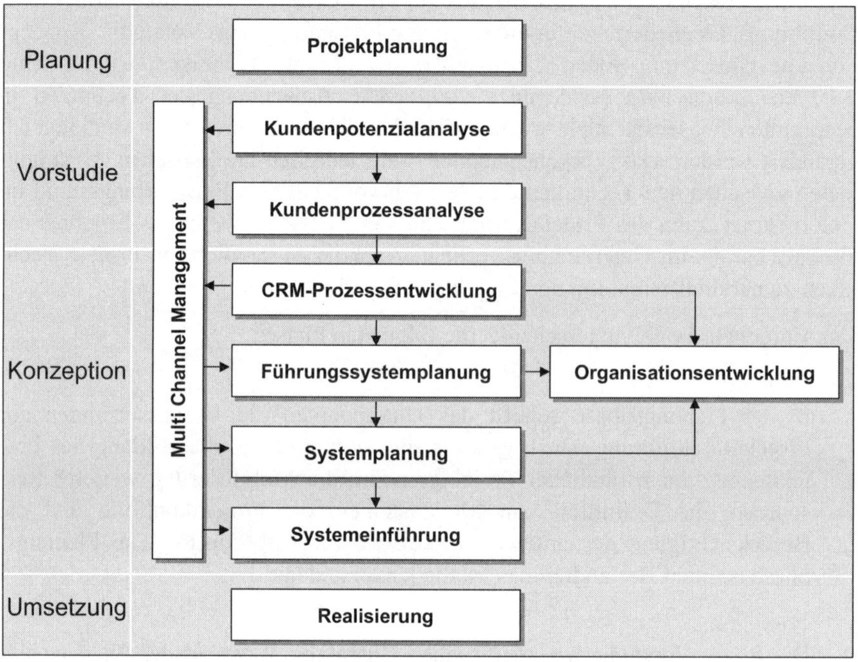

Bild 2-10: Vorgehensmodell

2.3.4 Techniken und Ergebnisdokumente

Die Techniken der Methode entsprechen strukturierten Handlungsempfehlungen zur Erstellung von Ergebnissen. Sie bilden zusammen mit den Ergebnissen den wichtigsten Bestandteil der Methode. Deshalb schliesst die Darstellung der Methode mit einer Beschreibung der einzelnen Techniken und einiger Ergebnisdokumente ab [vgl. Schulze 2000].

2.3.4.1 Kundenpotenzialanalyse

Die *Segmentierungsmatrix* ordnet aus strategischer Sicht die bestehenden und die idealerweise neu anzubietenden Leistungen und Kanäle bzw. Medien den entsprechenden Zielkundengruppen zu, damit eine Konzeption der Leistungen und Kanäle nach Kundenbedürfnissen möglich wird. Jedes Feld der Matrix repräsentiert ein spezifisches Marktsegment, das durch die Kundengruppen und die Kundenbedürfnisse (Produkte) gekennzeichnet ist.

Durch die Zuordnung konzentriert sich das betrachtete Unternehmen auf die gekennzeichneten Erfolg versprechenden Marktsegmente und kann diese einzeln den Kundenbedürfnissen entsprechend bearbeiten. Insbesondere kommt es darauf an, die neuen Leistungen und Kanäle auf Markterfolg zu prüfen und danach auf Prozess- und IS/IT-Ebene zu implementieren. Den einzelnen Kundentypen liegen spezifische Kundenprozesse zugrunde, die eine Ausrichtung der internen Prozesse auf diese unterschiedlichen Kundenprozesse erfordern. Deshalb ist eine Unterscheidung nach Kundengruppen bzw. Marktsegmenten sinnvoll.

Da aufgrund vieler Kundengruppenkriterien auch viele Kundenprofile entstehen, ist auch die Zahl der Marktsegmente erheblich, was im Sinne der Individualisierung der Kundenbeziehung sinnvoll ist. Die Methode legt eine überschaubare Anzahl von Marktsegmenten fest, basierend auf einer begrenzten Anzahl von Kundenprofilen. Im Betrieb des CRM werden diese Segmente durch das permanente Customer Profiling verfeinert.

2.3.4.2 Kundenprozessanalyse

Zur systematischen Ermittlung der Kundenprozesse eignen sich eine Analyse von Life-Events der Kunden und Key-Customer Workshops aus Vertretern von Schlüsselkunden und Unternehmensvertretern. *Aufgabenkettendiagramme* der Kundenprozesse dokumentieren die Ergebnisse und stellen die einzelnen Aufgaben der Kundenprozesse grafisch dar. Das *Kontextdiagramm* in Bild 2-11 dokumentiert jene Kundenprozesse, die sehr ähnlich ablaufen [vgl. Österle 1995].

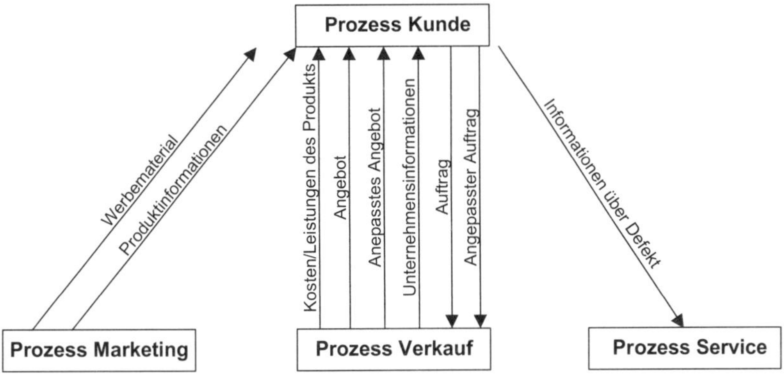

Bild 2-11: Kontextdiagramm

Das Dokument visualisiert den Leistungsaustausch zwischen dem Kundenprozess und dem Marketing-, Verkaufs- und Serviceprozess. Die Gesamtheit der *Kontextdiagramme* entspricht den insgesamt zu analysierenden Kundenprozessen. Nachfolgende Techniken leiten die Anforderungen an die Informationssysteme und CRM-Prozesse aus diesen Kundenprozessen ab. Insgesamt orientieren sich die

Kontextdiagrammme an den Bedürfnissen der Kunden. Sie geben also ein idealisiertes Bild der Leistungsbeziehungen und schliessen die Restriktionen aufgrund der CRM-Prozesse aus.

2.3.4.3 CRM-Prozessentwicklung

Aus der Technik Kundenprozessanalyse ergeben sich die Anforderungen an die Ausprägung der CRM-Prozesse, die in die bestehenden Strukturen der CRM-Prozesse zu integrieren sind. Auf Unternehmensseite müssen für jede Aufgabe eines Kundenprozesses adäquate Aufgaben des CRM-Prozesses existieren, welche die Aufgabe des Kundenprozesses unterstützen und die erforderlichen Leistungen zur Verfügung stellen. Die ermittelten Aufgaben der Kundenprozesse und die mit den CRM-Prozessen ausgetauschten Leistungen stellt das Dokument *Prozessanforderungen* dar (Bild 2-12). Dieser Kundensicht ordnet das Dokument aus Unternehmenssicht die notwendigen Aufgaben der CRM-Prozesse, die betreffenden Organisationseinheiten und die notwendigen Kanäle zu.

Prozess: Kauf DB-Server bzw. Backup-Systeme über Aussendienst					
Kundensicht			**Unternehmenssicht**		
Aufgabe	**Leistung**	**Medium**	**CRM-Prozess**	**CRM-Aufgabe**	**Kanal**
Informationen einholen	Kosten und Leistungen des Produkts	Telefon, Post	Verkauf	Beratung durchführen	Innendienst
Bedarf spezifizieren	Angebot	Persönlicher Kontakt	Verkauf	Angebot mobil erstellen	Aussendienst
Angebot prüfen / ändern	Angepasstes Angebot	Persönlicher Kontakt / Telefon	Verkauf	Angebot ändern	Aussendienst / Innendienst
Auftrag erteilen	Auftrag	Persönlicher Kontakt / Post	Verkauf	Auftrag erfassen	Aussendienst / Innendienst
Auftrag ändern	Angepasster Auftrag	Persönlicher Kontakt / Post	Verkauf	Auftrag ändern	Aussendienst / Innendienst

Bild 2-12: Prozessanforderungen

Die Prozessanforderungen und zusätzliche Unternehmensanforderungen werden konsolidiert in *Aufgabenkettendiagramme* integriert [vgl. Österle 1995]. Aus dem *Aufgabenkettendiagramm Soll* ist das Zusammenspiel der neuen CRM-Aufgaben mit den Aufgaben der Kundenprozesse ersichtlich. Zur Veranschaulichung stellt das folgende *Aufgabenkettendiagramm* nur den Prozess Verkauf DB-Server bzw. Backup-System über Aussendienst dar (Bild 2-13).

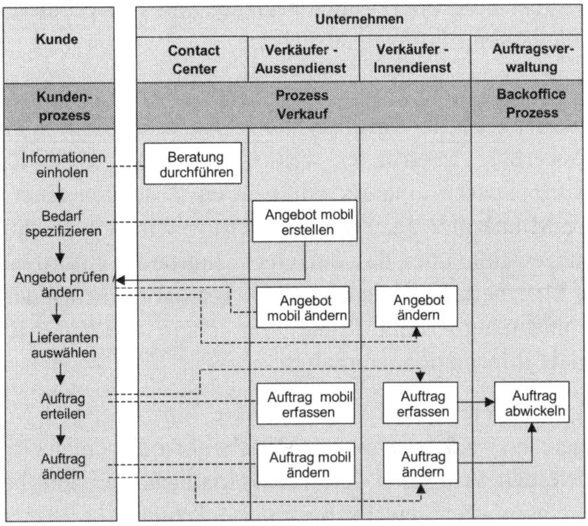

Bild 2-13: Aufgabenkettendiagramm Soll

2.3.4.4 Multi Channel Management

Die Technik Kundenpotenzialanalyse hat Medien ausgewählt, die aufgrund der Kundenbedürfnisse zukünftig zusätzlich genutzt werden, und die Technik CRM Prozessentwicklung hat zusätzlich notwendige Kanäle identifiziert. Aufgrund dieser im Unternehmen zugelassenen Medien und vorhandenen Kanäle ergeben sich bestimmte Medien / Kanal-Kombinationen, die für das Multi Channel Management (MCM) eine grössere Bedeutung haben. Im Mittelpunkt des MCM steht nun die Frage, wie Nachfolgeaktivitäten aufgrund eines Kundenkontakts über einen Kanal auf andere Kanäle weiterzuleiten sind.

Grundsätzlich kann ein Kundenkontakt drei mögliche Reaktionen auslösen, die von der Relevanz des Kontakts abhängen:

- *Erledigen:*
  Der Kundenkontakt hat keine grosse Bedeutung für das Unternehmen und wird sofort ohne Auslösung einer Folgeaktivität erledigt.

- *Informieren:*
  Aus dem Kundenkontakt ergeben sich Informationen, die möglicherweise für andere Mitarbeiter relevant sind und die deshalb weiterzugeben sind. Aufgrund des fehlenden direkten Bezugs der Informationen zu bestimmten Mitarbeitern ist die Zielgruppe der Informationsempfänger nicht genau identi-

fizierbar. Diese Kundenkontakte mittlerer Relevanz ziehen eine Information verschiedener Mitarbeiter nach sich, wozu ein Pull-Kommunikationsmittel festgelegt wird. Über dieses Kommunikationsmittel informieren sich alle Mitarbeiter selbständig über Veränderungen, indem sie eine zentrale Datenbasis nach relevanten Einträgen absuchen.

- *Aktivieren:*
  Der Kundenkontakt ist der Auslöser zum Anstossen einer Nachfolgeaktivität, die an adressierbare Mitarbeiter weiterzuleiten ist. Diese Kundenkontakte hoher Relevanz stossen eine Aktivität durch Zusenden einer Mitteilung an adressierbare Mitarbeiter an. Zur Realisierung wird ein Push-Kommunikationsmittel ausgewählt, über das einzelne Mitarbeiter informiert werden und das für alle Mitarbeiter in allen Kanälen verfügbar ist. Dadurch kann jeder Mitarbeiter unabhängig vom Kanal von jedem anderen Mitarbeiter eines anderen Kanals Informationen erhalten.

Darüber hinaus gibt es relevante Kundenkontakte ohne Bezug zu Mitarbeitern, die über das Dokument *Hybridraster* einem Mitarbeiter oder einer Organisationseinheit zugeordnet werden. Aufgrund der charakteristischen Eigenschaften einzelner Kundengruppen eignen sich jeweils bestimmte Kanäle für jede Kundengruppe (Bild 2-14). Darüber hinaus ist ein Wechsel der Zuordnung im Prozessablauf denkbar, weshalb das *Hybridraster* auch die Aufgaben der Prozesse berücksichtigt [vgl. Moriarty/Moran 1990].

Zu informierender Kanal	**Prozess: Verkauf DB-Server bzw. Backup-System**			
	Informationen zusenden	Beratung durchführen	Angebot erstellen	Auftrag erfassen
Aussendienst		A- u. B-Kunde	A- u. B-Kunde	A- u. B-Kunde
Direct Mail System	Alle		C- Kunde	C- Kunde
Contact Center		C- Kunde		

Bild 2-14: Hybridraster

Das Dokument gibt Hinweise, an welche Organisationseinheit eines Unternehmens (Kanal) ein Kundenkontakt abhängig vom Kundentyp weitergeleitet werden muss bzw. welche Organisationseinheit über den Kundenkontakt zu informieren ist. Beispielsweise werden A- und B-Kunden, die ein Angebot wünschen, an den Aussendienst weitergeleitet und C-Kunden an das Direct Mail System.

2.3.4.5 Führungssystemplanung

Die operationalisierten kritischen Erfolgsfaktoren (KEF) der CRM-Prozesse sind die Prozessführungsgrössen (Bild 2-15), die Indikatoren für die Effektivität und Effizienz der Prozesse darstellen. Vor endgültiger Festlegung der Prozessführungsgrössen ist zu prüfen, ob die ausgewählten Prozessführungsgrössen auch tatsächlich den KEF im vollen Umfang beschreiben. Zur Überprüfung der CRM-Prozessentwicklung legt man Soll-Werte der Prozessführungsgrössen zu einem bestimmten Zeitpunkt fest [vgl. Österle 1995].

KEF	Prozessführungsgrössen	Einheit	CRM-Objekt
Geschwindigkeit der Abwicklung	Durchlaufzeit von Verkaufstransaktion Erstellungszeit von Angeboten Beratungszeit pro Kunde	Tage Stunden Stunden	Kunde, Angebot, Auftrag, Aktivität
Kosten der Transaktionen	Anzahl Kundenbesuche Telefonkosten durch Kundengespräche Dauer Telefonate Vorbereitungszeit für Präsentationen	Stück CHF Minuten Stunden	Aktivität, Kunde
Kunden-betreuungsqualität	Anzahl Beschwerden über Verkäufer Anzahl erfolgreicher Transaktionen	Stück Stück	Firma Auftrag

Bild 2-15: Prozessführungsgrössen des Verkaufsprozesses

Neben den Prozessführungsgrössen führt das CRM System-, Nutzungs- und Personalführungsgrössen ein. Die Systemführungsgrössen zeigen dem Management den Erfolg der CRM-Einführung in Bezug auf die unternehmerischen Bedürfnisse, Strategien und Ziele auf. Anhand der Nutzungsführungsgrössen wird der Grad der System- und Kanalnutzung durch die Mitarbeiter für das Unternehmen messbar. Personalführungsgrössen messen die Wahrnehmung und Erfüllung von Aufgaben durch die Mitarbeiter in fachlicher Hinsicht. Das CRM-System ermöglicht eine einfache Auswertung der verschiedenen Führungsgrössen, da diese entweder bereits in der Datenbasis des Systems enthalten sind oder aber einfach zu generieren sind. Die Führungsgrössen finden Verwendung zur Beeinflussung der strategischen Ausrichtung des CRM, zur Personalbeurteilung und zur Bildung von Anreizsystemen.

2.3.4.6 Systemplanung

Die funktionalen Anforderungen an ein CRM-System ergeben sich aus den computergestützten Aufgaben der CRM-Prozesse, die in der Technik CRM-Prozessentwicklung identifiziert wurden [vgl. Österle 1995]. Das Dokument *Funktionale Anforderungen* in Bild 2-16 stellt die ermittelten CRM-Aufgaben und die benötigten Funktionen eines CRM-Systems dar. In Workshops mit Vertretern der zukünftigen Nutzer analysieren die Teilnehmer die CRM-Aufgaben und legen die notwendigen Funktionen fest.

CRM-Aufgabe	Benötigte CRM-Funktionen	Anforderungen
Beratung durchführen	Marketing Enzyklopädie	Zugriff auf alle Marketinginformationen.
	Produktkatalog	Detailinformationen zu Preisen und Leistungen der Produkte
	Account Management	Zugriff auf alle relevanten Kundeninformationen
	Contact Management	Erfassung aller Informationen aufgrund eines Kundenkontakts
Angebot mobil erstellen	Produkt-konfigurator	Zusammenstellung der Leistungsmerkmale eines Produkts und Angabe der entstehenden aktuellen Preise
	Angebots-erstellung	Erstellen und Drucken eines Angebots auf Basis eines konfigurierten Produkts
	Opportunity Management	Verwaltung aller Verkaufschancen
	Contact Management	Erfassung aller Informationen aufgrund der Angebotserstellung
Auftrag mobil erfassen	Auftrags-erfassung	Erfassung eines Auftrags mit bezug zum Angebot
	Opportunity Management	Umwandlung einer erfassten Verkaufschance in einen Verkauf

Bild 2-16 : Funktionale Anforderungen

Zusätzlich entstehen Anforderungen aufgrund der Nutzung verschiedener Kanäle. Das Dokument *Kanalanforderungen* (Bild 2-17) spezifiziert diese und zeigt erste Lösungsansätze auf:

Kanal	Anforderung	Lösungsansatz
Aussendienst	Der Mitarbeiter muss im Aussendienst Angebote und Aufträge über das CRM-System erstellen und ändern können.	Einsatz von Notebooks im Aussendienst und tägliche Replikation der relevanten Datenbasis des CRM-Systems auf das Notebook vor dem Kundenbesuch, um aktuelle Daten auf dem Notebook zu haben
Contact Center	Zur Beratung ist es notwendig, dass der Berater über ein Informationssystem beim Kundenanruf sofort über dessen Identität und Historie informiert wird.	Anbindung des Telefonsystems über Telefonintegration an das CRM-System. Aufgrund der Telefonnummer des Anrufers identifiziert das System den Kunden und stellt die Kundeninformationen zur Verfügung
eCommerce System	Über die Website eingehende Aufträge müssen im CRM-System sichtbar werden	Schaffung einer Schnittstelle zwischen CRM-System und Datenbank der Website. Einlesen der neuen Aufträge ins CRM-System

Bild 2-17: Kanalanforderungen

Häufig sind notwendige Daten des CRM-Systems bereits in anderen System enthalten. Die Integration dieser Systeme mit dem CRM-System ermöglicht die Nutzung dieser Daten für das CRM, wozu eine Auswahl der relevanten Systeme und benötigten Schnittstellen notwendig wird [vgl. Bolzhauser 1997]. Die Schnittstellen stellen die technischen Anforderungen an das neue CRM-System dar.

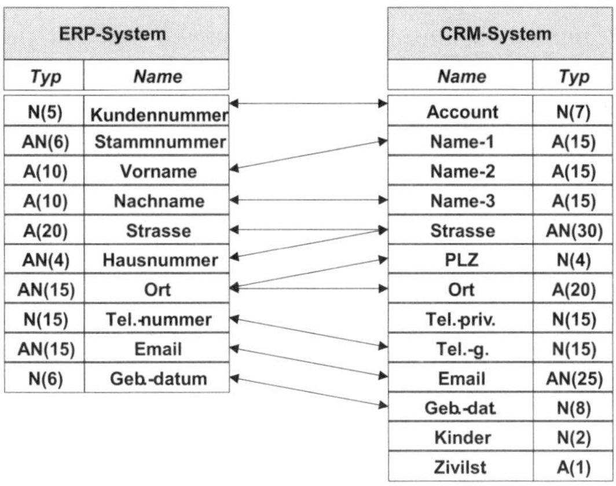

Bild 2-18: Semantische Anforderungen

Zur vollständigen Integration wird zusätzlich eine semantische Integration vorgenommen. Da die Feldbezeichnungen und Feldlängen zwischen den Systemen meist variieren, ist eine Zuordnung zwischen Quell- und Zieldatenfeldern im Dokument *Semantische Integration* (Bild 2-18) die Basis zur semantischen Integration.

Die Zusammenfassung aller Anforderungen bildet die Basis zur Erstellung eines Pflichtenhefts für eine spätere Eigenentwicklung eines CRM-Systems oder eines Anforderungskatalogs für die Evaluation von Standardsoftware. Das Evaluationskonzept ermöglicht den systematischen Vergleich der Leistungen von CRM-SSW mit den spezifizierten Anforderungen. Die Evaluation sondert Systeme aus, die einzelne Anforderungen nicht oder nur ungenügend erfüllen. Ein Vergleich des Erfüllungsgrads aller Anforderungen ordnet die evaluierten Systeme in eine Rangfolge, die als Vorbereitung zur Auswahl von Anbietern dient.

2.3.4.7 Systemeinführung

Das Ergebnis der Evaluation ist die Entscheidung für ein bestimmtes CRM-System, das die unternehmerischen Erfordernisse am besten abdeckt. Trotzdem werden im Normalfall einige Anforderungen nicht oder nicht im erforderlichen Mass erfüllt. An diese passt man die Software im Rahmen des Customizing an. Der Anpassungsbedarf ergibt sich aus den nicht erfüllten Spezifikationen des Evaluationskonzepts. Das Customizing kann sich auf die Ausprägung der CRM-Objekte, der Funktionen und der Bildschirmmasken beziehen. Durch Anpassung aller Bezeichnungen an die Gepflogenheiten im Unternehmen identifizieren sich die zukünftigen Nutzer leichter mit dem neuen System, und der Schulungsaufwand verringert sich [vgl. Potreck 1997].

Anhand der bestimmten technischen Anforderungen ergeben sich die Informationssysteme (z.B. ein abzulösendes Altsystem), die Daten zum Import in das CRM-System enthalten. Die zugehörigen Schnittstellenbeschreibungen dokumentieren Angaben zum initialen Datenimport, wie Transferdatei, Dateiformat und Feldbezeichnungen.

Die grundsätzliche Verwendbarkeit des zukünftigen CRM-Systems im mobilen Bereich hat die Evaluation gezeigt. Zur Vorbereitung des mobilen Einsatzes spezifiziert das Projektteam den Bedarf mobiler Computer und legt die Mechanismen zur Replikation der Datenbestände auf den mobilen Computern mit der zentralen Datenbasis des CRM-Systems fest.

2.3.4.8 Organisationsentwicklung

Eine Ausrichtung der CRM-Prozesse lediglich an den Kundenprozessen sowie die Planung und Implementierung eines Informationssystems ist zur Einführung von CRM nicht ausreichend. Erst eine dem CRM angepasste Organisationsform des

Unternehmens ermöglicht die Realisierung der CRM-Potenziale. Eine solche Organisationsform berücksichtigt den Faktor Mensch auf vielfältige Weise. Anreizsysteme und Schulungen stellen die Nutzung des CRM-Systems durch die Mitarbeiter sicher. Erst die Information der Kunden über die neuen Interaktionsmöglichkeiten mit dem Unternehmen ermöglicht die umfassende Nutzung neuer Medien und Kanäle. Schliesslich ist eine Integration neuer Aufgaben in die CRM-Prozesse aufgrund der Kundenanforderungen die Basis zur Bildung neuer Organisationseinheiten, zur Stellenbildung und -besetzung.

2.4 Anwendung der Methode in der Praxis

Das Vorgehensmodell beschreibt die logischen Abhängigkeiten zwischen den einzelnen Techniken. In der Praxis werden jedoch einzelne Techniken mehrfach mit unterschiedlicher Intensität durchlaufen, da die gesamte CRM-Einführung im Unternehmen auch schrittweise abläuft. Nach der strategischen Entscheidung zur CRM-Einführung stossen Unternehmen häufig ein Pilotprojekt an, das Quick-Wins realisiert und den Entscheidern das CRM-Potenzial aufzeigt. Eine Auswertung des Pilotprojekts kann eine Strategieanpassung zur Folge haben und dadurch die Nachfolgeprojekte beeinflussen. Die Folgeprojekte wenden entsprechend ihrer Ausrichtung ggf. unterschiedliche Techniken mit unterschiedlicher Intensität an. Sie können beispielsweise das Informationssystem oder die CRM-Prozesse in den Mittelpunkt stellen. Die CRM-Einführung erstreckt sich dadurch über eine Reihe verschiedener Einzelprojekte und nicht über ein ressourcenintensives, einmaliges Grossprojekt, das nur schwer durchführbar ist. Dieses evolutionäre Vorgehen führt zu einer kontinuierlichen Verbesserung des CRM (Bild 2-19).

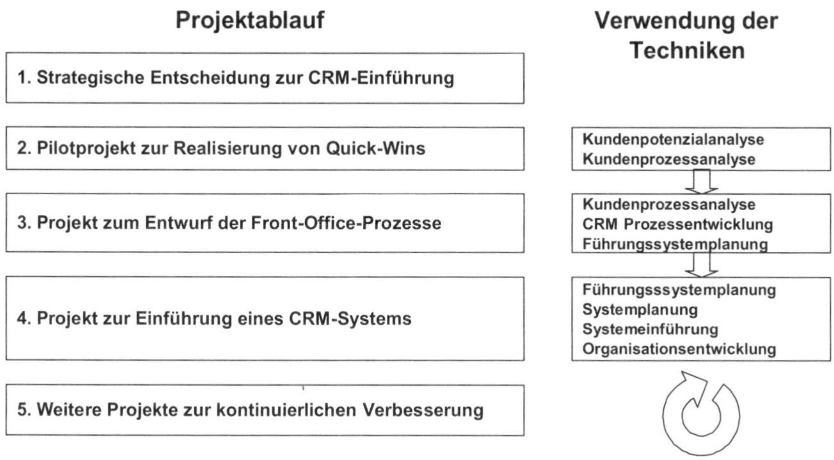

Bild 2-19: Nutzung der CRM-Methode in der Praxis

2.5 Zusammenfassung

Die beschriebene Methode führt Marketing und Business Engineering zusammen, indem sie Konzepte beider Bereiche aufgreift und integriert. Sie setzt die Strategie der Kundenorientierung und die Multikanalstrategie um, indem sie von den Anforderungen der Kundenprozesse ausgehend die CRM-Prozesse gestaltet und die notwendigen CRM-Systeme zur Unterstützung der CRM-Prozesse auswählt und anpasst.

Die Methode deckt alle Gestaltungsbereiche des CRM ab und erfüllt die Anforderungen, die an eine CRM-Einführung zu stellen sind. Unternehmen haben damit die Möglichkeit zur Abwicklung von Einführungsprojekten, deren Ergebnisse den Erwartungen entsprechen.

Teil 2: Fallstudien

3 Customer Relationship Management bei der Credit Suisse am Beispiel des Projektes Customer Management – Processes and Systems (CM-PS)

Gaby Jaeger, Erich Auer, Wolfgang Luef

3.1 Einleitung

Das Thema Customer Relationship Management – also der systematische und aktive Aufbau und die Pflege der Kundenbeziehung – gewinnt vor dem Hintergrund der sich verändernden Wettbewerbsanforderungen in der Bankenbranche zunehmend an Bedeutung. Nachdem der Wettbewerb anfänglich nur schwerfällig in Gang kam, sind inzwischen doch massive Veränderungen zu erkennen.

Die wesentlichen Merkmale des neuen Marktes sind:

- die veränderte Marktsituation
- demografischer Wandel
- Globalisierung
- Fusionen und verstärkte Kooperationen
- z.T. geänderte gesetzliche Anforderungen
- verändertes Kundenverhalten
- höhere Serviceansprüche
- Sättigung der Märkte
- zunehmendes Preisbewußtsein
- stärkeres Qualitätsbewußtsein
- kritischer Umgang mit dem Image der Banken
- neue Wettbewerber / Vertriebskanäle und Technologiefortschritt
- Internet
- Direktvertrieb
- Kooperation / Affinität
- Kiosks

- zusätzlicher Wettbewerb durch Versicherungsgesellschaften.

Um im Wettbewerb zu bestehen, müssen die Unternehmen reagieren: Verringerung der Kosten, Steigerung der Effizienz im Rahmen neu gestalteter Geschäftsprozesse, schnellere Reaktion auf Markterfordernisse u.a. durch flexiblere und schneller einzuführende Produkte („Time to market") sind dabei neben der Ausrichtung auf eine konsequente Kundenorientierung die Schlüsselfaktoren. Insbesondere das Thema Kundenorientierung gewinnt dabei zunehmend an Bedeutung.

Um vor diesem Hintergrund und dem sich verstärkenden Wettbewerb weiterhin erfolgreich zu sein, rücken insbesondere Stichworte wie Verbesserung der Kundenbindung und -loyalität stärker in das Bewusstsein der Unternehmen.

Obwohl diese Fakten seit längerem bekannt sind, reagieren viele Unternehmen nur zögernd auf diese neue Herausforderung, und dies trotz verbaler Bekenntnisse zur Kundenorientierung in Marketingbroschüren und Geschäftsberichten. Gemäss Gartner Group

- messen weniger als 10% der Unternehmen ihre Kundenbindung,
- haben 40% keine Programme mit Kundenfokus,
- führen 70% keine kontinuierlichen Benchmarks durch und
- verstehen 57% der Unternehmen die „Kundenbedürfnisse" im Kontext des Gesamtangebotes nicht.

Es wird deutlich, dass die Branche nach jahrzehntelangem Dornröschenschlaf und satten Verdiensten in einem quasi „wettbewerbslosen" Markt nur unzureichend vorbereitet scheint, um Kundenorientierung ernsthaft umzusetzen. Vor diesem Hintergrund ist es auch verständlich, dass in der jüngsten Vergangenheit gerade die traditionellen Unternehmen über sinkende Marktanteile und knapper werdende Margen klagen. Denn selbst in der Einstiegsdisziplin für ein umfassendes Kundenmanagement – dem Kundenservice – liegen sie weit hinter den hoch gesteckten Erwartungen zurück.

Um nun aber auf die neuen Marktanforderungen und den zunehmenden Wettbewerb zu reagieren, erkennen inzwischen die meisten Vertreter der Branche, dass ihr Unternehmen zukünftig nur dann Erfolg haben kann, wenn es sich konsequent auf ein effektives Customer-Relationship-Management (CRM) einstellt und seine gesamten Geschäftsprozesse entsprechend ausrichtet.

3.1.1 Was bedeutet umfassendes Customer-Relationship-Management?

Die Unterstützung von CRM erfordert die strategische Ausrichtung des Gesamtunternehmens auf den Kunden von der Produktentwicklung über Marketing und Vertrieb, die Bestandsverwaltung und das Schadenmanagement bis hin zum Controlling. Ziel ist dabei die Selektion, Akquisition, Entwicklung und Bindung profitabler Kunden über die verschiedenen Phasen der Wertschöpfungskette. Es geht darum, den Unternehmensfokus neu fast ausschliesslich auf Produkte mit eindeutiger Kundenorientierung zu richten. Die Phasen des typischen CRM-Zyklus müssen entsprechend unterstützt werden. Dazu sind jeweils spezifische Verfahren und technische Werkzeuge (z.B. Auswertungsverfahren) erforderlich.

3.1.2 Wie können Banken zu einem erfolgreichen Customer-Relationship-Management kommen?

- Erforderlich ist die Gestaltung „Kundenorientierter Geschäftsprozesse“ über alle Unternehmensbereiche, um verbesserten Kundennutzen und entscheidende Wettbewerbsvorteile zu erreichen. Diese Geschäftsprozesse ermöglichen es den Unternehmen, in einen Dialog mit ihren Kunden zu treten und dadurch langfristige Kundenbeziehungen aufzubauen.
- Um kundenorientierte Prozesse auf Basis der vorhandenen Kunden- und Marktdaten optimal zu unterstützen, sind zudem Business Intelligence Technologien (Datamarts, Datamining-Verfahren) zu integrieren. Diese Instrumente kommen über die verschiedenen Teilbereiche des CRM-Zyklus von der Produktentwicklung, über die Kundensegmentierung, das Kampagnen-Management, die Vertriebssteuerung bis zum Controlling zum Einsatz.
- Gleichzeitig sind die sogenannten Back-End-Systeme zu optimieren, um hier zu einheitlichen und effektiven Bearbeitungsprozessen zu kommen und Entwicklungs- und Wartungskosten einzusparen.

Das Projekt CM-PS, das auf einem bereits existierenden Loyalty Based Management (LBM, Data Warehouse mit Kundendaten) aufbauen konnte, hat sich im Bewusstsein dieser Anforderung auf Beratungs- und Verkaufsprozesse konzentriert.

3.1.3 Die Credit Suisse

Die Credit Suisse ist eine der zwei Schweizer Grossbanken. Seit der Restrukturierung vor zwei Jahren besteht die Credit Suisse Group aus mehreren selbständigen Business Units:

- Credit Suisse (CS)
- Credit Suisse Private Banking (CSPB)
- Credit Suisse First Boston (CSFB)
- Credit Suisse Asset Management (CSAM)
- Winterthur Gruppe

Wenn heute von der Credit Suisse gesprochen wird, ist damit entweder die Business Unit Credit Suisse als Retail Bank für den Schweizer Heimmarkt oder aber die gesamte Credit Suisse Group gemeint.

Der folgende Beitrag widmet sich dem Projekt Customer Management – Processes and Systems (CM-PS). Es ist eine von mehreren CRM-Initiativen der Business Unit Credit Suisse, die zur Zeit parallel bearbeitet werden.

3.2 Ausgangslage

Die Restrukturierung der Credit Suisse Group umfasste in der Business Unit Credit Suisse sowohl das Vertriebssystem und die Logistik als auch Effizienzsteigerungen im IT- und Operations-Bereich und Optimierungen im Bereich Credit und Risk Management. Im Anschluss folgte eine Phase der strategischen Neuausrichtung und Konsolidierung, die noch nicht abgeschlossen ist:

Im Zentrum dieser Neuausrichtung stehen die konzentrierten Bestrebungen der Credit Suisse, alle Finanzdienstleistungen nicht mehr produktorientiert, sondern kundenorientiert anzubieten. Dabei lautet das Versprechen an den Kunden: „Best Service and Advice for all your Financial Needs“. Jeder Kunde soll einen optimalen, auf seine individuellen Bedürfnisse zugeschnittenen Service erhalten. Dieses Ziel gründet in der Erkenntnis, dass sich moderne Finanzdienstleistungsunternehmen zukünftig primär durch die Art und Qualität der Serviceerbringung von ihren Konkurrenten abheben werden. Die Differenzierung findet nicht mehr über die Produkte statt, sondern über die auf den Kunden abgestimmte Beratung.

Die konsequente Ausrichtung auf den Kunden und dessen Ansprüche an seine Bank ist gegenwärtig Gegenstand mehrer aufeinander abgestimmter Projekte bei der CS. U.a.:

- Transparenzschaffung über die Produkte, Leistungen, Kundensegmente, Vertriebskanäle und Kontaktmedien und die Optimierung ausgewählter Prozesse.
- Bereinigung des Produkte- und Leistungsangebots.
- Aufbau eines Data Warehouse, um dem Kunden mittels Auswertung der vorhandenen Daten einen möglichst umfassenden und auf seine Bedürfnisse zugeschnittenen Service aktiv anbieten zu können.
- Technologischer Ausbau der Direktvertriebskanäle Phone und Internet und Erweiterung der Dienstleistungen über diese Kanäle.

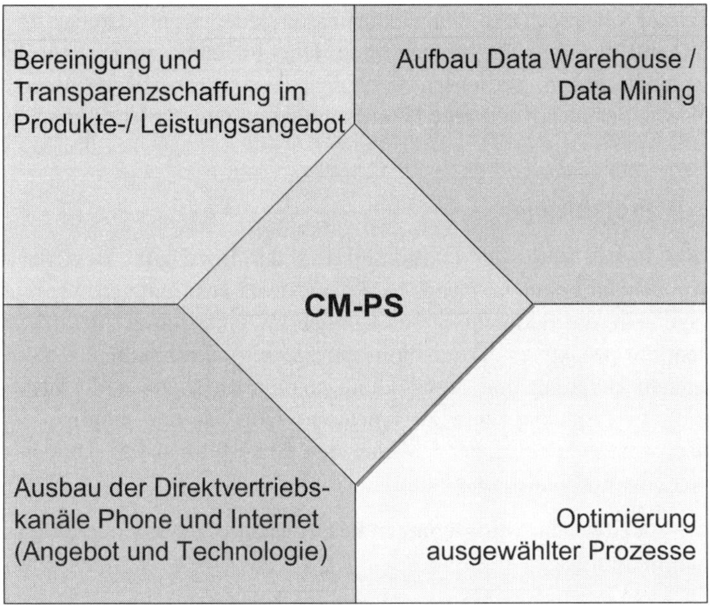

Bild 3-1: Strategisches Projektumfeld für das Projekt Customer Management – Processes and Systems (CM-PS)

3.2.1 Das Projekt Customer Management – Processes and Systems (CM-PS)

Vor diesem Hintergrund wurde das neue Projekt CM-PS gestartet. Ausschlag dafür gaben vorrangig drei Triebfedern:

- Der Zeitpunkt für die Evaluation eines Front-End-Systems für das neue Data Warehouse war gekommen. Die systematische Auswertung von Kundendaten aus dem Data Warehouse liess eine gezielte Marktbearbeitung zu. Die ermittelten Potenziale und ganzheitlichen Kundeninformationen mussten den verantwortlichen Kundenberatern angezeigt werden können, um eine effiziente Bearbeitung sicherzustellen.

- Es zeichnete sich zunehmend ab, dass die Verkaufsprozesse und -Systeme eine zentrale Rolle für die Erreichung der gesteckten Ziele spielten. Durch die Optimierung der End-to-end-Prozesse sowie die Steigerung der Abwicklungseffizienz sollte der Service für die Kunden markant verbessert und der administrative Aufwand für die Kundenberater minimiert werden.
- Neben den zentral angestossenen Verkaufsaktivitäten musste jederzeit eine ganzheitliche Kundensicht für die vollumfängliche Beratung verfügbar sein – und zwar entsprechend den Bedürfnissen jeder Kontaktstelle, an der ein Kunde auf die Bank zukommen kann. Dies bedingte ein System, das neben einer einheitlichen, bedienerfreundlichen Benutzeroberfläche unterstützende Tools wie beispielsweise eine Pendenzenverwaltung zur Verfügung stellt.

3.2.1.1 Projektziele

Die Credit Suisse wird sich in Zukunft mit der Botschaft „Best Service and Advice for all your Financial Needs“ auf dem Markt positionieren. Sie muss daher in der Lage sein, die Bedürfnisse des Kunden systematisch zu identifizieren und abzubilden, ein proaktives Akquisitionsmanagement zu betreiben, eine qualitativ hervorragende Beratung und Abwicklung anzubieten sowie bedürfnisorientierte Produkte bzw. Produktepakete zu lancieren. Dies ist nur möglich, wenn die Geschäftsprozessarchitektur der CS eine den Bedürfnissen der Kunden und der Mitarbeiter entsprechende Ausgestaltung erhält.

Aus diesen spezifischen Anforderungen liessen sich folgende Ziele für das Projekt CM-PS definieren:

- Klare Differenzierung der Credit Suisse gegenüber der Konkurrenz mittels effizienter Prozessgestaltung, insbesondere im Bereich Akquisition, Beratung, Verkauf und After Sales Service;
- Sicherstellung einer gesamtheitlichen, Vertriebskanal-gerechten Kundensicht für ca. 2'650 Schaltermitarbeiter und Kundenberater ausgewählter Kundensegmente;
- Minimierung des administrativen Aufwandes im Bereich Beratung / Verkauf;
- Steigerung der Servicequalität und Professionalität durch klar definierte Servicekriterien;
- Evaluation, Beschaffung und Integration eines Customer Management Systems auf der Grundlage der erarbeiteten Prozesse und der funktionalen Anforderungen.

3.2.1.2 Projektnutzen

Den hohen personellen Aufwänden und Kosten für die Realisierung des Projektes wurde der erwartete Nutzen in folgenden vier Bereichen gegenübergestellt:

- Unterstützung der Strategieumsetzung
  Best Service and Advice: Die Handlungsmaxime der Credit Suisse stellt den Kunden und seine Bedürfnisse ins Zentrum. Mit der konsequenten Ausrichtung der Prozesse und Frontunterstützungsysteme kann diesem Grundsatz entsprochen werden.
  Erhöhte Transparenz in der Verkaufsführung: Die durch die Verkaufsführung vorgegebenen Zielvorgaben, Weisungen sowie die erzielten Abschlüsse sind jederzeit im System einsehbar. Das IT-System liefert ein automatisiertes Reporting.
  Verkürzung time-to-market neuer Produkte: Durch das gezielte Erkennen und Erfassen der Kundenbedürfnisse können auf sie abgestimmte neue Produkte schneller entwickelt und eingeführt werden.

- Kostenreduktion
  Reduktion der administrativen Tätigkeiten: Durch ein anwenderorientiertes Pendenzenverwaltungssystem, eine systemgestützte Terminverwaltung und die Vermeidung von administrativen Doppelspurigkeiten kann der Aufwand der Berater minimiert werden und die gewonnene Zeit für die Beratung von Kunden eingesetzt werden.
  Produktivitätssteigerungen in den Prozessen: Die Verkürzung der Bearbeitungszeiten durch eine klare Benutzerführung im System und die weitgehende Automatisierung von standardisierbaren Produktabwicklungsprozessen entlasten die Berater und verkürzen die Bearbeitungszeiten und -aufwände.
  Automatisierung gewisser Tätigkeiten: Die Integration von Produktsimulationen und von Prüffunktionen aller Art erlauben neben dem quantitativen Ausbau auch eine qualitative Verbesserung der Beratertätigkeit.
  Reduktion der Bewirtschaftungs- und Abwicklungskosten: Die Reduktion der Anzahl der Front-End-Systeme bewirkt eine einfacher zu bewirtschaftende und damit eine kostengünstigere Systemlandschaft bei gleichzeitiger Verkürzung der Ausbildungszeit für die Nutzung des Systems.

- Umsatzsteigerung
  Zusätzliche Produktverkäufe: Das System unterstützt durch aktives und passives Anzeigen von Verkaufsvorschlägen mit entsprechender Erfolgswahrscheinlichkeit die Berater in ihrer Arbeit.
  Gewinnung von profitablen Neukunden: Kampagnen zur Akquisition rentabler Neukunden können zielgerichtet unterstützt werden.
  Verhinderung von Saldierungen: Kunden, deren Beziehung zur Credit Suisse gefährdet ist, werden frühzeitig erkannt, wodurch die nötigen Massnahmen rechtzeitig ergriffen werden können.

- Verstärkte Kunden- / Mitarbeiterorientierung
  Kundenorientierte und kompetente Beratung: Die Beratungsprozesse sind auf die Kundenbedürfnisse ausgerichtet. Im Zentrum der Beratung steht die Analyse der Bedürfnisse des Kunden und die darauf abgestimmte Auswahl der Produkte.
  Ganzheitliche Kundenübersicht: Rasche Auskunftsbereitschaft und die ganzheitliche und aktuelle Übersicht über die Kundenbeziehung tragen massgeblich zu einer zufriedenstellenden Serviceerbringung bei.
  Steigerung der Auskunftsqualität: Kundenaufträge und Pendenzen werden automatisch verfolgt und der Bearbeitungsstatus wird dem Berater laufend angezeigt.
  Standardisierte und optimierte Produktabwicklungsprozesse: Die Durchlaufzeiten werden durch die Automatisierung und Standardisierung der Prozesse kürzer und mögliche Bearbeitungsfehler werden durch systemgestützte Prüfungen minimiert.
  Verbesserung der Kunden-Retention: Die systemunterstützten Verkaufsvorschläge fördern die zielgerichtete und kundenorientierte aktive Beratung, was zu einer höheren Kundenbindung führt.
  Erhöhung der Mitarbeiterzufriedenheit: Durch die Entlastung von administrativen Arbeiten können sich die Berater wieder vermehrt ihrer eigentlichen Tätigkeit widmen.

3.3 Lösungsansatz

3.3.1 Varianten

Nach einer umfassenden Auslegeordnung standen zwei unterschiedliche Vorgehensvarianten zur Wahl:

- Rasche Evaluation einer auf dem Markt erhältlichen, möglichst umfassenden und mächtigen CRM-Lösung (Standardsoftware) und die nachfolgende Anpassung bestehender Geschäftsprozesse an die Standard-Prozesse des Tools.

- Präzise Beschreibung der zukünftigen Verkaufs- und Beratungsprozesse (inkl. aller betroffenen Führungs- und Unterstützungsprozesse) sowie die anschliessende Ableitung der Business-Anforderungen an die zukünftigen IT-Systeme als Basis für eine allfällige Evaluation eines Front-End-Systems.

3.3.2 Diskussion

Für die erste Variante spricht die Erkenntnis, dass die ambitiösen Terminvorgaben des Projektes nur durch den Einsatz eines umfassenden Front-End-Systems erreicht werden können. Eine kurze Vor-Evaluation zeigte, dass nur die Produkte der drei Marktführer den hohen Anforderungen des Projektes gerecht werden konnten. Dabei handelte es sich um IT-Systeme, denen – obwohl modular aufgebaut und anpassungsfähig – dedizierte Prozess- und Workflow-Architekturen zugrunde liegen, was einen direkten Einfluss auf der Businessprozess-Ebene bedeutet.

Zudem musste beachtet werden, dass der CRM-Markt immer noch stark in Bewegung war (und ist): Die zukünftige Position einzelner Hersteller war sehr schwierig abzuschätzen und zwar umso mehr, als sich laufend neue Allianzen unter den Anbietern bildeten. Keiner der grossen Hersteller hatte bisher ein System in der geplanten Grössenordnung eingeführt, so dass dem Projekt keine entsprechenden Best Practice-Studien vorgelegt werden konnten.

Parallel dazu entwickelten (und entwickeln) sich die Internet-Technologien rasant weiter – mit entsprechendem Einfluss auf die Ausrichtung der auf dem Markt erhältlichen Lösungen und deren technische Implementierungen.

Mit der zweiten Variante kann das Primat der Kundenorientierung und der gleichzeitigen Differenzierung über die Gestaltung der Prozesse am besten erfüllt werden. Sie realisiert die spezifischen Anforderungen der Credit Suisse und implementiert nicht einfach nur die Möglichkeiten eines auf dem Markt verfügbaren IT-Systems.

Neben der Vorgehensvariante muss auch der Umfang des zu betrachtenden Systems definiert werden:

Eine frühe Fokussierung auf die Schwachstellen mit dem grössten Handlungsbedarf bedeutet zwar einen effizienten Einsatz der Mittel, in der Regel werden aber dadurch nur punktuelle Verbesserungen erzielt. Das grundlegende Reengineering der Prozesse und Systeme rechtfertigt den deutlich höheren Aufwand des gewählten umfassenden Ansatzes.

3.3.3 Gewähltes Vorgehen und Grundsätze

Um sicherzustellen, dass die Lösung den effektiven Bedürfnissen der Kunden und Mitarbeitern der Credit Suisse entsprach, wurde die Variante 2 gewählt, welche die Beschreibung der Prozesse und der daraus abgeleiteten Business-Anforderungen beinhaltete. Aufgrund des komplexen Umfeldes wurde weiter beschlossen, die Zusammenhänge und Abhängigkeiten der Prozesse und Systeme ganzheitlich aufzuzeigen.

Für die gesamte Projektarbeit wurden folgende Grundsätze definiert:

- Kundenfokussierung: Der Kunde steht immer im Zentrum der Überlegungen. Das hat direkte Auswirkungen auf die Prozesse und Systeme und damit auf das dem Kunden gegebene Serviceversprechen. Die Verkaufsprozesse werden deshalb entlang dem Kaufprozess des Kunden und dem Verkaufsprozess der Bank modelliert.
- End-to-end-Process-Reengineering: Das besondere Augenmerk beim Prozess-Reengineering sollte vor allem im Verkaufs- und Beratungsbereich liegen, allerdings immer unter der Berücksichtigung der gesamten End-to-end Prozesskette. Dieser Ansatz fördert das kundenorientierte Denken und ermöglicht das Festlegen sinnvoller interner Service Levels zwischen den Verkaufs- und den Abwicklungsbereichen.

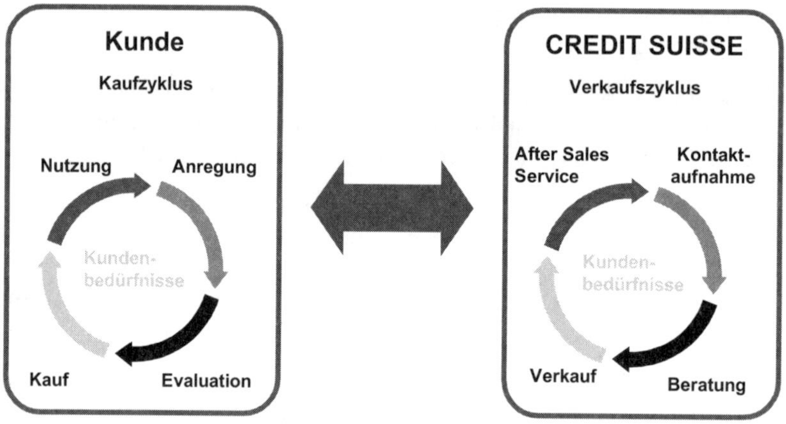

Bild 3-2: Der Kaufzyklus des Kunden, abgebildet auf den Verkaufszyklus der Bank

- Von der Strategie zu den Anforderungen an die IT: Die Marktstrategie der Credit Suisse war die Basis für das Projekt CM-PS und für alle seine Parallel-Initiativen. Sie musste durch die neuen Prozesse optimal unterstützt werden. Erst in einem nächsten Schritt sollten die funktionalen Anforderungen an die IT abgeleitet werden. Die Entscheidung über den Einsatz einer Standard-Software oder die Entwicklung einer Intranet-Lösung musste aufgrund der Kenntnisse der Benutzerbedürfnisse getroffen werden.

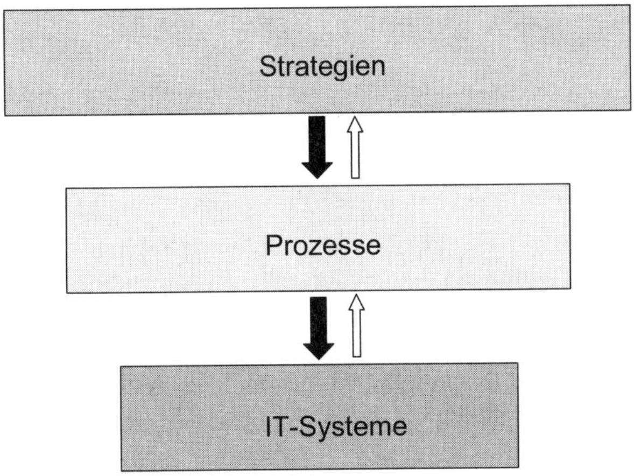

Bild 3-3: Von der Strategie zu den Anforderungen an die IT

- Transparenzschaffung: Detaillierte Kenntnisse der Situation im Verkaufsbereich (Ist-Analyse) sollten zur Transparenz der aktuellen Situation beitragen und die Grundlage bilden für die Definition von kurz- bis langfristigen Verbesserungsmassnahmen.

3.4 Vorgehen

3.4.1 Initialphase

Vor Beginn des Process Reengineerings wurde der aktuelle Ist-Zustand im Verkaufs- und Beratungsbereich der Credit Suisse aufgenommen. Durch die detaillierte Kenntnis der Problemstellung und des Eingriffsbereichs sollte die für das Projekt nötige Transparenz geschaffen werden.

Grundlage bildete die Analyse aller bereits vorhandenen Informationen aus verwandten Projekten und abgeschlossenen Studien. Anschliessend wurden die aktuellen Prozesse, die Stärken und Schwächen sowie die grössten Verbesserungspotenziale bei den Mitarbeiter/innen über alle Sprachregionen anhand eines standardisierten Fragebogens und von Diskussionsrunden in Kleingruppen in mehrtägigen Workshops erhoben.

Die Resultate aus der Erhebung wurden wiederum in enger Zusammenarbeit mit den betroffenen Kundenberatern und Fachexperten konsolidiert und nach ihrer voraussichtlichen Erarbeitungs- und Einführungsdauer in kurz- und langfristige Massnahmen gegliedert und auf ihre Strategieverträglichkeit geprüft.

3.4.2 Phase der Paketisierung / Grobdesign

Um die Komplexität des umfangreichen und vielschichtigen Projektes zu reduzieren sowie die Überschaubarkeit und die Akzeptanz im Betrieb zu gewährleisten, wurde das Gesamtprojekt strukturiert: Die gebündelten Verbesserungsmassnahmen wurden in Teilprojekte zusammengefasst.

Die Teilprojekte Verkaufsschulung, Leistungsverrechnung, Intranet-Integration und Bereinigung Leistungsangebot konnten vorerst zurückgestellt werden. Die verbleibenden Teilprojekte wurden zum Teil aus Zeitgründen parallel bearbeitet, auch wenn inhaltlich eine sequenzielle Abfolge sinnvoll gewesen wäre. Die Resultate der einzelnen Teilprojekte wurden laufend untereinander und auch mit der strategischen Stossrichtung der Credit Suisse abgestimmt.

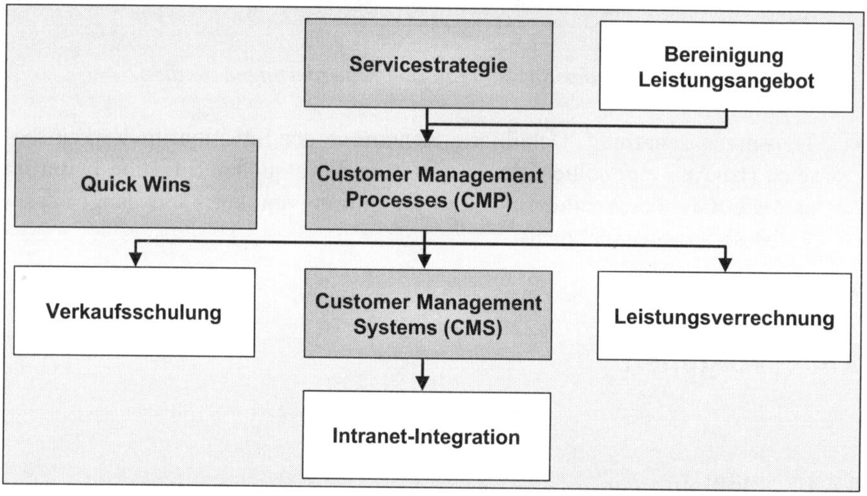

Bild 3-4: Zerlegung des Projektes CM-PS in Teilprojekte

Die Teilprojekte hatten folgende Ziele:

- Teilprojekt Quick Wins: Rasche Entlastung der Verkaufsmitarbeiter durch Reduktion von administrativen Tätigkeiten mittels kurzfristig greifender Massnahmen;
- Teilprojekt Servicestrategie: Definition von Qualitätskriterien für die Serviceerbringung gegenüber dem Kunden und für die internen Serviceprozesse;
- Teilprojekt Customer Management Processes (CMP): Entwicklung von effizienten Makroprozessen im Bereich Beratung / Verkauf auf der Basis der geschäftsstrategischen Stossrichtungen;

- Teilprojekt Customer Management Systems (CMS): Abklärung der Rahmenbedingungen und der technischen Anforderungen für die Evaluation eines IT-Systems für CRM.

3.4.3 Phase der Modularisierung / Detaildesign

Da die im Laufe des Projektes geänderte Ressourcensituation eine parallele Bearbeitung sämtlicher identifizierter Makroprozesse nicht zuliess, musste seitens des Auftraggebers eine zweifache Priorisierung vorgenommen werden:

- Kundensegmente / Vertriebskanäle: Die Auswahl erfolgte gemäss der strategischen Stossrichtung der Credit Suisse.
- Makroprozesse: Besonderes Gewicht erhielten Prozesse und Funktionen, deren Nutzen rasch wirksam, d.h. vor allem für den Kunden spürbar, wurde.

Die priorisierten Makroprozesse und Funktionen wurden in die drei Module

- Kontaktierung,
- Verkaufsführung, -Steuerung und Intensivierung,
- Beratung / Abschluss Basisprodukte sowie Produktabwicklung Konto, Depot und Kreditkarten

zusammengefasst. Die Projektteams setzten sich aus Business-Vertretern wie auch aus IT-Mitarbeitern zusammen. Ihre Aufgabe war die Beschreibung der aus den Makroprozessen abgeleiteten Mikroprozesse und die weitere Verfeinerung der funktionalen Systemanforderungen, wobei ein ständiger Abgleich von Prozessen und Funktionen erfolgte.

Ziel dieser Phase war die Erarbeitung von konkreten Anforderungen für die Evaluation bzw. die Eigenentwicklung / -realisierung der IT-Lösung.

3.5 Ergebnisse / Erfahrungen

3.5.1 Wichtigste Ergebnisse der Initialphase

Die umfassende und breit angelegte Befragung aller Beratungs- und Verkaufsbereiche bestätigte, dass die Kundenberater der Credit Suisse unter einer hohen administrativen Belastung standen.

Dabei fiel vor allem ins Gewicht, dass die Verkaufsprozesse nur punktuell und nicht prozessorientiert durch die vorhandenen IT-Systeme unterstützt wurden und dass die verschiedenen Frontsysteme zuwenig benutzerfreundlich waren, d.h. sie wiesen teils eine ungenügende Performance auf und waren untereinander und mit anderen Systemen nicht kompatibel. Vorhergehende Projekte, die optimierte Soll-Prozesse zum Ziel hatten, deckten nicht alle Prozesse ab, oder die Prozesse waren noch nicht implementiert.

Kundeninformationen, wie beispielsweise Status- und Historyinformationen, waren nicht über alle Vertriebskanäle ersichtlich und verfügbar. Die eingesetzten Applikationen ermöglichten keine ganzheitliche Kundensicht über alle Segmente, Produkte und Kanäle.

3.5.2 Wichtigste Ergebnisse der Phase Paketisierung / Grobdesign

Die Resultate der vier bearbeiteten Teilprojekte wurden laufend ausgetauscht, um Verzögerungen möglichst gering zu halten. Die flexible und offene Kommunikation im Projektteam war wichtige Voraussetzung für den raschen Projektfortschritt.

3.5.2.1 Teilprojekt Quick Wins

Die Ist-Erhebung zeigte ca. 40 Verbesserungspotenziale auf, die innerhalb von 6 Monaten umgesetzt werden konnten. Bedingung für die Weiterbearbeitung dieser Potenziale war, dass daraus keine Eingriffe in die Strategie und keine einschneidenden Veränderungen in die bestehenden Abläufe resultierten. Zurückgestellt wurden Massnahmen, die den Kostenrahmen sprengten oder durch andere bereits laufende Initiativen realisiert werden konnten.

Zusammen mit den verantwortlichen Fach- und Verkaufsbereichen wurden letztlich 24 Massnahmen umgesetzt. Ziel war primär die Entlastung der Verkaufsmitarbeiter durch die Reduktion von administrativen Tätigkeiten. Zudem sollte die Kunden- und Mitarbeiterzufriedenheit durch spürbare Verbesserungen in der Schnittstelle Verkauf / Abwicklung erhöht werden.

Dabei handelte es sich um so unterschiedliche Massnahmen wie die Erstellung einer Liste mit Bookmarks für das CS-Intranet oder die Bereinigung der Prospektlager in den Geschäftsstellen. Die Neuerungen hatten teils für die gesamte Credit Suisse Gültigkeit, teils handelte es sich um regional wirksame Massnahmen.

Das Projekt wurde erfolgreich abgeschlossen und nach einer Projektnachkontrolle waren keine weiterführenden Tätigkeiten mehr geplant.

3.5.2.2 Teilprojekt Servicestrategie

Das Teilprojekt Servicestrategie legte die Anforderungen an die Qualität der Marktleistungen sowie die Anforderungen an die zur Erbringung dieser Leistungen notwendigen Prozesse fest. Zweierlei Zielsetzungen wurden verfolgt:

- Definition von Grundsätzen und Kriterien zur Messung und Steuerung der Servicequalität der erbrachten Leistungen direkt an der Schnittstelle zum Kunden (externer Fokus);
- Ableitung von kritischen Erfolgsfaktoren zur internen Prozessführung, damit die Erbringung der vorgegebenen Servicequalität in der Abwicklung sichergestellt werden kann (interner Fokus).

Grundlage bildeten die Geschäftsstrategien, diverse Kundenbefragungen und die eigens aufgesetzte Marktstudie zum Thema „Kundenerwartungen an eine Bank“.

Die Servicequalität und damit das Niveau der dem Kunden verkauften Leistungen wurde mittels den Definitionsstufen „Servicegrundsätze“, „Servicekriterien“ und „Messgrössen“ heruntergebrochen und bestimmt.

Die interne Leistungserstellung wird durch die geforderte Leistungsqualität massgeblich beeinflusst. Nach der Identifikation der relevanten Prozesse mussten deshalb ebenfalls auf der Basis der Servicegrundsätze die kritischen Erfolgsfaktoren definiert und die entsprechenden Führungsgrössen bestimmt werden.

Um dem engen Zusammenhang zwischen Servicestrategie und Prozessen gerecht zu werden, wurden die Servicekriterien von Anfang an stark auf die Makroprozesse ausgerichtet. Dieses Vorgehen wurde durch die parallelen Arbeiten in den Teilprojekten begünstigt: Die erarbeiteten kritischen Erfolgsfaktoren und die Führungsgrössen flossen in Form von Prozessgrundsätzen wieder zurück in die Makroprozess-Gestaltung.

Im Laufe der Projektarbeiten zeichnete sich ab, dass die Definition einer eigentlichen Servicestrategie über den Bereich Verkauf / Beratung hinaus für die gesamte Credit Suisse Relevanz hatte. Aus diesem Grund wurde das Hauptgewicht auf die Erarbeitung eines Vorgehensrasters für die Definition von Servicekriterien gelegt und erst in zweiter Linie auf die Definition der Servicekriterien selbst.

Das Teilprojekt Servicestrategie wurde aus dem Projekt CM-PS herausgelöst und in einem umfassenderen Rahmen separat weitergeführt.

3.5.2.3 Teilprojekt Customer Management Processes (CMP)

Primäres Ziel des Teilprojekts CMP war die Entwicklung von effizienten Prozessen im Bereich Verkauf / Beratung auf der Basis der geschäftsstrategischen Stossrichtungen. Die Identifikation der Kernleistungen erfolgte entlang dem Kaufzyklus des Kunden und dem Verkaufszyklus der Bank.

Prozesslandkarte und Beschreibung der Makroprozesse

Die Beziehungen der Sollprozesse wurden in Form einer Prozesslandkarte visualisiert und anschliessend auf Makroebene in 23 Prozessen von Vertretern aus dem Verkaufs- und Beratungsbereich in Zusammenarbeit mit Prozessspezialisten detailliert beschrieben. Die komplette Landkarte enthält neben den Verkaufs- und Beratungsprozessen auch die Führungs- und Unterstützungsprozesse und die Beziehungen zu Kunden und Dritten.

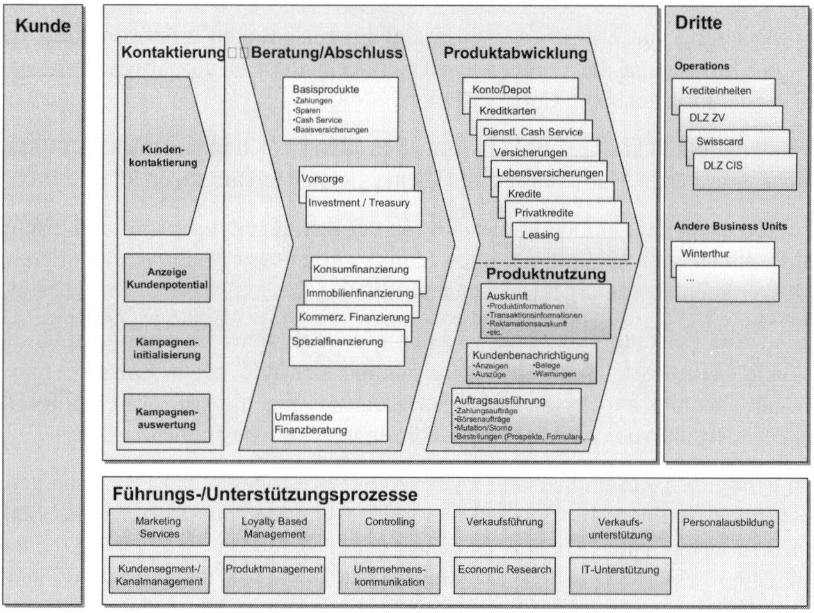

Bild 3-5: Landkarte der Soll-Prozesse

Die Tätigkeiten von der Kundenkontaktierung bis zur Nutzung der verkauften Produkte wurden in verschiedene Teilbereiche zerlegt:

- Die *Kontaktierungsprozesse* beschreiben den Anstoss zur aktiven Kontaktaufnahme zu bestehenden und potenziellen Kunden durch die Bank, die eigentliche Kontaktierung sowie das Anstossen der Beratungsprozesse.
- Die Kundenbedürfnisse (z.B. Zahlen und Sparen, Vermögensanlage und Vorsorge, Wohneigentum sowie Konsumfinanzierung für Privatkunden) bestimmen die Gliederung der *Beratungsprozesse.*
- Die *Produktabwicklungsprozesse* beschreiben die Bereit- und Zustellung der einzelnen Produkte an den Kunden. Während bei den Beratungsprozessen das Kundenbedürfnis im Zentrum steht, dominiert bei den Produktabwicklungsprozessen die Abwicklungseffizienz.

- Die *Produktnutzungsprozesse* zeigen die Tätigkeiten auf, welche sich aus der Nutzung der an den Kunden verkauften Produkte oder aus Anfragen ergeben.

Ableitung der funktionalen IT-Anforderungen aus den Prozessen: Funktionenkatalog

Für die Herleitung des Funktionenkatalogs wurden pro Makroprozess alle relevanten Funktionen aufgelistet, kurz beschrieben und alle betroffenen Umsysteme pro Funktion identifiziert.

Im nächsten Schritt wurden die entstandenen Redundanzen eliminiert, indem in einer Matrix jede Funktion den Makroprozessen gegenübergestellt wurde. Anschliessend wurden die Funktionen zu logischen Gruppen zusammengefasst und in Form einer Funktionenübersicht dargestellt.

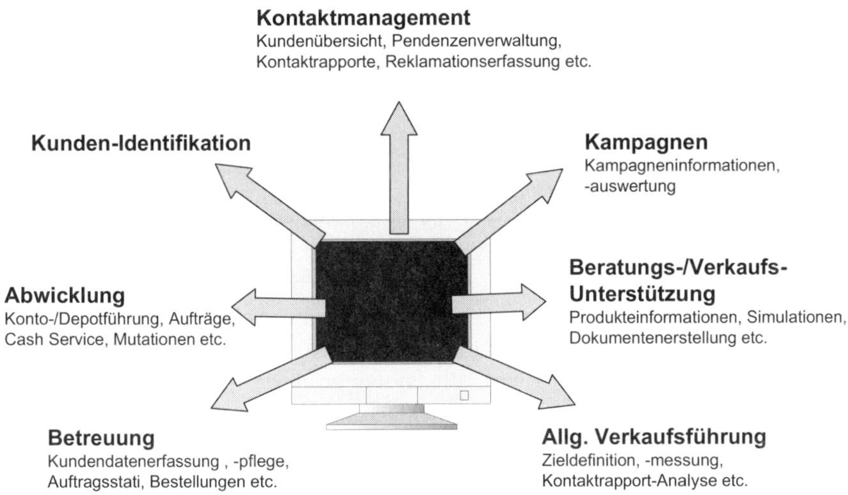

Bild 3-6: Funktionen des zukünftigen Berater-Arbeitsplatzes

Das Funktionenverzeichnis bildet nun zusammen mit der detaillierten Beschreibung der Makroprozesse die Grundlage für die Verifikation, Konsolidierung und Priorisierung der Anforderungen an das IT-System durch die Business-Bereiche.

3.5.2.4 Teilprojekt Customer Management Systems (CMS)

Das Teilprojekt CMS hatte die Aufgabe, ein voll integriertes IT-System zur Verfügung zu stellen. Basis für die Entwicklung bzw. Evaluation dieses IT-Systems waren die im Rahmen des Teilprojekts CMP identifizierten funktionalen Anforderungen.

Die Forderung nach einer einheitlichen, dem Verkaufskanal angepassten Benutzeroberfläche, welche die Vielzahl der bisherigen Applikationsansichten ablöst und damit die Arbeitsprozesse vereinfacht, stellte eine nicht zu unterschätzende Herausforderung an das neue System dar. Die Schnittstellen zu den Legacy Systemen mit ihren Daten mussten sorgfältig geplant und realisiert werden.

Bereits in dieser frühen Phase wurden Anbieter und ihre Systeme betrachtet, einerseits um den Stand der Entwicklungen kennenzulernen und andererseits um eine Vorstellung über den möglichen Umfang der bevorstehenden Implementation zu erhalten.

3.5.3 Wichtigste Ergebnisse der Phase Modularisierung / Detaildesign

Aus der Priorisierung durch den Auftraggeber ergaben sich 3 Module, die weiter bearbeitet und in denen die Makroprozesse in Form von Mikroprozessen detaillierter beschrieben wurden. Diese bildeten die Grundlage für die Verfeinerung der Funktionsbeschreibungen.

- *Modul Kontaktierung (Priorität 1)*
  Im Modul Kontaktierung wurde der entsprechende Teil der Funktionen so ausgestaltet, dass das CMS als Front-End-System für das Data Warehouse (LBM) dienen kann. Dazu gehört die Anzeige von Kundenpotenzial über alle Kanäle (Anzeige von Potenzial zur Erhöhung des Anlagevermögens und zur Ausschöpfung von Cross-Selling-Möglichkeiten, Anzeige von Zielkunden zur aktiven Kundenkontaktierung), die systemgestützte Neukundenakquisition, die Rapportierung von Kundenkontakten in einem standardisierten und von LBM auswertbaren Kontaktrapport und das Anzeigen von Kampagneninformationen (Kampagnenverlauf, Zielerreichung, Hintergrund zu Kampagne).
- *Modul Verkaufsführung, -Steuerung und -Intensivierung (Priorität 2)*
  Die Abbildung der Verkaufszielvorgaben bis auf Stufe Kundenberater und die Eingabe differenzierter individueller Ziele auf Stufe Mitarbeiter oder Team wurde in diesem Modul erarbeitet. Auch die Abbildung von Portefeuilles auf Stufe Mitarbeiter/Team, die Abbildung der Zielerreichung über alle Organisationseinheits-Stufen (Ist-/Soll-Vergleich) und die Planung und der Rapport der periodischen Aktivitäten / Pendenzen gehörte dazu.
- *Modul Beratung / Abschluss Basisprodukte sowie Produktabwicklung Konto, Depot und Kreditkarten (Priorität 3)*
  Im dritten Modul wurde der Teil des CMS betrachtet, der Beratung, Verkauf und Einrichtung der Basisprodukte Konto / Depot, Debit- und Kreditkarten, Kanalzugänge sowie Anlagefonds ermöglicht. Dem Kundenberater soll mit dem CMS ein Front-End-Tool zur Verfügung gestellt werden, das Beratung

und Verkauf systemunterstützt, systemgeführt und vor allem ohne einen Medienbruch ermöglicht.

3.6 Schlussfolgerungen und Ausblick

3.6.1 Erfahrungen

Die „lessons learned" und die gewonnenen Erkenntnisse aus dem Projekt CM-PS lassen sich in vier Bereiche aufteilen:

Prozess-Management

- In das Prozessdesign wurde – nicht zuletzt aufgrund des umfassenden Ansatzes – viel Zeit investiert. Der Aufwand hat sich gelohnt, da heute ein konsistentes Resultat auf Stufe der Makroprozesse vorliegt: Alle Schnittstellen und Abhängigkeiten im Verkaufs- und Beratungsbereich sind strukturiert und abschliessend beschrieben, das Prozessmodell und der Funktionenkatalog sind aufeinander abgestimmt.
- Die strukturierte Definition der Prozesse ermöglicht die Wiederverwendung einzelner Komponenten in anderen Projekten sowie eine hohe Flexibilität bei Prozessänderungen.

Projekt-Management

- Durch die klare Modularisierung und Priorisierung konnte die Komplexität des Projektes stark reduziert werden. Damit ist auch die Basis für die gezielte, schrittweise Implementierung – mit geringerem finanziellen Risiko – gegeben.
- Einzelne Phasen des Projektes CM-PS waren durch Wechsel in der Teilprojektverantwortung gekennzeichnet. Dies bedeutete jeweils entscheidende Einschnitte in die Kontinuität der Arbeit. Selbst bei vorzüglicher Dokumentation sämtlicher Überlegungen und Resultate braucht es wenig, um Projekte dieser Grössenordnung erheblich zu verzögern.

Change-Management

- Die Paketisierung des Projektes in überschaubare Teilprojekte, die zum Teil parallel bearbeitet werden können, fördert die Transparenz und die Handhabung des Projektes.

- Die Realisierung kurzfristiger Verbesserungsmassnahmen (Quick Wins) fördert die Akzeptanz des Projektes, weil die involvierten Benutzer einen raschen Nutzen spüren. Während der Erarbeitung und der Implementation der Massnahmen dient der ständige Kontakt dem gegenseitigen Verständnis von Benutzern und Projektgruppe.
- Die klare Kommunikation der Projektziele und des Projektzeitplans ist wichtig. Es dürfen keine falschen Erwartungen der Benutzer entstehen, weil dadurch die Kooperation erheblich gefährdet wird. Die betroffenen Mitarbeiter können je nach Grösse des Projektes in regelmässigen Präsentations-Meetings und / oder über eine laufend aktualisierte Intranet-Seite informiert werden.

Projektumfeld

- Eine definierte und gut verankerte Servicestrategie gibt einem CRM-Projekt die Leitlinien vor. Im Projekt CM-PS mussten die Servicegrundsätze zuerst erarbeitet werden, mit dem Vorteil der optimalen Abstimmung, aber auch mit der Schwierigkeit, dass die Business-Vertreter sowohl auf der operativen Prozess-Ebene als auch auf der Strategie-Ebene gefordert waren.
- Das Committment der Geschäftsleitung ist ein entscheidender Erfolgsfaktor. Die Aufmerksamkeit und aktive Begleitung durch das oberste Management kann bei Projekten dieser Art nicht intensiv genug sein.
- Die optimale Vernetzung aller beteiligten Projektpartner (Businessvertreter, Prozessspezialisten und IT-Vertreter) ist ein zentraler Erfolgsfaktor. Je früher ein gemeinsames Verständnis bezüglich
  - der Projektinhalte,
  - der Projektziele,
  - und des methodischen Vorgehens

  entwickelt werden kann, desto effizienter und effektiver können die Arbeiten ausgeführt werden.

3.6.2 Ausblick

Das Projekt CM-PS ist heute in der Phase der Realisierung: Das Modul Kontaktierung wird gemäss seiner Priorität als Erstes umgesetzt. Es beinhaltet im Wesentlichen die Prozesse und Grundfunktionen eines integrierten Kontakt- und Kampagnenmanagements, gekoppelt mit einer Pendenzenverwaltung, und stellt in seiner Ausprägung die optimale Ergänzung zum ebenfalls weiterentwickelten Data Warehouse (LBM) dar.

Seit dem Projektstart haben sich die neuen Technologien im Internet-Bereich wie erwartet rasant weiterentwickelt. Entsprechend den neuen Möglichkeiten werden wesentliche Funktionalitäten des Front-End-Tools für CM-PS im bestehenden CS-Intranet realisiert.

Nicht nur die technischen Optionen haben sich für das Projekt Customer Management – Processes and Systems seit seinem Entstehen verändert. Auch die eingangs vorgestellten Initiativen zur umfassenden Neuausrichtung der Bank haben sich weiterentwickelt und konkrete Gestalt angenommen. Die strategische Ausrichtung der Credit Suisse auf die zentralen Bedürfnisse ihrer Kunden wird in abgestimmten Schritten auf verschiedenen Ebenen vollzogen.

Durch die konsequente und zielgerichtete Umsetzung des Customer Relationship Management-Ansatzes auf allen Ebenen kann die Credit Suisse das ihren Kunden gegebene Versprechen einlösen: „Best Service and Advice for all your Financial Needs“.

4 Wissen über Kunden und Projekte bei SAP Ein Kernelement des CRM-Verständnisses

Dieter Blessing, Manfred Görk

4.1 Einleitung

4.1.1 Überblick

Kundenorientierung ist zunehmend ein zentrales Anliegen von Softwareanbietern. Während traditionell die Entwicklung der Software Auslöser der Aktivitäten war, steht vermehrt die flexible und gesamtheitliche Abdeckung der Prozesse und Probleme des Kunden im Vordergrund. Dies stellt allerdings hohe Anforderungen an die Wissensflüsse zum Kunden und im Unternehmen:

- *Verfügbarkeit von Kundenlösungen:* Der Lösungsbedarf der Kunden wird mit der starken Durchdringung von Standardsoftware, sich verändernden Märkten sowie neuen technologischen Möglichkeiten wie dem Internet immer komplexer. Dies erfordert das ganze Potenzial zur Problemlösung innerhalb des Softwareunternehmens zu nutzen. Problemlösungswissen ist bislang vorwiegend neben der eigentlichen Software durch standardisierte Bestandteile, z.B. in Trainingsmaterialien oder Implementierungsmethoden, dokumentiert. Mehr und mehr muss allerdings auch das in den Projekten aufgebaute Spezialwissen genutzt werden.
- *Verbessertes Kundenbeziehungsmanagement:* Die Beziehung zum Kunden muss stark intensiviert werden. Dies bezieht sich einerseits auf die traditionellen Kontakte im Bereich Marketing und Sales. Andererseits bieten Softwaredienstleister mehr und mehr gesamtheitliche Lösungen an und unterstützen alle Phasen des „Customer Life Cyles". Das Kundenbeziehungsmanagement muss auf die Phasen Beratung und Service ausgeweitet werden, die einen Schwerpunkt einer vollständigen Betreuung bilden.

Ein wesentliches Element zur Lösung dieser Herausforderungen stellt Wissensmanagement dar. Innerhalb des Kundenbeziehungsmanagements wird u.a. Wissen über Kunden und Problemlösungen benötigt. Ein grosser Bestandteil dieser Bereiche wird innerhalb von Kundenprojekten aufgebaut.

Der vorliegende Beitrag beschreibt anhand zweier aufeinander aufbauender Projekte bei der SAP AG, wie Projektwissen zu einer Verbesserung der Kundenbeziehung beitragen kann. Im Mittelpunkt des ersten Projektes (CPI 1 – Customer

Project Information) steht die globale Nutzbarmachung von Projektinformationen und, damit verbunden, eine frühere Reaktion auf mögliche Projektrisikoeskalationen. Der Schwerpunkt des zweiten Projektes (CPI 2 – Customer Project Information and Knowledge) liegt darin, bislang nicht dokumentiertes Wissen aus Projekterfahrungen zu gewinnen und über rollenspezifische Portale Mitarbeitern sowie später Kunden und Partnern zugänglich zu machen.

Die wesentlichen Eigenschaften der Lösungen lassen sich wie folgt zusammenfassen:

- *Strategie als Auslöser:* Auslöser für die Initiativen war eine veränderte Strategie der SAP. Eckpfeiler der Massnahmen sind verstärkte Kundenorientierung, Angebote gesamter Lösungen, Definition von Prozessen, Aktivitäten und Rollen, um den Kunden gesamtheitlich zu unterstützen, sowie die Einbeziehung der Mitarbeiter in ein Kompensations- und Anreizsystem.
- *Ganzheitlicher Ansatz:* Obwohl ein wesentliches Ergebnis ein System für Mitarbeiter und Kunden ist, benötigt eine komplette Lösung für das Kundenbeziehungsmanagement weitere Bausteine. Daher liegt ein Schwerpunkt in der Abstimmung mit anderen strategischen Massnahmen, der Implementierung von Prozessen und Rollen sowie der Strukturierung des Wissens.
- *Einbeziehung des Kunden:* Da der Kunde der Träger der Anforderungen ist, wird er in den Lösungsprozess mit einbezogen. Dies bezieht sich einerseits auf eine aktive Rolle im Rahmen der Prozesse und andererseits auf eine geeignete Plattform durch ein rollenspezifisches Portal.

Die erwartete Lösung wird innerhalb von zwei Projekten realisiert. Das erste Projekt wurde von April 1998 bis Mai 1999 realisiert, das Nachfolgeprojekt wird im Mai 2000 abgeschlossen. Im Rahmen der Nutzung von Projekterfahrungen wurde die SAP von Mitarbeitern des Instituts für Wirtschaftsinformatik unterstützt.

4.1.2 SAP – Anbieter von internetbasierten Geschäftsanwendungen

Die SAP AG mit Sitz in Walldorf (Baden) ist der weltweit führende Anbieter von „inter-enterprise“-Software-Lösungen. Mit einem Umsatz von 5,11 Mrd. EUR im Geschäftsjahr 1999 ist die SAP der viertgrösste unabhängige Softwareanbieter der Welt und Marktführer bei den Lizenzen für betriebswirtschaftliche Anwendungssoftware. SAP wird an mehreren Börsen gehandelt, darunter die Frankfurter Börse, wo die SAP zu den DAX-Werten gehört, und die New York Stock Exchange (NYSE).

Die SAP zählt zu den Begründern des Marktes für betriebswirtschaftliche Anwendungssoftware (Enterprise Resource Planning), mit der Geschäftsprozesse bearbeitet und kontinuierlich verbessert werden. Die Produkte werden konsequent um die erweiterten Kundenbedürfnisse ergänzt. Die Reihe „New Dimensions“ enthält z.B. Lösungen zum Supply Chain Management, Business Information Warehousing oder Business-to-Business-Procurement. Die Industry Solutions liefern gezielte Software-Unterstützung für branchenspezifische Geschäftsprozesse.

Eine neue Lösung zur Integration von Geschäftsprozessen innerhalb und zwischen Unternehmen über das Internet ist mySAP.com. mySAP.com bezieht dabei sowohl SAP-eigene als auch SAP-fremde Lösungen mit ein. Ziel ist das Angebot einer kompletten Geschäftsumgebung für das „eBusiness“ von der Kontaktaufnahme bis hin zu vollständigen „inter company“-Lösungen.

Eine wesentliche Leistung der SAP sind aber auch Consulting Services. SAP hat weltweit mehrere tausend Berater, die in allen Phasen der Implementierung den Kunden unterstützen (als Projektleiter, beim Design von Geschäftsprozessen oder bei der Konfiguration des Systems). Der Umsatz der Consulting Services betrug 1999 1,55 Mrd. EUR und hatte damit einen Anteil von 30% des gesamten SAP-Umsatzes.

4.2 Ausgangslage

4.2.1 Notwendigkeit von Projektinformationen

Bis zum Start des Projektes 1998 waren innerhalb der SAP nur wenige Informationen über Projekte bei den Kunden der SAP global verfügbar. Dies führte zu wesentlichen Problemen:

- *Fehlender Gesamtüberblick:* Häufig werden Projekte zur Realisierung von SAP-Lösungen gemeinsam von SAP Consulting und SAP-Beratungspartnern durchgeführt. Ein Informationssystem, das die wichtigsten Daten über die Projekte bereitstellt, fehlte allerdings. Durch den mangelnden Austausch der Kunden- und Projektinformationen war ein Überblick über die gesamte Projektsituation für alle Projektbeteiligten nicht vorhanden.
- *Späte Erkennung von Risikosituationen:* Kritische oder vom Kunden als solche eingestufte Projektsituationen, z.B. drohende Gefährdung des Projektergebnisses, Zeitverzug oder Budgetüberschreitung, wurden bis dahin oft erst spät erkannt. Ein Prozess zur Erkennung von kritischen Situationen sowie zur Einleitung entsprechender Massnahmen war nicht implementiert.
- *Mangelnde Wiederverwendung:* Wissen über erfolgreiche Implementierungen von SAP-Lösungen war unternehmensweit nur unzureichend zugänglich. Dies führte dazu, dass im Consulting Lösungen zu ähnlichen Problemstellun-

gen redundant entwickelt und entsprechende Zeit- und Kostenersparnisse für das Unternehmen und Kunden nicht genutzt wurden. Auch wurden erfolgreiche Ergebnisse zu wenig als Success Stories für das Marketing verwendet.

4.2.2 Lösungs- und Kundenorientierung als Auslöser

Wesentlicher Grund für den Beginn des CPI-Projektes war eine sich ändernde strategische Ausrichtung der SAP. Kundenorientierung spielt dort eine zunehmend stärkere Rolle. Folgende zwei Initiativen bringen dies zum Ausdruck:

- *Initiative TeamSAP:* Ziel dieser Initiative ist es, mehr Verantwortung für die erfolgreiche Implementierung und Nutzung der R/3-Anwendungen zu übernehmen. Die Zusammenarbeit mit dem Kunden sowie Beratungs-, Technologie- und Hardwarepartnern wurde neu ausgerichtet. TeamSAP Coaches wurden für die Kundenbetreuung aufgebaut und neue Implementierungsservices (AcceleratedSAP) entwickelt. Dabei wird der gesamte Lebenszyklus von Lösungsbedarf und -evaluation über die Implementierung bis zur Weiterentwicklung unterstützt.
- *ValueSAP:* ValueSAP fokussiert auf die Optimierung der Wertschöpfung, die Kunden mit Investitionen in SAP-Lösungen erreichen wollen. ValueSAP unterstützt den gesamten „Customer Life Cycle“. Continuous Business Improvement (CBI)-Services helfen dem Kunden, Kern-Geschäftsprozesse zu identifizieren und anzupassen, um die Produktivität und Wettbewerbsfähigkeit zu erhöhen.

4.2.3 Unterstützung des „Customer Engagement Model“

Die CPI-Projekte sind wesentlicher Bestandteil des neu auf mySAP.com ausgerichteten „Customer Engagement Model“. Wichtige Ziele dieses Modells sind nach aussen Lösungsangebote, die auf bestimmte Kundensegmente zugeschnitten sind. Nach innen beinhaltet das Konzept eine Neudefinition von Prozessen und Aufgaben für alle Gruppen und Rollen, die in der Beziehung zu SAP-Kunden Verantwortung übernehmen.

Der Field Operation Process (s. Bild 4-1) beginnt mit der Entwicklung und Identifikation von Chancen (Discovery). Anschliessend werden die Alternativen auf Basis des Kundenverständnisses bewertet sowie kundenspezifische SAP-Lösungen entwickelt und validiert (Evaluation). Die Lösungen werden dann implementiert (Implementation) und zum kontinuierlichen Wertzuwachs für das Geschäft des Kunden genutzt (Continuous Improvement and Operation). Entscheidungsträger müssen vom ausserordentlichen Wert der SAP-Lösung überzeugt sein, um die notwendigen Verträge abzuschliessen.

Begleitet wird der Prozess durch das Account Management, das während des gesamten Lebenszyklus für den Kunden verantwortlich ist und neue Chancen erarbeitet. Das Field Operation Prozessmodell wird sowohl bei bereits bestehenden als auch bei neuen Kunden eingesetzt.

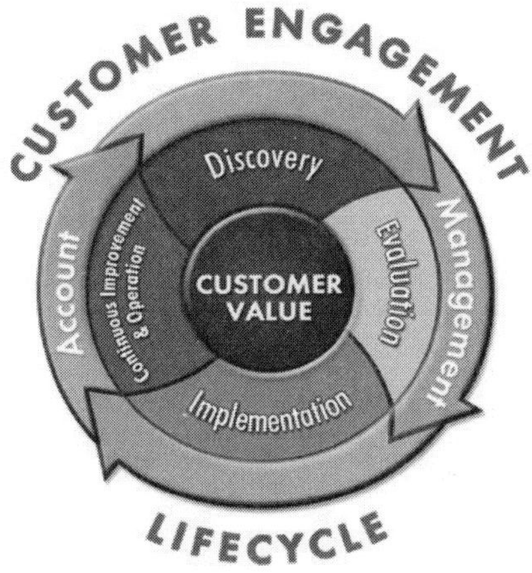

Bild 4-1: Field Operation Process

4.2.4 Projekt-Zielsetzungen

Aus den genannten Rahmenbedingungen ergaben sich die Ziele für das Projekt (s. Bild 4-2).

- *Risikoidentifikation und -lösung:* Problematische Situationen in den Projekten sollten früher als bislang identifiziert werden. Mögliche Mittel hierfür sind die Durchführung von Risikoanalysen und die Ermittlung und Überwachung von Lösungsmassnahmen. Das bereits vorhandene SAP-Reviewprogramm wurde mit CPI integriert. Die Massnahmen zielten darauf ab, mögliche Eskalationen zu vermeiden.
- *Identifikation von Erfolg:* Es wurde angestrebt, erfolgreiche Projekte und ihre Erfolgsfaktoren zu erkennen und für zukünftige Projektplanungen, die Produktentwicklung und das Marketing zu nutzen.
- *Globale Informationen und Statistiken:* Eine wichtige Zielsetzung lag darin, Informationen über alle Kundenprojekte unternehmensweit verfügbar zu machen, z.B. Informationen über Projekte nach bestimmten Branchen, Produkten, Projektdauer, Kosten usw. Es wurde angestrebt, für alle Unternehmenseinheiten Referenzen zur Verfügung zu stellen, die bei der Planung und Durchführung neuer Projekte genutzt werden können.

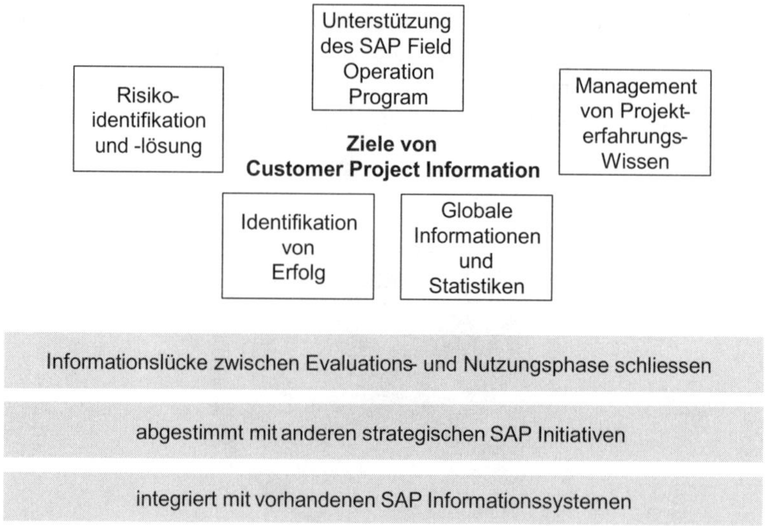

Bild 4-2: Ziele des CPI-Projektes

- *Management von Projekterfahrungs-Wissen:* Mit der Dokumentation erfolgreicher Anwendungs- und technischer Lösungsansätze wurde eine effektivere und effizientere Durchführung von Projekten ermöglicht. Zudem sollten erfolgreiche Lösungen dem Marketing und Vertrieb helfen, den Kunden Nutzen und Erfolg von SAP-Lösungen aufzuzeigen.
- *Unterstützung des Field Operation Program:* Das Sammeln und die Nutzung von Projekterfahrungswissen sowie die Erfassung von Projektinformationen sollten vollständig in die Prozesse des Customer Engagement Model eingebunden sein. Dies ermöglicht es, weltweit die Zuordnung der damit verbundenen Aktivitäten einerseits zu Rollen, andererseits zu spezifischen Prozessschritten zu organisieren.

Wichtige Rahmenbedingung des Projektes war es, keine isolierte Lösung zu schaffen. Dies bedeutete einerseits eine Integration auf organisatorischer Ebene, indem das Vorgehen mit anderen strategischen Massnahmen abgestimmt wurde. Andererseits ist eine Integration auf technischer Ebene notwendig. Schnittstellen zu bereits eingesetzten Systemen bei der SAP und deren Kunden sollten geschaffen werden sowie bereits entwickelte Technologie (SAP-Standardprodukte) genutzt werden.

4.3 Bausteine einer wissensbasierten CRM-Lösung

4.3.1 Wissensbereiche von Projekterfahrungen

Das für den Field Operation Process benötigte Wissen aus Kundenprojekten lässt sich in vier Hauptbereiche unterteilen (s. Bild 4-3):

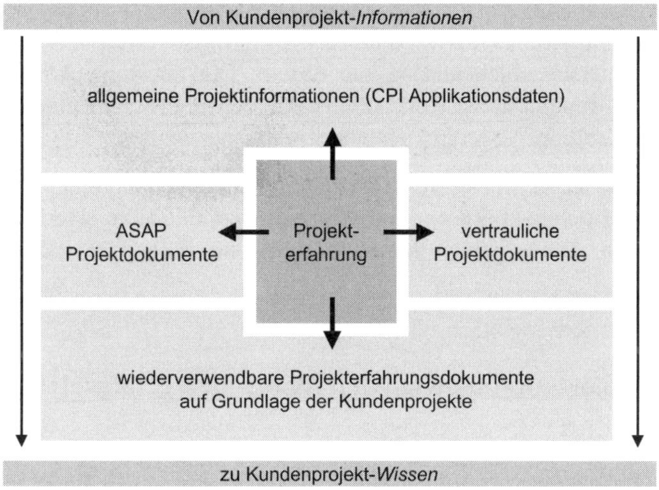

Bild 4-3: Wissensbereiche von Projekterfahrungen

- *Allgemeine Projektinformationen:* Hierbei handelt es sich um strukturierte Projektdaten, die in Datenbanken gespeichert werden können. Beispiele sind Kundendaten, die beteiligten Partner, Projektstatus, Projektumfang, Projekt- und Phasendauer oder die durchgeführten Projekt-Reviews.

- *ASAP Projektdokumente:* Im Rahmen der Einführungsmethode ASAP (Accelerated SAP) werden standardmässig Projektdokumentationen für den Kunden erstellt. Die wichtigsten Dokumente, z.B. Business Blueprint, Statusberichte, werden nun zentral verwaltet und zugänglich gemacht.

- *Projekterfahrungsdokumente:* Neben den standardmässig erfassten Daten und Dokumenten werden Projekterfahrungen festgehalten, um für künftige Projekte zu lernen. Diese Dokumente beinhalten innovative Anwendungs- und technische Lösungen sowie Projektabschlusserfahrungen und -erfolgsfaktoren.

- *Vertrauliche Projektdokumente:* Innerhalb der Projekte fallen Korrespondenzdokumente wie Schriftstücke, Präsentationen oder andere vertrauliche Unterlagen zwischen den Beteiligten (Kunde, Beratungspartner, SAP) an.

Diese werden in einer separaten Struktur abgelegt, damit sichergestellt ist, dass nur berechtigte Personen darauf Zugriff haben.

Insgesamt wird erkennbar, dass die Projekterfahrungen von strukturierten Daten über nur teilweise strukturierte Dokumente bis zu Projekterfahrungsberichten reichen. Während Daten, wie Kundenname, Partner, Projektlaufzeit usw., meist automatisch generiert werden, müssen Projekterfahrungen durch spezielle Mechanismen wie Interviews und Prozesse herausgefiltert werden.

Die Projektdokumente des Kunden sind durch ASAP bereits vorgegeben, strukturiert und im Einführungsprozess verankert. Die Projektkorrespondenz wird meist individuell unterschiedlich und ad hoc erstellt. Der Schwerpunkt dieser beiden Bereiche liegt weniger in der Konzeption als in der Realisierung einer technischen Plattform und soll im Weiteren nicht näher betrachtet werden.

Schwerpunkt des ersten Projektes (CPI 1) waren allgemeine Projektinformationen, während im Mittelpunkt des zweiten Abschnittes (CPI 2) Projekterfahrungsdokumente standen. Diese beiden Bereiche sollen im Folgenden näher betrachtet werden.

4.3.2 Projektinformationen und Risiko- und Erfolgsidentifikation

Der Anspruch im Rahmen der allgemeinen Projektinformationen lag darin, ein Schlüsselinformationssystem über alle Kundenprojekte innerhalb der SAP bereitzustellen. Daneben sollte eine Projektrisiko-Bewertung und ein entsprechender Prozess eingeleitet werden, um das Kundenproblem zu beheben.

4.3.2.1 Projektinformationen

Im Rahmen einer Analyse bei den potenziellen Nutzern wurden die zukünftig erfassten Projektinformationen ermittelt (s. Bild 4-4).

4.3.2.2 Einbindung des Kunden

SAP-Berater sind nicht in allen Kundenprojekten direkt beteiligt. Der Anteil ist je nach Land sehr unterschiedlich. Ein grosser Teil aller Projekte mit SAP-Lösungen wird von Beratungspartnern durchgeführt, wobei SAP Services wie Projekt-Reviews selbst leistet. Um möglichst Informationen über alle Projekte zu erhalten, wird der Kunde in die Erfassung der Daten mit einbezogen. Zudem verfügt der Kunde als „Projektowner" am ehesten über die genauen Informationen, die in CPI benötigt werden. Insbesondere bei der Beurteilung der Projektrisiken kommt dem Kunden eine aktive Rolle zu. Die SAP ist dadurch eher in der Lage, auf kritische Projektsituationen adäquat zu reagieren.

Bereich	Inhalte / Beschreibung
Basisdaten	Projektnummer und -bezeichnung, Kundennummer, Projektlokation, Risikostatus („grün", „gelb", „rot"), aktuelle Projektphase (gemäss ASAP-Einführungsmethode), geplantes und aktuelles Einführungsdatum, Projektstatus, eingesetzte Methode, Implementierungsstrategie, Projekttyp (z.B. Kundenprojekt, internes Projekt), Akquisiteur, SAP-Einbindung (z.B. Review, Entwicklung), Projektbeschreibung, Projektgründe (z.B. Prozessoptimierung, Standardisierung der IT-Architektur)
Umfang	SAP-Produkte (einschliesslich Feedback-Möglichkeit für Produktentwicklung), Produkte anderer Anbieter, SAP-Installationen (einschliesslich Länderangaben), Release des Projektes, Lizenzanzahl
Kontakte und Rollen	Personen und Korrespondenzdaten nach Projektrollen bei Kunden, SAP und Beratungspartnern (z.B. Projektleiter, TeamSAP Coach)
Arbeitsplan	Projektplan (Phasen gemäss ASAP, geplante und aktuelle Daten), geplantes und aktuelles Einführungsdatum, Gesamteinführungsdauer
Risikobeurteilung (SAP)	Projektrisikostatus („grün", „gelb", „rot") für Gesamtrisiko und Risikotypen (Geschäftslösung, Projektorganisation usw.), Risikoursache, initiierte Massnahme, durchgeführte Reviews (z. B. Projekt Review, technisches Review), Zuordnung der Review-Ergebnisse zur jeweiligen Projektphase
Risikobeurteilung (Kunde)	Projektrisikostatus („grün", „gelb", „rot") für Gesamtrisiko und Risikotypen (Geschäftslösung, Projektorganisation usw.), Risikoursache
Erfolg	Erfolgsfaktoren (z.B. Beraterkompetenz, schnelle Entscheidungen, Verfügbarkeit der technischen Infrastruktur), Referenztyp des Projektes
Budget / Ressourcen	Geplante und aktuelle Kosten bzw. Aufwände für SAP, Kunde und Beratungspartner
ValueSAP/ASAP Evaluation	Bewertung der Produkte, die im Rahmen von ValueSAP/ASAP im Projekt eingesetzt werden (z.B. Bedarf, Wichtigkeit, Bewertung, Gründe bei Nichtnutzung)

Bild 4-4: Strukturierung der Projektinformationen

Das Modell sieht daher vor, dass die Kunden bei der Pflege ihrer Projektinformationen aktiv mitwirken und am Ende jeder Projektphase bzw. spätestens nach zwei Monaten die Daten aktualisieren. Der Kunde profitiert dann davon, dass

- die SAP Lösungsmöglichkeiten für kritische Projektsituationen erarbeitet,
- ihm online jederzeit aktuelle und detaillierte Auswertungen über seine SAP-Projekte zur Verfügung stehen,
- er zukünftig Zugriff auf die Projekterfahrungs-Datenbank erhält.

4.3.2.3 Prozesse

Von Anfang an galt im Projekt der Grundsatz, dass ein System alleine für die Problemstellung nicht genügt. Daher wurde grosser Wert auf die Definition von Prozessen und Verantwortlichkeiten gelegt. Bezüglich der Prozesse kommt der Aktualisierung von Informationen sowie der Beurteilung und Behandlung von Projektrisiken besondere Bedeutung zu. Insgesamt wurden Abläufe in folgenden Bereichen festgelegt:

- *Projektdaten-Pflege*: Die genannten Informationen werden mit Abschluss der einzelnen Projektphasen (Vorbereitung, Realisierung, Abschluss) aktualisiert. Daneben sind Modifikationen bei Änderungen des Projektumfanges, des Projekt- oder Risikostatus, der Projektorganisation oder bei Durchführung eines Projekt-Reviews definiert.
- *Projektrisiko-Beurteilung durch Kunden*: Ergibt sich aus der Beurteilung des Kunden ein Gesamtrisiko „rot", wird der bei der SAP Verantwortliche per Workflow darüber informiert. Er nimmt kurzfristig mit dem Kunden Kontakt auf und versucht, mehr Informationen über das Projektrisiko zu erhalten. Die Beteiligten untersuchen, welche spezifischen SAP Services zur Problembeseitigung beitragen können (z.B. Remote Consulting, Reviews, Going Live Check) und erarbeiten Lösungsvorschläge für das Problem. Wurde bereits aufgrund des SAP-Reviews das Problem erkannt und eine Lösung erarbeitet, wird dem Kunden das Ergebnis mitgeteilt. Die getroffene Aktion ist im CPI-System zu dokumentieren. Auch die Beobachtung, ob die Lösung tatsächlich implementiert wird, ist im Prozess enthalten.
  Im Falle eines Gesamtrisikos „gelb" wird der Verantwortliche für das Projektrisikomanagement lediglich informiert. Ob er Massnahmen einleitet, liegt in seinem Ermessen.
- *Projektrisiko-Beurteilung durch SAP*: Im Falle eines Gesamtrisikos „rot" kontaktiert der für den Review Zuständige den Kunden. Wird auf diesem Wege keine Lösungsmöglichkeit identifiziert, wird auch hier ein Verantwortlicher für Projektrisikomassnahmen eingeschaltet, der nochmals mit dem

Kunden Kontakt aufnimmt und Problemlösungen erörtert.
Ergibt sich ein Gesamtrisiko „gelb“, wird der SAP-Verantwortliche nur informiert.

Bild 4-5 zeigt die Oberfläche zur Erfassung von Projektrisiken im CPI-System. Sowohl für das Gesamtrisiko als auch für einzelne Risikotypen (Geschäftslösung, Projektorganisation usw.) wird das Risiko mit „grün“, „gelb“ oder „rot“ beurteilt. Daneben werden auch die wichtigsten Ergebnisse der durchgeführten Projekt-Reviews dokumentiert.

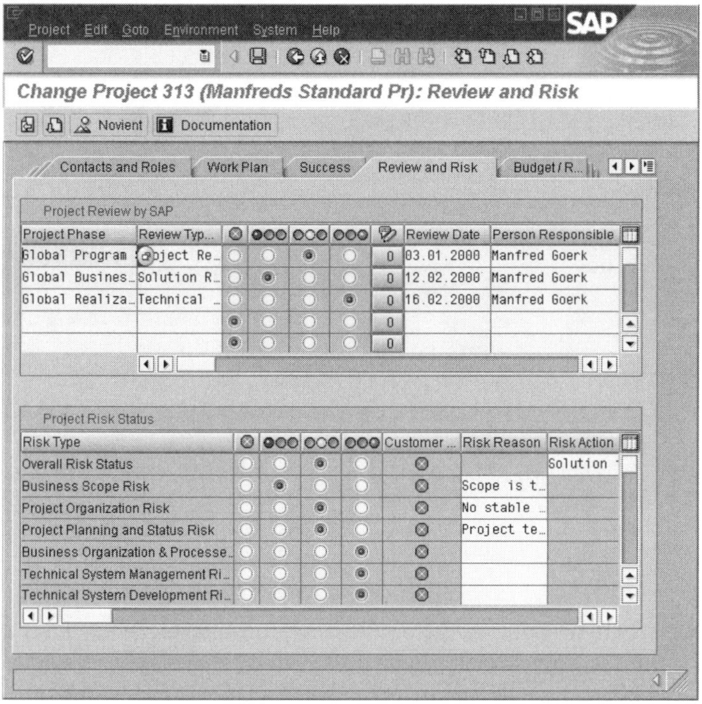

Bild 4-5: Erfassung von Projektrisiken und Projekt-Reviews im CPI-System

Wichtige Projektinformationen sind auch das Feedback über die Nutzung der wesentlichen Elemente der Projektmethode ASAP (Bedarf, Wichtigkeit, Bewertung) sowie bestimmter Funktionen einer SAP-Komponente. Dies erfolgt im Rahmen der Projektdaten-Pflege am Ende des Projektes (s. Bild 4-6).

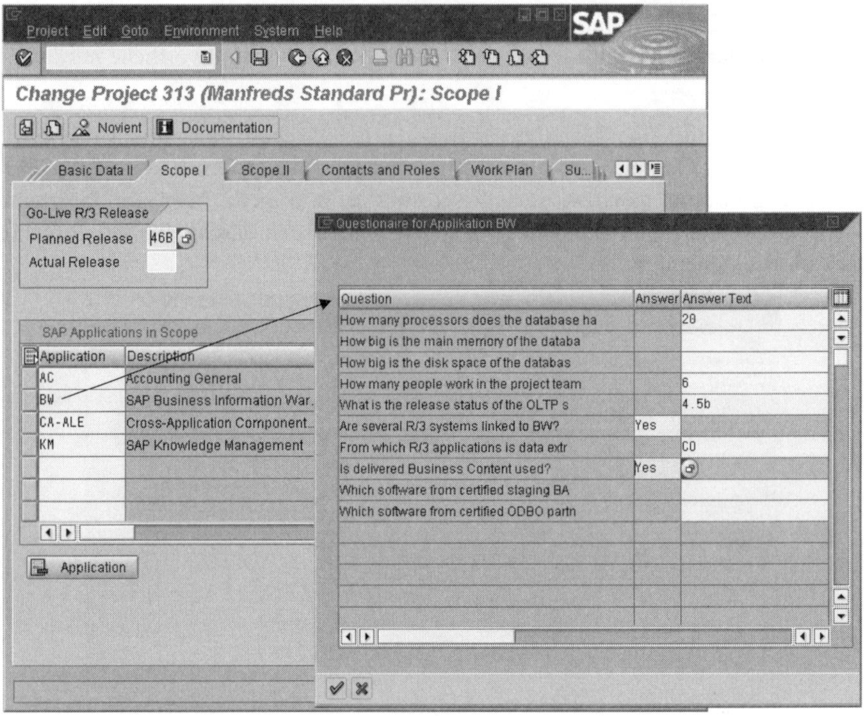

Bild 4-6: Erfassung von Feedback zu einer SAP-Komponente im CPI-System

4.3.2.4 Rollen

Eine neu geschaffene Rolle ist die des Review Consultants. Dieser führt nach den Projektphasen die Projektrisiko-Beurteilung im Rahmen von Reviews durch. Reviews betreffen das allgemeine Projektmanagement, die Anwendungslösung oder auch die technische Realisierung.

Für die Pflege der Projektinformationen sind im Falle einer Beteiligung des SAP Consultings einerseits die Projektleiter und andererseits die Review Consultants zuständig. Werden Projekte ohne Berater der SAP durchgeführt, sind i.d.R. der TeamSAP Coach oder Mitarbeiter aus dem Customer Care für die Projektdatenpflege zuständig. Customer Care und TeamSAP Coach haben in diesen Fällen für alle Kunden Verantwortung und leisten Unterstützung bei jenen Fragen, die nicht direkt vom Projektteam gelöst werden können.

Das Account Management und das Partner / Alliance Management unterstützen die Aktivitäten der Datenpflege und die Behandlung von Projektrisiken. Das gesamte Programm wird vom Executive Level (Managing Directors) getragen und gesponsert.

4.3.3 Projekterfahrungen aus Kundenprojekten

4.3.3.1 Dokumente mit Projekterfahrungen

Um die Projekterfahrungen zu operationalisieren, wurde das Wissen in sechs Bereiche strukturiert. Als Grundlage diente der Verwendungszweck in den Prozessen. Ein Template enthält die zu dokumentierenden Punkte für den jeweiligen Bereich:

- *Evaluation-Implementation Transition*: Der Vertrieb erstellt dieses Dokument vor der eigentlichen Projektdurchführung. Das Projektteam erhält damit die in der Vertriebsphase gewonnenen Informationen in aufbereiteter Form.
- *Extended Business Solution:* Das Dokument beschreibt die Zusammenhänge zwischen geschäftlichen Anforderungen und Lösungsmöglichkeiten, d.h. unter welchen Bedingungen und wie Lösungen einzusetzen sind und wie diese in diesem Kontext arbeiten.
- *Extended Technical Solution:* Dieser Bereich enthält Beschreibungen über technische Lösungen, z.B. Serverkonfigurationen, Netzwerklösungen oder Installationen komplexer mySAP.com-Lösungen.
- *Product Specific Feedback:* Spezielle Fragebögen für einzelne Produkte dienen der Weitergabe von Kritik und Anregungen aus der Projektarbeit an die Produktentwicklung, z.B. Hinweise auf Verbesserungsmöglichkeiten oder Neuentwicklungen.
- *Final Project Report:* Dieser Bereich enthält die wichtigsten Lehren, die sich aus Sicht des Projektleiters ergeben. Die Lösungen zum „Change Management" werden ebenso dokumentiert wie die offenen Punkte zum Projektende.
- *Project Success Story:* Erfolgreiche Lösungen werden für das Marketing aufbereitet.

Für die einzelnen Bereiche wurde der Inhalt in Form von Templates definiert. Für das Dokument Extended Business Solution sind beispielsweise folgende Punkte anzugeben:

- Geschäftsumgebung,
- Organisationsumgebung,
- Geschäftsanforderungen,
- Lösungsbeschreibung,
- Feedback zur Lösung,
- Verweis zu ähnlichen Lösungen in den Projekterfahrungen,

- Verweis zu Experten,
- Sonstiges.

Attribute beschreiben die gespeicherten Dokumente detailliert. Entscheidend für die Freigabe für Kunden (Zugriffsgrad) sind die Qualitätskategorien, die in „erfolgreich eingesetzt“, „empfohlen“, „nicht empfohlen“ und „nicht geprüft“ unterteilt sind. Nach aussen freigegeben werden nur erfolgreich eingesetzte und empfohlene Dokumente.

Zur besseren Suche und Navigation erfolgt eine Zuordnung zu den SAP-Produkten sowie den Solution Maps. Letztere beschreiben Lösungsmöglichkeiten (Produkte und Services) der SAP und ihrer Partner entlang der Branchen und Geschäftsprozesse der Kunden.

Aussagen zur Anwendbarkeit und Datenpflege geben insbesondere die Attribute Gültigkeitsrelease, Gültigkeitsregion, Gültigkeitsdauer sowie Sprache und Übersetzungsbedarf. Daneben werden Standardinformationen, wie Autor, Erstellungs- und Änderungsdatum sowie die Zugriffsanzahl, gespeichert.

4.3.3.2 Prozesse

Auch für die Projekterfahrungen wurden die notwendigen Prozesse definiert:

- *Entwicklung von Projektwissen*
  Den Ablauf für die Erstellung der beschriebenen Dokumente zeigt Bild 4-7. Innerhalb der Projektdurchführung beim Kunden (s. Bild 4-7 links) nimmt das gesamte Projektteam an einem vom Project Manager geleiteten Planungsmeeting teil, in dem der Umfang und die Themen der Projekterfahrungsdokumente festgelegt werden. Die Dokumentation wird während des Projektes erstellt und am Projektende durch den Projektabschlussbericht abgerundet. Bestandteil des Projektabschlusses bei der SAP (s. Bild 4-7 rechts) ist eine spezielle „Debriefing-Session“. An einer solchen Sitzung nehmen neben dem Project Manager weitere Mitglieder des Projektteams teil. Ein erfahrener Knowledge Worker, der als Moderator fungiert, leitet die Debriefing-Sessions.

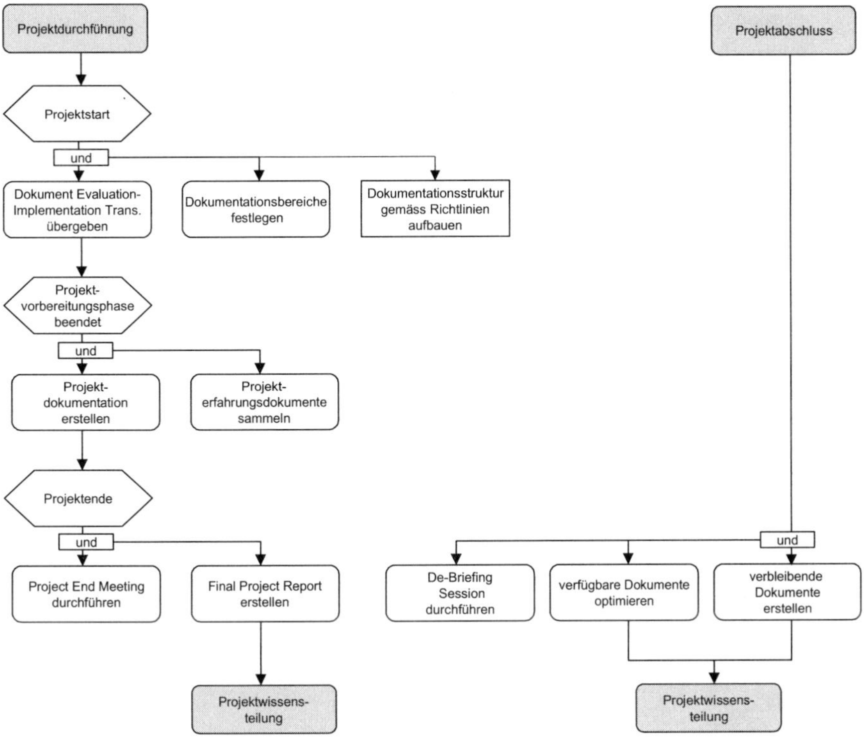

Bild 4-7: Prozess der Projekt-Wissensentwicklung

- *Veröffentlichung des Projektwissens*
  Nach der Erstellung des Dokumentes wird entschieden, ob das Wissen nur intern für die SAP oder auch für Kunden freigegeben wird. Ist es auch für Kunden relevant, veranlasst der Verfasser eine professionelle Übersetzung. Anschliessend hat der Autor die Aufgabe, kennzeichnende Attribute zu vergeben und den „Check-in" in das Wissenssystem durchzuführen.

- *Pflege des Projektwissens*
  Bestimmte Attribute der Dokumente (z.B. Erstelldatum, Gültigkeitsdatum, Release-Stand) geben Ansatzpunkte, ob die dokumentierten Erfahrungen noch relevant sind. Der Knowledge Worker löscht gegebenenfalls das Dokument. Gleichzeitig findet eine qualitative Überprüfung statt. Bei einer notwendig gewordenen Aktualisierung bzw. Überarbeitung der Inhalte informiert der Knowledge Worker entsprechend den Autor des Dokumentes.

- *Verwendung des Projektwissens*
  Dem Anwender stehen zum Auffinden von Beiträgen unterschiedliche Such- und Navigationsmechanismen zur Verfügung. Findet er trotzdem keinen geeigneten Beitrag, kann er sich an den zuständigen Knowledge Worker

wenden. Zudem wird der Wert der angezeigten Beiträge für die Nutzung innerhalb des Beratungsprozesses anhand eines Feedback-Formulars durch den Anwender beurteilt (s. Bild 4-8).

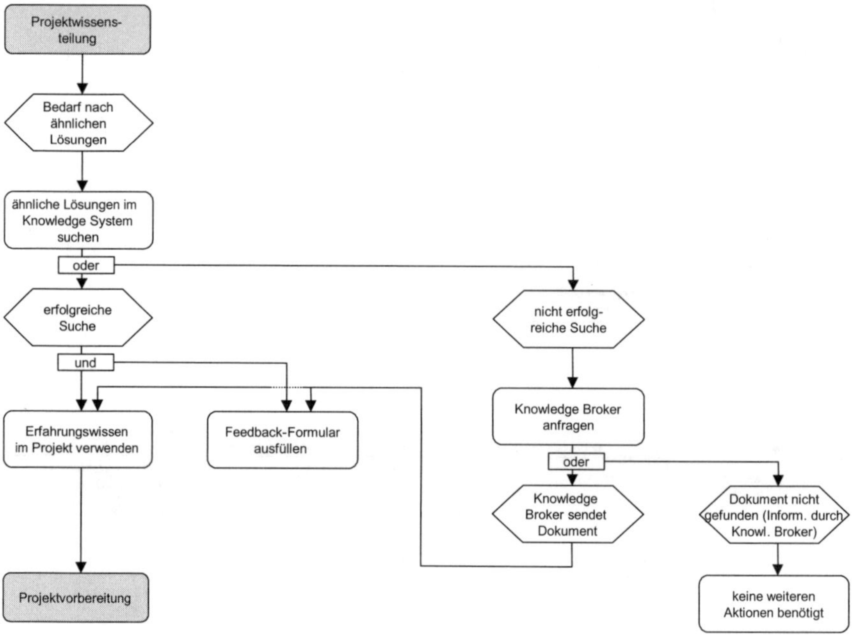

Bild 4-8: Prozess der Projekt-Wissensverteilung

4.3.3.3 Rollen

Für die Umsetzung der Prozesse mussten teilweise neue Rollen definiert werden. Bild 4-9 zeigt das Rollenmodell für die Projekterfahrungen. Dabei kommt neben der Unterscheidung von operativen und strategischen Rollen auch der stark regionale Charakter zum Ausdruck.

Der Project Knowledge Manager ist als „Owner" des Programms global für die Qualitätssicherung und Weiterentwicklung zuständig. Dazu stehen ihm in den einzelnen Regionen separate Ansprechpartner zur Verfügung. Knowledge Workers sorgen neben der Moderation der Debriefing-Sessions für die Kategorisierung und Bewertung von Beiträgen, Pflege der Datenbanken und fungieren auch als Knowledge Broker. Die Beiträge werden, je nach Dokumenttyp, von Projektmitarbeitern, Project Managern oder Vertriebsmitarbeitern erstellt. Die genauen Verantwortlichkeiten sind aus Bild 4-10 ersichtlich.

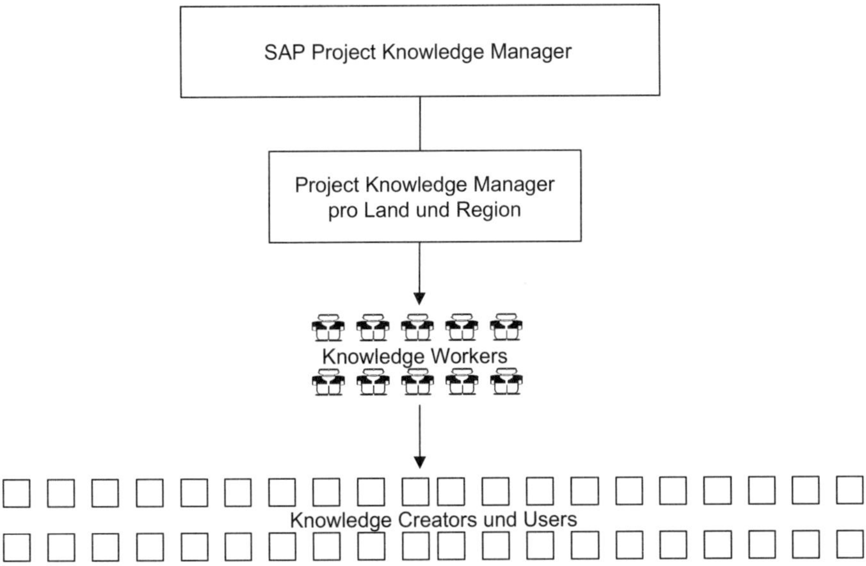

Bild 4-9: Rollenmodell für Projekterfahrungen

Rolle	Verantwortlichkeiten
SAP Project Knowledge Manager	Führen der Initiative Setzen von Standards Richtlinien für wichtige Entscheidungen Beurteilung der Effektivität Testen von neuen Ideen Metriken für die Messung des Programms Qualitätsverantwortung Methoden für De-Briefings Anforderungen an Tool-Entwicklung Abstimmung mit anderen strategischen Initiativen

Bild 4-10: Verantwortlichkeiten für Projekterfahrungen

Rolle	Verantwortlichkeiten
Project Knowledge Manager pro Land oder Region	Entwicklung der regionalen bzw. lokalen Prozesse Definition von regionalen bzw. lokalen Verantwortlichkeiten Koordination der Knowledge Workers Unterstützung des globalen Project Knowledge Managers Qualitätskontrolle auf regionaler bzw. lokaler Ebene Nutzungsbeurteilung
Knowledge Workers	Durchführung von De-Briefings Durchführung der technischen Umsetzung Durchführung von Qualitätskontrollen Einstellung von Dokumenten Knowledge Brokering
Knowledge Creators und Users	Entwicklung, Überarbeitung und Nutzen der Wissensinhalte

Bild 4-10: Verantwortlichkeiten für Projekterfahrungen (Forts.)

4.3.4 Technische Realisierung

4.3.4.1 Realisierung auf Basis der R/3-Technologie

In einer ersten Stufe wurde ein System realisiert, das die Technologie des Standard-R/3-Systems verwendet. Die Anwendung ist mit den bei der SAP eingesetzten Systemen zur Verwaltung von Kunden-, Installations-, Partner- und Mitarbeiterinformationen integriert. Der Zugriff ist auf die SAP beschränkt. Es wurde mit der Lösung erreicht, dass alle bisher existierenden lokalen Anwendungen ersetzt wurden.

Für die Verwaltung der Dokumente (Projektdokumente des Kunden, Projekterfahrungsdokumente, Projektkorrespondenz) wird das SAP-Produkt Knowledge Warehouse (Element des „New Dimension"-Produktes Knowledge Management) eingesetzt. Dies stellte sich als vorteilhaft heraus, da alle notwendigen Funktionalitäten standardmässig verfügbar sind:

- Zugriffskontrolle, Autorisierung und Attributverwaltung sowohl für Dokumentenbereiche als auch einzelne Bereiche,

- durchgängiger „Check-in"-Prozess mit Zuordnung von Attributen,
- Sperrung von Dokumenten beim „Check-out",
- Unterstützung aller gängigen Dokumenttypen,
- Replizier- und Synchronisationsmechanismus,
- Unterstützung der Versionsverwaltung,
- flexible Suchfunktionen.

Besonders relevant sowohl für die Aktualität der Daten als auch das Auslösen von Prozessen ist die Implementierung von Workflows (s. Bild 4-11).

Ereignis	Empfänger	Typ
SAP verantwortlich für Datenpflege, keine Änderung seit zwei Monaten	Project Manager	Aktion erforderlich
Projekt-Review durch SAP, Gesamtrisikostatus „rot"	SAP Verantwortlicher für Projektrisikomassnahmen	Information
Projekt-Review durch SAP, Gesamtrisikostatus „rot", zwei Wochen seit Review	SAP Review Consultant	Aktion erforderlich
Projekt-Review durch SAP, Gesamtrisikostatus „rot", Lösungsindikator „eskaliert"	SAP Verantwortlicher für Projektrisikomassnahmen	Aktion erforderlich
Projekt-Review durch SAP, Gesamtrisikostatus „gelb"	SAP Verantwortlicher Projektrisikomassnahmen	Information
„Self-Assessment" durch Kunden, Gesamtrisikostatus „rot"	SAP Verantwortlicher Projektrisikomassnahmen	Aktion erforderlich
„Self-Assessment" durch Kunden, Gesamtrisikostatus „rot", trotz identifizierter Lösung seit zwei Wochen keine Aktion	SAP Verantwortlicher Projektrisikomassnahmen	Aktion erforderlich
„Self-Assessment" durch Kunden, Gesamtrisikostatus „gelb"	SAP Verantwortlicher Projektrisikomassnahmen	Information
Vier Wochen vor geplantem „Go-Live"-Termin	Consulting Manager, TeamSAP Coach	Information

Bild 4-11: Workflow-Szenarien

Dabei wird unterschieden, ob der Empfänger lediglich informiert wird oder eine Aktion tätigen muss. Die Adressaten werden automatisch aufgrund der in den Projektinformationen zugeordneten Personen ermittelt. Es wird ein Standardtext mit projektspezifischen Daten per E-Mail verschickt.

Als besonders relevant für die Nutzerakzeptanz wurde ein komfortabler Suchmechanismus erachtet. Dieser weist im implementierten System folgende Eigenschaften auf:

- Kombination von Attributen,
- Volltext-Suche, auch kombiniert mit Attributen,
- graphische Navigation bei Suche über die Solution Maps,
- Abspeichern von Suchergebnissen,
- Anpassung von Suchen auf Basis von vergangenen Suchergebnissen,
- unterschiedliche Sortierkriterien einschliesslich Ranking,
- Anzeige der wichtigsten Informationen im Sortierergebnis,
- begrenzte Informationsanzeige (Titel, Autor) bei nicht zugänglichen Dokumenten.

4.3.4.2 Realisierung als mySAP.com-Lösung

Im Rahmen der zweiten Stufe wird das System über die Internet-Lösung mySAP.com realisiert. Dadurch ist es möglich, Benutzern ein rollenspezifisches, personalisiertes Portal (Workplace) anzubieten.

Ein solches wird einerseits für die SAP-Consultants aufgebaut. Andererseits erhält auch der Project Manager des Kunden ein rollenspezifisches Portal. Den SAP-Kunden stehen über ihren Workplace folgende Funktionalitäten zur Verfügung:

- Anzeige, Pflege und Erstellung von Projekten,
- Auswertungen über die Projekte des Unternehmens,
- Hinweise auf Projekte mit fälliger Aktualisierung,
- Informationen über Projektrisiko-Status und eingeleitete Massnahmen,
- Zugriff auf ausgewählte Projekterfahrungs-Dokumente.

Mittelfristig sollen Kunden und auch Beratungspartner auf die Projekterfahrungen über den Service-Marktplatz der SAP zugreifen können. Dabei handelt es sich um einen offenen elektronischen Marktplatz für Geschäftspartner, über den unternehmensübergreifend Transaktionen und Informationsaustausch abgewickelt werden können.

Eine weitere Möglichkeit für Kunden, auf die Projektinformationen und -dokumente zuzugreifen, besteht über das SAPNet. Das SAPNet ist die traditionelle, internetbasierte Informationsplattform für Mitarbeiter, Partner und Kunden der SAP.

4.4 Vorgehen in zwei Teilprojekten

Die beschriebene Gesamtlösung wurde in zwei Projekten realisiert, die inhaltlich aufeinander aufbauen. Dadurch war es möglich, aus den Erfahrungen des ersten Projektes zu lernen und diese im zweiten aufzugreifen.

Im Mittelpunkt des ersten Projektes (CPI 1) standen Projektinformationen sowie die Risiko- und Erfolgsidentifikation einschliesslich der Umsetzung als R/3-System. Im Anschlussprojekt (CPI 2) lag der Fokus auf den Projekterfahrungen sowie der Umsetzung mit mySAP.com. Daneben wurden auch die Lösungen der ersten Stufe verbessert. In beiden Projekten galten die gleichen Grundsätze hinsichtlich des Projektmanagements:

- *ASAP-Vorgehensweise:* Als Projektmethode wurde die von der SAP entwic??kelte Vorgehensweise ASAP (Accelerated ASAP) eingesetzt. Ein Projekt wird in die Phasen Project Preperation, Business Blueprint, Realization, Final Preperation sowie Go Live & Support unterteilt. Für die Projektunterstützung stehen umfangreiche Hilfsmittel, wie Tools oder Templates, zur Verfügung.
- *„Establish Project Readiness“:* Eine Projektverankerung ausschliesslich über das Management ist nicht ausreichend. Die späteren Entscheidungsträger müssen das Projekt auch tatsächlich wollen. Daher wurde bereits vor dem eigentlichen Projektstart bei Führungskräften und Anwendern die Idee vorgestellt. Ausserdem wurden die Erwartungen und Kooperationsmöglichkeiten (Ressourcenbeteiligung) abgestimmt. Dies erfolgte in ca. 25 Interviews über alle Unternehmensbereiche.
- *Projektorganisation:* Die Projektorganisation beinhaltete die notwendigen Management-Organisationen bzw. -Rollen wie Steering Committee, Project Sponsor, Project Manager und User Council. Innerhalb des Projektteams wurden die Rollen in Anlehnung an die Projektphasen unterteilt, wobei grundsätzlich ein Informationsaustausch über alle Phasen erfolgte. In das Projektteam waren Vertreter der wesentlichen Regionen sowie Hauptunternehmensbereiche (Sales, Service, Consulting) einbezogen. Die Einbindung von erfahrenen Mitarbeitern aus den Anwendungsbereichen sowie Spezialisten zu bestimmten Themen (z.B. Knowledge Management, Human Resources) ist zusätzlich vorteilhaft.

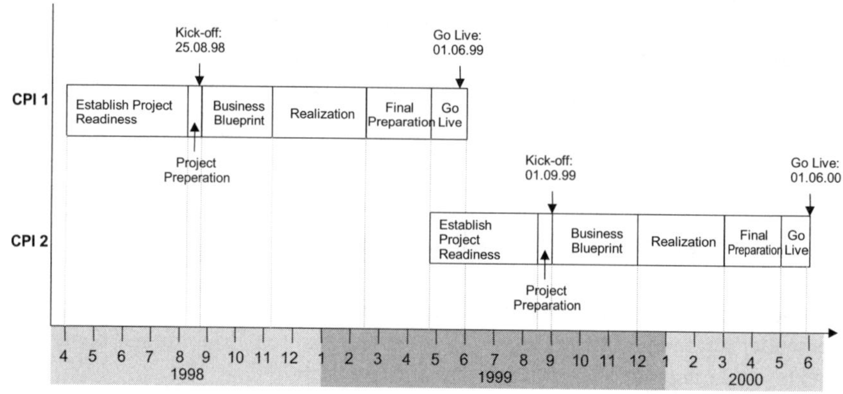

Bild 4-12: Verlauf der CPI-Projekte

Die Vorarbeiten des ersten Projektes (CPI 1), ausgelöst durch die TeamSAP-Initiative, begannen bereits im April 1998. Nachdem die vorhandenen Lösungen untersucht wurden, konnte der Projekt-Kick-off im August 1998 stattfinden. Die erste Systemnutzung und der weltweite Rollout erfolgten im Mai 1999. Kick-off des Nachfolgeprojektes CPI 2 war Anfang September 1999, der Business Blueprint wurde im November 1999 beschlossen. Der Rollout der Lösung ist für Mai 2000 geplant (s. Bild 4-12).

Als wichtig stellte sich heraus, vor Beginn der eigentlichen Realisierung einen vollständigen Business Blueprint zu erstellen. Dieser beinhaltet eine detaillierte Beschreibung von Prozessen, Rollen und Tool-Funktionalitäten bis hin zum Entwurf der Bildschirmoberflächen.

Die Lösungen wurden grundsätzlich vom Projektteam erarbeitet, das sich aus Beteiligten der verschiedenen Regionen zusammensetzte. Diese Arbeitsgruppe entwickelte das Grundkonzept in einer Reihe von Workshops stufenweise bis zur endgültigen Version weiter. Für das zweite Projekt wurde das Projektteam in der Konzeption durch Mitarbeiter vom Institut für Wirtschaftsinformatik unterstützt.

Es war festzustellen, dass im zweiten Projekt die Beteiligten der einbezogenen Länder, insbesondere die dort für den Rollout zuständigen Personen, erheblich mehr Einfluss auf die Lösung hatten. Dies bezieht sich sowohl auf die Benennung und Priorisierung der Weiterentwicklungsziele als auch auf den Review des Lösungskonzeptes.

4.5 Ergebnis und Erfahrungen

4.5.1 Aufwand / Nutzen

Das Projekt wurde fast ausschliesslich mit internen Ressourcen realisiert. Für das erste Projekt (CPI 1) wurden 1′110 Personentage, für das Nachfolgeprojekt (CPI 2) 1′010 Personentage benötigt. Fast die Hälfte des Aufwandes entfiel dabei auf die technische Entwicklung (s. Bild 4-13).

Ein wesentliches Resultat liegt darin, dass sich die Informationsbasis über die Projekte deutlich verbessert hat. Ende 1999 waren von nahezu 100% der ca. 4′000 laufenden Projekte die Projektinformationen vorhanden. Auch die Nutzung des Systems zeigt sich als sehr zufriedenstellend. So werden monatlich z.B. über 2′000 Auswertungen vom System angefordert.

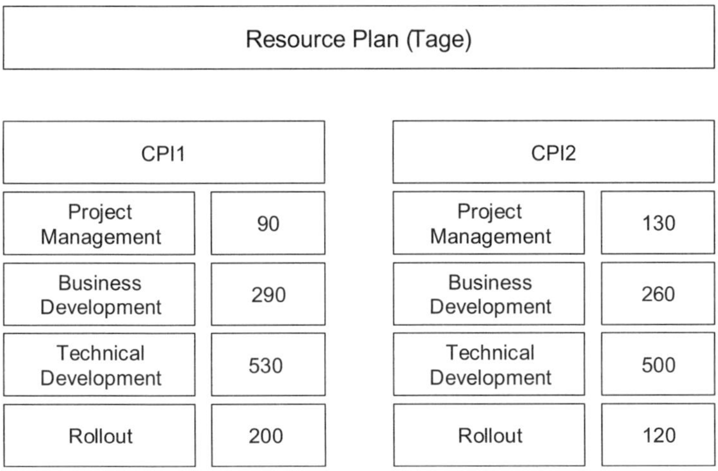

Bild 4-13: Ressourcenbedarf nach Projekten und Phasen

Ein Nutzen ergibt sich dabei für verschiedene Zielgruppen innerhalb der SAP. Für den Consulting-Bereich entstehen folgende Vorteile:

- *Vermeidung von Projekteskalationen:* Durch die Risikobeurteilung der SAP und der Kunden werden kritische Projektsituationen vermieden. Zusammen mit dem besseren Kundenkontakt führt dies zu einer erhöhten Kundenbindung.
- *Verkürzung der Projektdurchführung:* Aufgrund des schnelleren Auffindens ähnlicher Lösungen bzw. von Experten zu Themenbereichen werden kürzere Projektlaufzeiten erzielt.

- *Senkung der Supportkosten:* Die Verfügbarkeit von Lösungskonzepten führt zu weniger Anfragen bei Produktentwicklung und Serviceabteilungen der SAP.
- *Qualitätssteigerung:* Transparentere Projektinformationen bewirken ein qualitativ besseres Projektmanagement. Zudem ermöglicht der Einsatz bereits bestehender und erprobter Lösungen im Rahmen der Projekterfahrungen Qualitätssteigerungen bei den Kundenlösungen.
- *Schnellere Einarbeitung:* Die gewonnenen Erfahrungen können als Trainingsmaterial für neue Mitarbeiter genutzt werden. Darüber hinaus ist auch ein Lerneffekt in der Projektarbeit durch das System erkennbar.
- *Verbesserte Projekteinsatzplanung:* Durch das frühzeitige Erfassen von Projekten werden potenzielle Einsatzmöglichkeiten der Berater besser erkannt. Dies trägt zur Senkung der nicht produktiven Zeiten der Mitarbeiter bei.

Neben dem Consulting profitieren aber auch andere Unternehmensbereiche von der Lösung. Die Produktentwicklung erkennt aufgrund der Feedback-Möglichkeiten, Projektauswertungen sowie spezieller Kundenlösungen die Kundenbedürfnisse und Marktchancen. Auch wird durch die Identifikation bereits implementierter Lösungen redundante Entwicklungsarbeit vermieden. Die Erfahrungsdokumente sind häufig auch Grundlage für die Dokumentation von Entwicklungsarbeiten.

Auch der Sales- / Pre-Sales-Bereich profitiert durch den Zugriff auf Projektinformationen eines Kunden. Er ermöglicht eine effizientere und bessere Vorbereitung auf Verkaufsgespräche mit dem Kunden sowie einen besseren Beratungsservice. Die Projekt-Success-Stories dienen als Marketingmaterial. Der Support Service kann den Kunden durch bessere Lösungen schneller und zudem kostengünstiger bedienen.

Dadurch ergeben sich auch Vorteile für die Kunden, indem SAP einen Prozess zur Lösungsfindung bei Projektrisiken etabliert und wichtige Projekterfahrungsberichte auch Kunden zur Verfügung stellt.

4.5.2 Erfahrungen

Im Nachhinein waren verschiedene Erfolgsfaktoren für das positive Ergebnis des Projektes ausschlaggebend:

- *Einbindung des Rollout-Teams*
  Um die Akzeptanz des Projektes weltweit zu erlangen, ist die Definition und Einbindung eines Rollout-Teams wichtig. Für alle Regionen wurden Verantwortliche definiert („local owner“). Der Kontakt wird drei- bis viermal jähr-

lich durch ein formales Feedback über die eingesetzte Lösung und Verbesserungsvorschläge aufrechterhalten. Zudem finden ein- bis zweimal jährlich Besprechungen mit allen Verantwortlichen einer Region statt; bei Bedarf werden Telefon- und Videokonferenzen mit den Beteiligten geführt.

- *Überprüfung der Informationsqualität*
  Eine hohe Informationsqualität erfordert periodische Analysen der Daten, indem z.B. der prozentuale Anteil der erfassten Projekte nach Ländern überprüft wird. Im Rahmen eines „Data Quality Center" werden die Daten regelmässig analysiert und die Ergebnisse dem CPI-Verantwortlichen und den Führungskräften mitgeteilt. Als förderlich hat sich auch das Setzen von kleineren Anreizen herausgestellt. So erhalten beispielsweise die drei auf die Datenqualität bezogenen besten Rollout-Manager Belohnungen, wie z.B. kleinere Reisen oder Geschenke.

- *Offene Informationspolitik*
  Bei derartigen Projekten mit starken Auswirkungen auf organisatorische und damit auch persönliche Belange ist eine von Beginn an offene Informationspolitik wichtig. Damit wurde bereits vor dem eigentlichen Projekt begonnen („Establish Project Awareness") und über das gesamte Projekt fortgesetzt. Am Ende jeder Projektphase wurden Entscheidungsträger aller beteiligten Bereiche über die wesentlichen Ergebnisse informiert, damit sie sich frühzeitig auf Veränderungen vorbereiten konnten. Daneben war die vollständige Ergebnisdokumentation im Intranet der SAP (SAPNet) für alle Mitarbeiter zugänglich, so dass neben den Mitarbeitern auch Führungskräfte und Betroffene Transparenz über die Änderungen hatten.

4.6 Ausblick: Integration mit anderen Komponenten

Die beiden Teilprojekte haben zur spürbaren Verbesserung der Wissensversorgung der Mitarbeiter und Kunden beigetragen. Die neuen Lösungen werden nach und nach aufgrund der realen Erfahrungen verbessert.

Wichtig ist nun die organisatorische Verankerung des Wissensmanagements bei SAP. Um diese auch nach Projektende sicherzustellen, kommt der Einrichtung des SAP Project Experience Manager eine besondere Bedeutung zu. Dieser übernimmt zukünftig die Verantwortung für die Gesamtlösung.

Daneben existieren allerdings auch Anforderungen an die Weiterentwicklung hinsichtlich der Integration mit anderen Massnahmen, Beteiligten und Tools bei SAP. Folgende Massnahmen scheinen hierbei sinnvoll:

- *Integration mit Beratungspartnern*
  Bis zum Projektende ist die Erstellung und Nutzung der Projekterfahrungen auf SAP und deren Kunden beschränkt. Da die meisten Umsetzungen aller-

dings von den Beratungspartnern durchgeführt werden, führt deren Beteiligung zu einer deutlich besseren Erfahrungsbasis. Zudem wird dadurch die in der TeamSAP verankerten Einstellung, gemeinsam mit Partnern den Kunden optimale Lösungen anzubieten, gefördert. Über eine Einbindung von Partnern wird nach Abschluss des CPI 2-Projektes diskutiert.

- *Integration mit anderen Customer Relationship-Massnahmen*
  Projektinformationen und -wissen ist nur ein Bestandteil eines umfassenden Customer Relationship Management. Entsprechende Massnahmen sind auch in den Bereichen Marketing, Sales sowie Service und Support im Gange und müssen vermehrt zu Synergien führen.

- *Integration mit Projektmanagement*
  Für das Projektmanagement steht dem Consulting mit ASAP ein separates Werkzeug zur Verfügung. Die Strukturen von CPI und ASAP wurden von Beginn an aufeinander abgestimmt. Ziel ist, zukünftig diese beiden Systeme auch technisch zu integrieren, um möglichst viele Projektinformationen und umfangreiches Lösungswissen automatisch bei SAP zur Verfügung zu haben.

- *Integration mit Skill-Management*
  Eine weitere aktuelle Massnahme des Wissensmanagements bei SAP ist der Aufbau einer „Skill- and Competency-Database". Das Wissen über Fähigkeiten der Mitarbeiter muss zukünftig vermehrt mit den Projekterfahrungen gekoppelt werden. Über Profile sollen zukünftig den Mitarbeitern gemäss ihren Einsatzbereichen neue Projekterfahrungen automatisch über ihren Workplace zugestellt werden. Auf der anderen Seite ist es aber auch wünschenswert, dass Projekterfahrungen Bestandteil der Skill- and Competency-Database sind.

5 Ganzheitliches Customer Relationship bei der Direkt Anlage Bank AG

Karin Heck

5.1 Von der Illusion zur Realität

Customer Relationship Management (CRM) findet in der Literatur sowie in der Praxis viele Ansätze in den verschiedensten Ausprägungen. In letzter Zeit hat dieses Thema einen Aufschwung erfahren und sich stellenweise bis hin zu einem verbissenen Dogma entwickelt, das nur von wenigen Unternehmen und deren Führungskräften tatsächlich verstanden wird.

Ein regelrechter „Kundenorientierungswahn" macht sich bemerkbar, der unter einem ersten Verständnis hoch priorisiert wird, jedoch danach nicht selten in blossen Lippenbekenntnissen endet. Ein Grund dafür kann eine Ohnmacht der Unternehmen gegenüber abwandernden Kunden sein, ohne dass die Unternehmungen genau wissen, woran sie gescheitert sind.

Eine Ursache für die immer wichtiger werdende Kundenorientierung sind vagabundierende Kunden, die nach Abwechslung streben und das beste Angebot wahrnehmen möchten. Die sich daraus ergebenden Konsequenzen sind fatal: Ein gewünschtes Diktat der Kundenorientierung steht im Gegensatz zu einer oftmals alteingesessenen Arroganz vieler traditioneller Unternehmen. Dennoch ist ein integrierter Customer Focus gepaart mit Mut und Flexibilität junger ehrgeiziger Innovatoren nicht unbedingt ein Garant für eine langfristige Kundenbindung.

Der Kundenkampf im Direktbanken- bzw. Discount Broker-Markt findet beim Erstkontakt vornehmlich über den Preis statt. Dies ist das Ergebnis einer Kundenbefragung aus dem Jahr 1999: „50,4% der DAB Kunden haben sich wegen des günstigen Preises für diese Bank entschieden". Der Grund liegt u.a. in der immateriellen Angebots- und Wirkungsphase, einem Kennzeichen des Dienstleistungsbegriffs. Dieser zeichnet sich durch folgende konstitutive Elemente aus: Angebot von Potenzialen, Immaterialität in der Angebots- und Wirkungsphase und Integration externer Faktoren [Meyer/Meyer 1993]. Die Kunden können sich auf keine Erfahrungen berufen und müssen sich auf Ersatzbewertungen stützen. Es entfallen eindeutig messbare Grössen wie bspw. Qualität und Optik. Credence Qualities, die sich auf die Reputation und nicht auf die erlebte Qualität einer Dienstleistung stützen, werden wichtig [Tilly 1999]. Deshalb spielen die Weiterempfehlungsrate, das gemessene Vertrauen und der intensive Kontakt zum externen Faktor Kunde eine entscheidende Rolle. Erschwerend kommt hinzu, dass klassische Discount Broker-Kunden um ein vielfaches selbständiger, selbstbewusster, kritischer und damit wechselwilliger sind als Filialkunden.

Dennoch kann beobachtet werden, dass Kunden bei längerer Geschäftsverbindung preisunsensibler und wechselaverser werden. Es liegt nahe, dass dann das Vertrauen und die Loyalität gewachsen sind und dem Preis nur noch eine zweitrangige Bedeutung zugemessen wird.

Eine Möglichkeit, diese Bindung zu verstärken, kann CRM darstellen. In diesem Beitrag soll das Verständnis des CRM bei einem Discount Broker, der Direkt Anlage Bank AG (DAB), dargelegt werden. Der Fokus liegt in Anbetracht des Hauptvertriebsweges der DAB auf Online-Medien. CRM bzw. Kundenbindungsmarketing, wie es in der DAB unspektakulärer genannt wird, hat wie vieles andere in diesem Unternehmen sein eigenes Verständnis – auch dies wird im Laufe des Beitrages deutlich.

Zunächst sollen die DAB und ihre Organisation kurz dargestellt werden. Auf der Grundlage dieses Aufbaus werden anschliessend die Kundenbindungs-Massnahmen vorgestellt. Welchen Erfolgen und Problemen die DAB gegenüber stand, wird im Punkt 4 behandelt. Zum Schluss sollen einige zusammenfassende Aspekte erläutert werden.

5.2 Die DAB und ihre Welt

In den nächsten Punkten wird die DAB als Discount Broker vorgestellt: was sie ausmacht, was sie anbietet und wie sie aufgebaut ist. Die Kunden, die im Mittelpunkt dieses Themas stehen, werden abschliessend kurz analysiert.

5.2.1 Das Angebot

Discount Broker sind Nischenanbieter der Finanzdienstleistungsbranche, welche die Funktion eines Intermediärs zwischen privatem Anleger und Börse erfüllen. Aufgrund der starken Spezialisierung fungieren Discount Broker lediglich als Zweitbank.

Die Direkt Anlage Bank AG, eine 100%-ige Tochter der HypoVereinsbank AG, wurde im Mai 1994 gegründet. Sie war Deutschlands erster Discount Broker und gleichzeitig erste Direktbank-Tochter einer deutschen Grossbank. Ein erfolgreicher Börsengang im November 1999 gehört zur Vita der DAB.

Die DAB richtet sich mit ihrem beratungsfreien Geschäft an informierte und selbst entscheidende Kunden. Der Vertrieb der Produkte und Services erfolgt schwerpunktmässig über das Internet, aber auch über Telefon und Fax. Ganz neu sind die DAB Anlage-Center, die sowohl dem Interessenten als auch dem Kunden in eigenen Stores und Shop-in-Shop Repräsentanzen die imaginäre Direktbank „zum Anfassen" bieten. Die Stores einerseits bilden in den wichtigsten Städten

Deutschlands Meetingpoints für Wertpapierinteressierte in angenehmer Atmosphäre, während andererseits die Shop-in-Shop Repräsentanzen in verschiedenen Häusern des Kaufhof-Konzerns einen Rahmen für schnelle Informationsmöglichkeiten mit kompetenter Betreuung bilden.

Das Leistungsbündel der Direkt Anlage Bank umfasst einen Rundum-Service (u.a. sieben Tage Erreichbarkeit, Realtime Samstagshandel, innovative Informations-Tools) mit professionellen und konzernunabhängigen Produkten (u.a. mit sämtlichen in Deutschland zugelassenen Fonds). Aufgrund des Verzichts auf persönliche Beratung kommt den kostenlosen Informationsinstrumenten und Entscheidungshilfen dabei eine zentrale Rolle zu. Gemäss dem Claim: „Die Bank sind Sie" wird der Anleger dazu animiert, sich selbständig zu informieren und eigene Qualifikationen sowie Entscheidungskompetenzen bezüglich des Wertpapierhandels aufzubauen. Die Bank leistet in erster Linie Hilfe zur Selbsthilfe und vermittelt so die entsprechende Methodenkompetenz. Durch diesen Katalog an Massnahmen liegt es nahe, dass sich die DAB als einziger Full-Service Discount Broker positioniert. Als Innovations- und Preisführer bietet sie sowohl Sparern, Anlegern als auch professionellen Tradern Wertpapierhandel mit einem Höchstmass an Präsenz.

Alle Transaktionsprozesse sind standardisiert und automatisiert. Dem Broker entstehen im Handel deshalb wesentlich geringere Fix- und Transaktionskosten im Vergleich zu einer klassischen Filialbank. Die DAB verfolgt das Ziel des Outpacing, d. h. das Erreichen einer optimalen Qualität bei Kostendämpfung. Hoher Kundennutzen wird durch faire Preise und innovative Problemlösungen unter Berücksichtigung von Kostensenkungspotenzialen realisiert. Diese Einsparungen werden zum Teil durch vergleichsweise sehr geringe Preise an die Kunden weitergegeben.

5.2.2 Die Organisation

Herkömmliche Banken zeichnen sich oftmals durch mangelnde Kreativität und durch Schwerfälligkeit bezüglich Umstrukturierungen in ihren Aufbau- und Ablauforganisationen aus. Dies trifft nicht zu auf die DAB, denn ein wesentliches Merkmal eines Discount Brokers der ersten Stunde ist die ausreichende Anpassungsfähigkeit an die Umstände des Marktes. Eine eher operative Vorgehensweise und der Wille neue Ideen sofort umzusetzen, um dem Wettbewerb einen Schritt voraus zu sein, sind hierbei entscheidend. Dabei geht es keinesfalls um aktionistische Reaktionen auf den Markt. Ausschlaggebend ist die schnelle, proaktive Antizipierung des veränderten Umfeldes auf das eigene Geschäft. Der Veränderungswille und die Adaptionsfähigkeit haben auf den Kundennutzen durch das Anpassen der Organisation an Kundenwünsche eine positive Auswirkung. Die Gesamtorganisation und Struktur der DAB haben sich im Laufe der Zeit immer wieder verändert und schnell den Gegebenheiten des Marktes angepasst. Hierzu ein Beispiel:

Im letzten Jahr wurde bei der DAB die Balanced Score Card (BSC) implementiert, welche die Kundenorientierung mit den entsprechenden Messgrössen auch abhängig von den anderen Kategorien berücksichtigt. Die BSC ist für die DAB ein zentrales Steuerungsinstrument und wird als Balance zwischen den einzelnen Kategorien Finanzen, Mitarbeiter, Kunden und interne Prozesse verstanden. Sie berücksichtigt monetäre, nicht monetäre Kennzahlen und Frühindikatoren. Die DAB möchte das CRM nicht als eine ausschliesslich zentrale Aufgabe wissen, die nur ein Team bearbeitet. Das CRM der DAB ist innerhalb der BSC und innerhalb der verschiedenen Bereiche je nach Aufgabenschwerpunkt als festes Thema integriert. So ist das Beschwerdemanagement beispielsweise ein eigener selbständiger Bereich, der seine Services an den Bedürfnissen der Kunden ausrichtet. Gerade Gruppen mit direktem Kundenkontakt besitzen eine starke Austauschbeziehung zum Kundenbindungsmarketing.

Im Mittelpunkt der BSC kommt der Vision und der Mission eine zentrale Rolle zu. Die Vision ist eher strategischen, monetären Unternehmenszielen gewidmet, während die Mission den Leitsatz „Die Bank sind Sie" zum Inhalt hat und somit den Kunden ins Zentrum rückt. Auch die Leitsätze der DAB spiegeln die Kundenorientierung von der Basis her wider (vgl. Bild 5-1).

1. Die DAB ist die erfolgreiche Umsetzung unserer gemeinsamen Vision.
2. Richtschnur unseres Handelns ist der faire, partnerschaftliche Umgang.
3. Wir machen Service erlebbar.
4. Wir investieren in die Entfaltung unserer Mitarbeiter.
5. Unsere Führungskräfte fördern Kultur und Engagement der DAB-Family.
6. Mit unserem Ideenreichtum gestalten wir die Zukunft.
7. Wir kommunizieren offen, klar und umfassend.
8. Wir nutzen jede Reklamation als Lernchance.
9. Unsere Arbeitsweise ist stets effektiv und ergebnisorientiert.
10. Wir schätzen und unterstützen unsere Partner.
11. Unser gemeinsames Ziel ist Wachstum und Expansion.
12. Wir hauchen unserer gemeinsamen Kultur Leben ein.

Bild 5-1: Die Leitlinien der Direkt Anlage Bank AG

Als unterstützende Massnahmen werden zudem die jährlichen Zielvereinbarungen für die Mitarbeiter gesehen. Die Zielerreichung am Ende des Jahres dient als Grundlage zur Berechnung des variablen Gehaltsbestandteils. Hier fliesst die

Kundenzufriedenheit bei allen Mitarbeitern prozentual mit ein. Die Zielvereinbarungsgespräche sind deshalb eine logische Folge der BSC, welche die individuellen Karten der Mitarbeiter in letzter Konsequenz beeinflussen.

- Die Marketing-Abteilung ist Bestandteil der Kategorie „Kunden“ und beinhaltet somit auch den Bereich Kundenbindung.
- Die Abstimmung der Marketingaktivitäten auf den Kundenlebenszyklus, von der ersten Kontaktaufnahme als Interessent hin zum Kunden über die Löschung des Depots bis zur Wiedergewinnung, hat die optimale und punktgenaue Betreuung der Anleger zum Ziel. Ausserdem vereinfacht es die Operationalisierung der einzelnen Massnahmen.
- Aufgabe der Interessentengewinnung ist es, potenzielle Kunden erstmalig anzusprechen, Aufmerksamkeit zu erregen, ihr Interesse zu wecken und sie über das Angebot der DAB zu informieren, um darauf aufbauend einen Erstkontakt und damit „warme“ Adressen zu generieren. Für die Umsetzung dieser Ziele bedient sich die DAB verschiedener Formen von Werbemitteln und -trägern. Neben der Anzeigenwerbung, der TV-Werbung und der Leitfadenerstellung setzt sie vor allem auf interaktive Online-Kommunikation im Internet.
- Die Kundengewinnung hat, nach der Interessentengewinnung, die Aufgabe, Interessenten in Kunden zu konvertieren. Nimmt ein Interessent Kontakt zur DAB auf, wird er von einem speziell geschulten Team betreut. Die Aktivitäten des Teams umfassen vorwiegend klassische Direktmarketing-Massnahmen, wie z.B. Akquisitionsgespräche per Telefon oder Direct-Mailing-Aktionen.
- Die Aufgabe des Kundenbindungsteams bei der DAB ist nun die interne, kundennahe Weiterentwicklung sowie Steigerung der Kundenlebensdauer. Dies erfolgt durch die Analyse, Planung, Durchführung und Kontrolle kundenbindender Marketing-Projekte und Kommunikationsmassnahmen. Der zielorientierte Einsatz unterschiedlicher Kundenbindungsmassnahmen basiert auf der kundengerechten Zusammenstellung des Marketing-Mix bzw. integrierter Modelle. Das bestehende Verhältnis zum Kunden soll intensiviert und optimiert werden. Ausserdem stehen Spezialisten für Events, Seminare und Veranstaltungen sowie für Presse- und Öffentlichkeitsarbeit zur Verfügung.

5.2.3 Die Kunden

Markt- und Kundenanalysen der DAB zeigen, dass der typische Discount Broker-Kunde (80%) zwischen 21 und 50 Jahre alt ist, davon sind fast 90% männlich, wobei der Anteil weiblicher Kunden der DAB steigt. Ausserdem verfügt er über einen überdurchschnittlichen Bildungsstand. Knapp 80% beziehen ein Brutto-

Jahresgehalt von DM 50.000.- bis DM 150.000,-, davon verdienen alleine 14% DM 150.000,-. Über 55% sind leitende Angestellte. Gemäss Selbsteinschätzung hält sich die Mehrzahl für offen für Veränderungen, für technisch versiert sowie entscheidungs- und kontaktfreudig. Mehr als 70% der Kunden tätigen ihre Bankgeschäfte online von zu Hause aus.

Aufgrund der hohen Grundkomplexität des Geschäftes, der Produkte und Services werden die Kunden der DAB in Bedürfnisgruppen eingeteilt, um in diesem schmalen, aber tiefen Angebot eine optimale Ansprache erreichen zu können (vgl. Bild 5-2).

	Sparer	**Anleger**	**Trader**
Verhalten	Sparen auf ein bestimmtes Ziel, ohne Grundkapital.	Kapital ist bereits vorhanden, das längerfristig angelegt werden soll.	L´Art pour Art – Handel um des Handels Willen. Professioneller Wertpapierhandel.
Produkte	TOP-10-Fonds DAB Sparpläne DAB Happy-Age. Die souveräne Altersvorsorge. Dachfonds	TOP-100-Fonds Alle Wertpapiere an deutschen Börsen	Alle Wertpapiere der Weltbörsen Alle Wertpapiergattungen
Services	DAB Zukunfts-Planer DAB Fondsmarkt	DAB Investment-Ratgeber FondsInvestor	Intra-Day-Handel DAB Sekunden-Handel Samstagshandel Realtime4free Optionsschein-Investor DAB Finanz-Community

Bild 5-2: Bedarfsstruktur der Kunden der Direkt Anlage Bank AG

5.3 Das CRM der DAB

In einem ersten Schritt möchten wir zunächst das Selbstverständnis eines CRM oder das Kundenbindungsmarketing in der DAB beschreiben, um dann konkrete Massnahmen vorzustellen. Der Online-Auftritt der DAB als wichtiger Bestandteil wird in einem eigenen Kapitel behandelt.

5.3.1 Kundenorientierung als Selbstverständnis

Wenn die DAB in den nächsten Jahren das Ziel hat, zu einem der grössten Discount Broker Europas zu avancieren, dann müssen entsprechende Unterziele die Vision stützen. Hier seien beispielsweise die konkrete Markenbildung durch Aufbau von Vertrauen, Konzentration auf Kernkompetenzen (Wertpapiergeschäft und Kunden-Service), Prozessoptimierung und die Schaffung einer echten Kundenorientierung zu nennen.

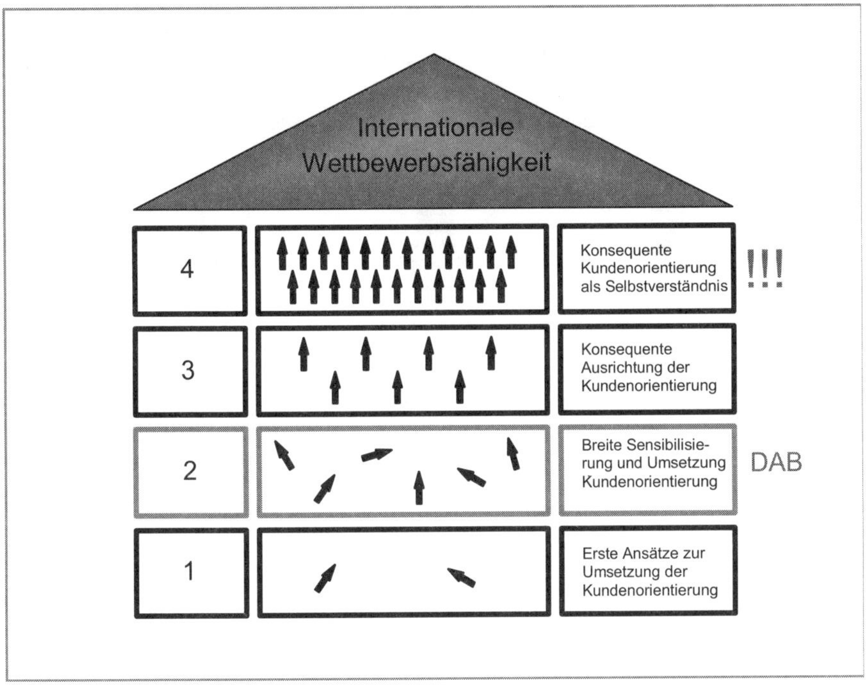

Bild 5-3: Entwicklungsstufen der Kundenorientierung

Kundenorientierung soll dem Kunden wirklich und merkbar Nutzen stiften. Hierfür muss die interne Einstellung langfristig und stetig den Entwicklungsstufen der Kundenorientierung angepasst werden, von den ersten Ansätzen einer kundenorientierten Sichtweise über die breite Sensibilisierung hin zu einer konsequenten Ausrichtung, damit schliesslich eine umfassende Kundenorientierung als Selbstverständnis erzielt wird (vgl. Bild 5-3). Erreicht werden sollen überzeugte und loyale Kunden, die Stammkäufer werden und positive Mund-zu-Mund-Propaganda betreiben. Den Weg dahin hat die DAB, realistisch gesehen, gerade erst begonnen.

Kundenbindung ist nicht identisch mit Kundenzufriedenheit, was leider immer noch häufig nicht verstanden wird. „Nur zufriedene" Kunden reichen für eine dauerhafte und feste Bindung nicht aus. Für einen messbaren Vergleich mit anderen Discount Brokern, aber auch um branchenübergreifende Vergleiche anstellen zu können, werden Kundenbefragungen bei der DAB in einer 5-er Skala, in Anlehnung an das Deutsche Kundenbarometer, gemessen (vgl. Bild 5-4). Damit können wirklich überzeugte Kunden identifiziert werden, und ein skalierbarer Vergleich wird möglich.

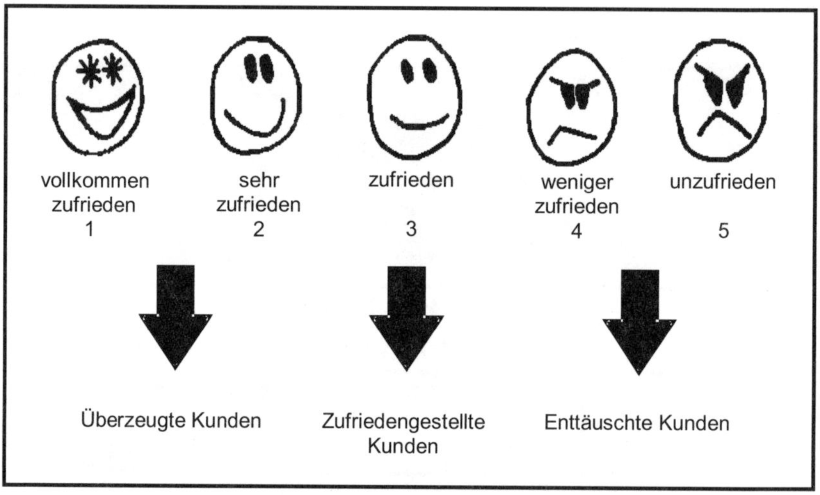

Bild 5-4: 5-er Skala der Zufriedenheitsbefragungen [vgl. Kundenbarometer 1998, S. 38]

Die Frage liegt nahe, was also ausser Kundenzufriedenheit noch notwendig ist, um den Kunden langfristig an das Unternehmen zu binden. Hier möchten wir die allgemeine Formel zur Kundenbindung anführen (vgl. Bild 5-5):

Kundenzufriedenheit + Schaffung von Austrittsbarrieren = Kundenloyalität

Kundenzufriedenheit +	Kostenminimierung Nutzenmaximierung *Positiver Abgleich von erwarteter und erhaltener Leistung.*	Rabatte, Kredite, geldwerte Vorteile Differenzierung, Zeitersparnis, Information, Freundlichkeit, Produktangebot, Preis / Leistung, Prestige, Prozessverbesserung.
Austrittsbarrieren =	ökonomische, soziale, psychische Austrittsbarrieren Variety Seeking Attraktivität des Konkurrenz-angebotes Vertrauen Switching Costs Risiko mit neuem Partner	Beziehungsaufbau (Club, Dialog, Bonuspunktesystem) Emotionale Nähe zum Unternehmen
Kundenbindung	Maximierung Kundenbindung	Loyalität des Kunden, Schaffung von Austrittsbarrieren

Bild 5-5: Kundenloyalität

In dieser Definition wird die Komplexität und die Herausforderung des Themas nochmals deutlich. Faktoren wie Vertrauen, psychische Austrittsbarrieren oder emotionale Nähe sind schwer messbar und der Erfolg der Massnahmen nur schwierig nachweisbar. Die äusseren, fremdgesteuerten Einflüsse auf diese Faktoren und die Zeitverzögerung zwischen der Implementierung der Massnahmen und der Messung machen eine genaue Zuordnung schwer. Leider tragen diese Umstände in den meisten Unternehmen nicht zu einem klaren Commitment der Führungskräfte bei, und der Fokus wird oft auf quantitative Steuerungskennzahlen gelegt.

Um in einer Organisation ein sinnvolles und integriertes CRM zu erreichen, verfolgt die DAB u. a. das Diktat der Kundenorientierung. Hierbei werden folgende Hauptziele verfolgt: Auf der *Bankseite* wird eine intensive Bearbeitung gefährdeter Kundenbeziehungen, die Erhöhung der Kundenlebensdauer, die Senkung der Kündigerrate, die Steigerung der Kundenloyalität, das Entwickeln der Markenbildung, die Aktivierung der Schläfer und die Bindung der aktiven Kunden forciert. Voraussetzung und Unterstützung bei der Umsetzung der Kundenorientierung ist das Vorleben der Unternehmenskultur durch die Führungskräfte. Hierzu hält u. a. der Vorstand im Quick Start, der Einführungsveranstaltung für neue Mitarbeiter, einen Vortrag, bei dem auch die Kundenorientierung und deren Massstäbe nicht zu kurz kommen. Auf der *Kundenseite* sollen die Transparenz erhöht, umfassende Informationen geliefert, die Erwartungen der Kunden gesteuert, ein psychologischer Mehrwert für die Kunden und eine stärkere Identifikation mit dem Unternehmen erreicht werden. Die *Organisation* hingegen muss die Entwicklung der Kundenorientierung mitmachen, klare Strukturen dazu bereitstellen, eine klare Abgrenzung der Aufgabenfelder definieren und die Struktur dokumentieren. Nur so kann CRM in einem hoch standardisierten Geschäft skalierbar implementiert werden.

5.3.2 Massnahmen der DAB

Der Kunde wird innerhalb des Kundenlebenszyklus, den er in der Bank durchläuft, ständig begleitet und betreut. Hierzu gehören standardisierte *lebenszyklische Massnahmen,* wie beispielsweise ein Welcome-Package nach der Kontoeröffnung, ein Good-Bye-Package nach der Kündigung und ein Wiederbelebungsversuch 18-Monate danach. Das Ziel ist hierbei, den Kunden, nachdem alle negativen Erfahrungen sich neutralisiert haben, nochmals zu kontaktieren und sich die Erkenntnis, dass einmal bestehende Kunden günstiger zu gewinnen sind als neue Interessenten, zu Nutze zu machen.

Der Telefon-Service als eine Kontaktstelle für den Kunden geht in der Bearbeitung sämtlicher Anrufe nach vereinbarten *Standards* vor, um hier eine gleichmässige Kundenorientierung zu gewährleisten. Diese werden laufend durch Schulungen den Kundenbedürfnissen angepasst.

Spezielle Kundenbindungsmassnahmen der Direkt Anlage Bank sind zum Beispiel auch *Kunden-Mailings*, um die Kunden regelmässig optimal zu informieren und Cross-Selling zu betreiben. Weiterhin erhält jeder Kunde jeden Monat kostenlos das grösste deutsche monatliche *Finanzmagazin „investor"* als umfassende, neutrale Informationsquelle. Eine Beilage in diesem Börsenmagazin stellt der „Direktor" dar, ein klassisches *Kundenmedium,* das ganz speziell über Neuheiten informiert. Ausserdem werden in den monatlichen Vermögensstati, den Kontoauszügen der DAB, *Beilagen* versendet, ebenfalls zur Information für sehr wichtige und aktuelle DAB- und Börsen-News. Eine weitere Informationsquelle stellt der *Fax-Abruf-Service* dar, der eine Entlastung des Telefon- und Kunden-Services mit über 40 Dokumenten bietet. Im letzten Jahr wurde zur Markenunterstützung und zur Bekanntmachung der DAB ein *Merchandising-Programm* mit über 20 Produkten (Jacken, Caps, Kugelschreiber, Technik usw.) implementiert. Ein weiteres umfassendes Informationsmedium sind spezielle *Lexika,* um die Kunden zu Spezialthemen im Wertpapierbereich aufzuklären und sie zu informieren.

Die DAB strebt weiterhin den ständigen Ausbau und die Perfektionierung des bereits seit langen Jahren bestehenden *Seminarprogramms* an, das bei den Kunden besonders gut ankommt. Hier werden wertpapieraffine Themen behandelt, während der DAB Kunde nur ein geringes Entgelt dafür zahlen muss. Die Veranstaltungen werden professionell organisiert und in fast allen Grossstädten Deutschlands angeboten. Der Vorteil bei den Veranstaltungen liegt auf der Hand: Kunden werden informiert, finden noch schneller und besser Zugang zum Thema Börse bzw. bilden sich fort und können sich untereinander austauschen.

Vor zwei Jahren wurde ein spezieller Club für die besten Kunden der DAB gegründet, der *TRADERCLUB.* Jeder Kunde der über DM 500.000 Depotvolumen und für mehr als DM 500.000 in drei Monaten ordert, wird automatisch in den Club aufgenommen. Als Club-Member kommt der Kunde in den Genuss eines Welcome Pakets, spezieller Veranstaltungen, von Kamingesprächen, eines exklusiven Clubletters und einiger Service-Vorteile, die innerhalb dieses standardisierten Geschäfts möglich und sinnvoll sind.

Eine weitere klassische Kundenbindungsmassnahme stellt das *Member get Member-Programm* dar. Damit will die DAB ihre bestehenden Kunden, die neue Kunden werben, für ihre Arbeit und Mühe belohnen. Hier wird nicht auf ein herkömmliches Prämienheft zurückgegriffen, sondern die DAB gibt dem Kunden zu verstehen, dass keine Prämienjäger gefördert werden sollen, sondern dass sich der Kunde aus einigen wenigen Möglichkeiten etwas auswählen kann oder dass es eventuell ein Geheimnis bleibt, was der Altkunde als Dank erhält. Der Vorteil liegt im Überraschungseffekt und damit in der Aussergewöhnlichkeit der Massnahme. Die Kunden sehen die Prämie als nicht selbstverständlich an und freuen sich immer wieder neu.

Die DAB versucht auch und vor allem mit Hilfe unterschiedlicher Feedback-Funktionen, wie E-Mail, Foren, Seminare, Outbound-Calls, Fax-Abruf und eines aktiven Beschwerdemanagement, die Wünsche der Kunden zu erheben und ihre Zufriedenheit zu ermitteln.

Regelmässige *Kundenbefragungen* sind ein Muss bei der DAB und notwendige Basis für die jährlichen Zielerreichungsgespräche der Mitarbeiter. Einmal jährlich wird eine umfangreiche und ausgiebige Umfrage bei einer repräsentativen Anzahl von Kunden veranstaltet, um die Zufriedenheit mit den einzelnen Services, Produkten, der Abwicklung und der Kommunikation zu ermitteln. Monatlich werden zusätzlich Telefoninterviews geführt, damit ein ganzheitliches Monitoring zustande kommt. Diese werden dann zusammen mit der jährlichen Befragung und weiteren unabhängigen Befragungen, die je nach Bedarf stattfinden, ausgewertet.

In engem Zusammenhang zur Kundenbindung steht auch das Product Development. Auf Basis der erhobenen Kundenwünsche oder in direkter Kooperation mit den Kunden entstehen gezielt neue Produkte und Dienstleistungen, wobei das bestehende Angebot systematisch ergänzt wird. Hervorzuheben sind beispielsweise verschiedene Indizes, die in *Zusammenarbeit mit den Kunden* entwickelt wurden. Darüber hinaus ist das Product Development ständig um neue und innovative Produkte bemüht, um den Kunden einen hohen Qualitätsstandard zu bieten (Beispiel: Dachfonds, Wertpapier-Sparpläne).

Benchmarking vollzieht die DAB nicht nur an anderen Banken oder Discount Brokern, sondern an erstklassigen Dienstleistern (Bsp. McDonalds, FedEx etc.). In diesem Zusammenhang hat die DAB eine *Kooperation mit der Hotelkette Kempinski* gestartet, um einen optimalen Service bieten zu können. Innerhalb dieses Programms werden Mitarbeiter beider Unternehmen ausgetauscht, um das Service-Erlebnis und die Erfahrungen der jeweils anderen Organisation kennen zu lernen.

Auch spielt die *Identifizierung von Früherkennungsindikatoren* bei der DAB eine entscheidende Rolle. Bevor der Kunde kündigt, können konkrete Verhaltensweisen festgestellt werden, die sich auf nahezu alle Kunden übertragen lassen. Deshalb wurden Mitte 1998 mit Hilfe eines in der Medizin verwendeten Säuglingsbewertungssystems Frühindikatoren identifiziert, die sich im übertragenen Sinne ebenso auf die DAB anwenden lassen. Diese werden standardisiert bearbeitet und nachgehalten.

Die Arbeit der Kundenbindung wurde bereits mit einem Preis für das „innovativste Kundenbindungskonzept“ in der Bank des dritten Jahrtausends (BAK-Award 1999) honoriert. Dieser Preis gebührt jedoch nicht alleine diesem Team, sondern der gesamten Bank inklusive der Tochter CommunicationConcepts AG, die u.a. das Börsenmagazin „investor“ verlegt und das Seminarangebot betreut.

5.3.3 Online-Auftritt der DAB

Damit der Kunde methodisch und gezielt angeleitet werden kann, eigene Kompetenzen zu entwickeln, sind alle im vorherigen Kapitel bereits aufgeführten Informationsmedien von Bedeutung. Einen grossen und sehr wichtigen Teil haben wir bisher vernachlässigt: Den Online-Auftritt (http://www.direktanlagebank.com). Die nachfolgende Abbildung stellt den Aufbau des Internet-Auftrittes dar und dient als Orientierung (vgl. Bild 5-6). Der Inhalt unterteilt sich grob in INFORM-, RESEARCH- und TRADING-Tools.

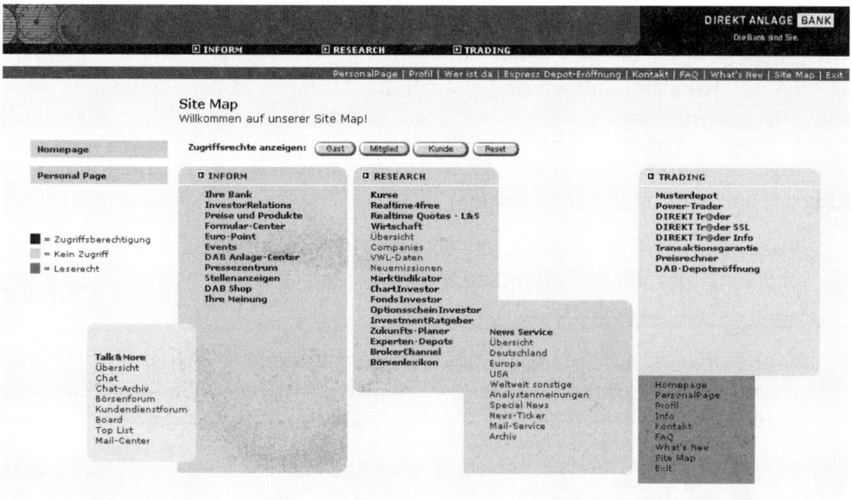

Bild 5-6: Site-Map des Internet-Auftrittes der Direkt Anlage Bank AG.

Als Folge der verstärkten Fokussierung auf Online-Kunden hat die Direkt Anlage Bank ihre DAB Finanz-Community entwickelt, ein Angebot, das den individuellen Bedürfnissen der Internet-Nutzer in vollem Umfang Rechnung trägt.

Die DAB Finanz-Community ist eine interaktive Plattform einer Interessengemeinschaft von Wertpapieranlegern. Der Wunsch der Anleger ist es, sich umfassend und zielgerichtet zu informieren, ihr Wissen u.a. durch den Kontakt zu anderen Mitgliedern anzureichern sowie schnell zu entscheiden und zu handeln. D.h. der Informationsbedarf der Anleger wird erschöpfend gedeckt, so dass keine Notwendigkeit besteht, für die Informationsbeschaffung andere Quellen heranzuziehen. Das Angebot dieser Virtual Community ist exakt auf diese Bedürfnisse zugeschnitten. Die DAB hat bewusst einfache und verständliche Tools und Prozesse entwickelt, um zu gewährleisten, dass sich der Kunde sicher und schnell im umfangreichen Angebot zurechtfindet. Um den Anforderungen aller Zielgruppen, sowohl der Sparer, Anleger als auch der Profi-Trader, gerecht zu werden, setzt die DAB unterschiedliche Schwerpunkte (z.B. bietet der OptionsscheinInvestor vor allem für erfahrene Investoren professionelle Analysemöglichkeiten). Die Angebotspalette wird kontinuierlich um neue Funktionalitäten und Produkte ergänzt. Durch unterschiedliche Serviceleistungen ist eine individuelle und situative Betreuung der Kunden, trotz des Massengeschäfts, möglich.

Ein wesentlicher Baustein ist der Bereich *Talk & More,* der die Basis der interaktiven Kommunikation bildet. In unterschiedlichen Foren, Boards oder Chats bietet die DAB dem Anleger die Möglichkeit, direkt mit Gleichgesinnten, aber auch mit Experten und der Bank in Verbindung zu treten. Besonderen Erfolg hat die DAB mit ihrem Vorstand Matthias Kröner, der regelmässig Forenbeiträge beantwortet und von den Kunden in Anspruch genommen werden kann oder der zu bestimmten Zeiten realtime sich in einem Expertenchat auch unbequemen Fragen stellt. Ausserdem steht ein eigenes Team zur Verfügung, das sich ausschliesslich um die Beiträge der Kunden kümmert und zeitnah die Anfragen in der Community kompetent beantwortet.

Die folgende Aufstellung einiger *RESEARCH-Tools* soll im Überblick die Vielfältigkeit des Angebotes verdeutlichen:

- *Realtime4free:* Hier erhalten die Kunden Unterstützung in ihrer Anlageentscheidung mit Hilfe von Intraday-Charts und Times / Sales, in realtime, kostenlos und unbegrenzt.
- *Marktindikator:* Der Marktindikator spiegelt die mittel- bis langfristige Einschätzung des Marktumfeldes wider und beeinflusst vor allem die persönliche Portfoliostruktur.
- *NewsService:* Ein umfassendes Angebot strukturierter Informationen unterschiedlicher Kategorien sowie ein kostenloser MailService aktueller Nachrichten zu selbst gewählten Themengebieten werden den Kunden zur Verfügung gestellt.
- *ChartInvestor:* Der ChartInvestor unterstützt den Kunden bei der Vorhersage von Trends und kommenden Korrekturen. Verschiedenste Kurslisten vom Neuen Markt bis zur NASDAQ, Auswertungen über die Gewinner und Verlierer des Tages etc. sind zugänglich.
- *FondsInvestor:* Der FondsInvestor ist Europas grösste Fondsdatenbank und bietet Informationen zu mehr als 3.500 Fonds.
- *OptionsscheinInvestor:* Neben gezielten, aktuellen Optionsscheininformationen stehen dem Anleger professionelle Analyse-Tools zur Verfügung.
- *InvestmentRatgeber:* Der DAB InvestmentRatgeber bietet auf Basis der Analyse eigener Wertpapiererfahrung, der Anlageziele sowie des Risikotyps die Möglichkeit, eine ganz individuell abgestimmte Depotstruktur zu erstellen: die Basis Asset Allocation.
- *DAB Zukunfts-Planer:* Mit einem individuellen Rechner lassen sich Versorgungslücken bei der Altersvorsorge oder Anschaffungspläne bequem erstellen.
- *BrokerChannel:* Ein innovativer Bildschirmschoner, der topaktuelle Unternehmensnews, Analystenmeinungen und Informationen von allen Weltbörsen auf einen Blick bietet.

Der Kunde kann direkt aus den RESEARCH-Tools heraus seine Orders erteilen. Dies macht ihn flexibel und ermöglicht eine schnelle Reaktion auf aktuelle Entwicklungen. Das Online-Handelssystem der Direkt Anlage Bank, der DIREKT Tr@der, ist eine hochmoderne, sichere, flexible und schnelle Plattform, die dem Anleger Orderfunktionalitäten jeglicher Art bietet. So kann er z.B. Sparpläne online abschliessen, an den Weltbörsen handeln oder Zeichnungsaufträge online erteilen. Darüber hinaus wird dem Kunden der ausserbörsliche Echtzeithandel (DAB Sekunden-Handel) ermöglicht, auch samstags. Der DAB Power-Trader hingegen kann diese Funktionalität noch übertreffen, indem er dem Kunden all diese Funktionen inklusive des Wertpapierbestands und der aktuellen Orders auf einer Bildschirmseite bietet.

Ein weiteres Kriterium für die Nutzerfreundlichkeit ist die Möglichkeit zur Personalisierung, beispielsweise der Homepage (vgl. Bild 5-7), des Musterdepots oder des Mail-Services. D.h. der User schafft sich seine eigene Übersichtlichkeit, indem er die Inhalte und Einstellungen gemäss seinen Präferenzen auswählt und anordnet. So ist er in der Lage, schnell und bequem auf die Tools zuzugreifen, die er am häufigsten benötigt. Dies stellt er sich auf einer eigenen Page zusammen – der PersonalPage.

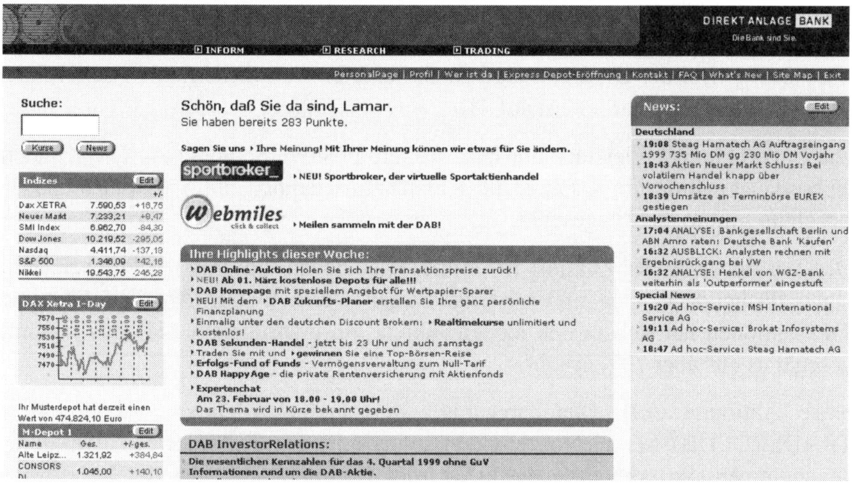

Bild 5-7: PersonalPage der Direkt Anlage Bank AG.

Weitere Tools, wie beispielsweise der Preisrechner, geben den Interessenten und Kunden Hilfestellung beim Vergleich mit Konkurrenzangeboten. Umfassende und transparente Informationen tragen vor allem zur Unsicherheitsreduktion bei und sollen Vertrauen in die angebotenen Leistungspotenziale und in die offerierende Bank schaffen, die offensichtlich den Vergleich nicht scheut und sich dem Markt stellt.

Aufgrund der starken Standardisierung ist eine Skalierung der Dienstleistungen möglich. Problemlos kann die Nutzungsart und -intensität ausgewertet werden. D.h. es lässt sich exakt feststellen, welche Seiten besonders stark frequentiert und welche Tools am meisten in Anspruch genommen werden. Das Nutzungsverhalten erlaubt Rückschlüsse auf die individuellen Kundenbedürfnisse, und so können gezielte Angebote geschaffen werden. Durch das individuelle, bedürfnisgerechte Angebot kann sich die DAB von den Wettbewerbern differenzieren.

Nach dem Motto „online meets offline“ sieht die DAB ihren gesamten Internet-Auftritt als das wichtigste Informationsmedium und unterstützt sämtliche Offline-Kommunikation online und umgekehrt. Gezielte Aktionen streben die Verbindung zwischen der Online-Welt und der Offline-Welt an, um die Hemmschwelle des Internets abzubauen.

5.4 Die Bilanz des Kundenbindungsmarketings der DAB

Wenn in der Literatur von „normalen“ Fluktuationszahlen gesprochen wird, handelt es sich hierbei um ca. 10-20% bei Kunden und 10-30% bei Mitarbeitern [Hay 2000]. Bei der Direkt Anlage Bank belaufen sich diese Zahlen bei Kunden auf 6-7% und bei Mitarbeitern auf 7%.

Die Entwicklung im letzten Jahr lässt weitere positive Schlüsse zu: Die Kundenlebensdauer wurde um 4 Jahre, die Kundenzufriedenheit um 5% erhöht und die Löschungsquote um 2% gesenkt.

Der Vertriebsweg der Zukunft ist online. Hier liegen die grössten Potenziale für einen flächendeckenden und kostengünstigen Vertrieb. Der Anteil der Online-Transaktionen hat sich in den letzten Jahren von ursprünglich 25% des Gesamtgeschäftes auf über 70% erhöht.

Neue Aktionen (z.B. Merchandising, Member get Member, Realtime4free, TRADERCLUB) werden von Kunden sofort mit zum Teil enormen Reaktionen angenommen. So erreichten die DAB zum Beispiel immer wieder Lobesbriefe ihrer Kunden auf einzelne Mailingaktionen und neue Angebote.

Gefahren sieht die DAB in der Anspruchsinflation ihrer Kunden. Es ist unbedingt notwendig, die Massnahmen gezielt und überlegt einzusetzen. Wenn der Kunde immer sofort alles erhält, was er sich wünscht, wird es problematisch, diesen Kunden langfristig zu überzeugen. Die DAB vertritt die Auffassung, dass der Kunde ab und zu unvorbereitet überrascht werden muss, damit ein positives Gefühl vermittelt und die Selbstverständlichkeit eines hohen Servicelevels relativiert wird. Unter diesen Aspekt fällt auch die Strategie, Kunden erst im Nachhinein zu belohnen. Der Kunde erwartet nicht unbedingt eine Reaktion, und somit wirkt der Überraschungseffekt ungleich stärker.

Ein weiterer Punkt, der dem CRM immer wieder hinderlich wird und im engen Zusammenhang mit der Anspruchsinflation steht, ist der Bindungswettbewerb. Das Phänomen des Kundenbindungswahns, wie in der Einleitung bereits erwähnt, hinterlässt Spuren. Der Kunde wird im Extremfall von vielen verschiedenen

Anbietern kontaktiert und bearbeitet, so dass er gegenüber Massnahmen dieser Anbieter unsensibel reagiert und die Konzepte scheitern. Ablehnung der kundenbindenden Massnahmen kann die Folge sein.

Ein Unternehmen, das auf stark ansteigende Kundenzahlen angewiesen ist und ein neues Geschäftsfeld bearbeiten will, muss sich ausserdem einem grundsätzlichen Problem stellen. Um wirkliche Kundenorientierung zu leben, muss der klassische Wandel von der Produktorientierung zur Kundenorientierung gemeistert werden. Der Schwerpunkt liegt zu Beginn auf der Entwicklung von Produkten, weil die Bank ihren Kunden entsprechend innovative Angebote unterbreiten muss. Durch diesen Widerspruch, einerseits kundenorientiert sein zu wollen, andererseits dennoch Produkte entwickeln zu müssen, zeigt sich schnell eine illusionslose Sicht bezüglich des Standes der tatsächlichen Kundenorientierung im Unternehmen. Es kommt hierbei jedoch der Gedanke auf, ob es überhaupt möglich ist, innerhalb einer solchen Situation, die durch starkes Kundenwachstum gekennzeichnet ist, von Beginn an kundenorientiert anstatt produktorientiert zu handeln. Die Lösung liegt sicherlich in der Mitte.

Alle oben aufgeführten Massnahmen sind der Anfang einer ganzheitlichen Kundenorientierung und schliesslich eines langfristig integrierten CRM. Die tatsächliche Herausforderung liegt jedoch in der Sammlung und Auswertung von Kundendaten aus all diesen Kontakten und Angeboten. Nur durch eine individuelle Ansprache kann man unkompliziert, effizient und überraschend auf die Kunden reagieren. Ohne in einem ersten Schritt gleich an One-to-One-Marketing zu denken, ist dies jedoch ein Ziel, das mittelfristig verfolgt werden muss, um einem ganzheitlichen Konzept gerecht zu werden.

Eine entscheidende und übergreifende Rolle spielt deshalb das *Kundenkontaktmanagement,* das sich bei der DAB noch in den Anfängen befindet. Während bisher noch mühsam jeder Kontakt gesammelt und festgehalten wurde, kann man heute auf ein umfangreiches System zurückgreifen, das insbesondere bei der Kontoeröffnung alle wichtigen Daten speichert. Die Daten von bestehenden Kunden werden nach wie vor noch von Hand gepflegt, jedoch wird Mitte dieses Jahres ein Data Warehouse implementiert, das eine individuelle Kommunikation unkompliziert möglich machen wird und die Kundenkontakte in jeder Lebensphase automatisiert erfasst und zusammenführt.

Obwohl das Kundenkontaktmanagement untrennbar mit einem CRM verbunden ist, muss man sich dennoch in einer realistischen Sichtweise üben. Ein perfektes CRM ist in der Praxis noch kaum zu finden – auch bei der DAB nicht. Die Frage stellt sich, warum man sich das nicht von Anfang an zu Nutze macht, wenn man fortschrittlich in einen hochtechnologisierten Markt einsteigt. Die Prioritäten liegen zu Beginn auf der Abwicklung. Die zukünftige Kundenentwicklung ist von allen Finanzdienstleistern unterschätzt worden. Natürlich ist das für die DAB eine hocherfreuliche Entwicklung, dennoch liegt es deshalb nahe, dass ein Data Warehouse erst in einem zweiten Schritt möglich werden konnte.

Es muss uns bewusst sein, dass ein integriertes CRM, von der Einstellung der Mitarbeiter bis hin zur aktiven Nutzung eines funktionierenden Data Warehouse, neu ist und einige Jahre notwendig sind, bis es gelebt werden kann. Dadurch kann es immer wieder zu kleinen Rückschlägen kommen, die als Chance und Ansporn für weitere Verbesserungen gesehen werden müssen. Grundsätzlich zeigen die qualitativen und quantitativen Erfolge, dass sich die DAB auf dem richtigen Wege befindet.

Im Vergleich zu anderen Finanzdienstleistern hat die DAB bereits einen grossen Schritt in Richtung CRM gemacht. Dennoch muss bei der Betrachtung und beim Vergleich mit den Best Cases in der Theorie und Benchmarks in der Praxis illusionslos Kritik geübt werden. In kaum einer Disziplin liegen die Praxis und die Theorie weiter auseinander als bei diesem Thema. Jeder versteht die Beweggründe, und mancher versucht, CRM umzusetzen. Es bedarf jedoch eines starken Durchhaltevermögens, eines grossen Budgets, Ideenreichtum und der entsprechenden Unternehmenskultur mit dem nötigen Realitätssinn.

5.5 Zusammenfassung und Diskrepanz zwischen Theorie und Praxis

Die Probleme, die eine theoretisch optimale Planung eines Kundenbindungskonzeptes mit sich bringen, sind an verschiedenen Beispielen deutlich geworden. Kundenbindung ist ein Mittel zum Zweck, ökonomische Ziele zu erreichen, und darf langfristig nicht unterschätzt werden. Die Intention kann nur ein abgestimmtes Portfolio an Massnahmen sein, gekoppelt mit einer gezielten Nutzung von Kundendaten.

Gestützt durch die Organisationsstruktur und durch das Commitment der Führungskräfte können Insellösungen verhindert werden, die der Wertschöpfungskette der Unternehmung und der Integration des Kunden nicht optimal gerecht werden.

Der Anspruch der DAB, in allen Kontaktmedien „State of the Art" zu sein, ist eine grosse Herausforderung. Nach Berechnungen des Bitkom wird weltweit die Zahl der Internet-Nutzer in diesem Jahr auf rund 220 Millionen anwachsen und es wird erwartet, dass im Jahr 2005 jeder dritte Deutsche über einen Internetzugang verfügt [Bitkom 2000]. Die DAB setzt bei der Erschliessung der immer besser und aktueller informierten Usergruppen auf ihre klare Profilierung als „Plattform für Wertpapiertransaktionen und Informationen". Letztlich wird es aufgrund der wachsenden Informations- und Anbieterdichte darauf ankommen, mit einer exakt definierten und profilierten Marke auch im Internet ein wichtiger Orientierungsanker für den Kunden zu sein.

6 Virtuelle Vertriebsorganisation mittels CRM

Hans A. Däpp

6.1 Einleitung

6.1.1 Management Summary

Die Erfahrung bei der Einführung eines Customer Relationship Management (CRM) hat gezeigt, dass je nach Anforderung verschiedene Ausprägungen des CRM möglich sind. Im folgenden Beitrag wird dargestellt, wie CRM eingesetzt wurde, damit folgende Zielsetzungen erfüllt werden konnten:

- Produktivitätssteigerung des Aussendienstes,
- Abwehr von Global Sourcing Massnahmen,
- Flexibilisierung der Vertriebsorganisation.

Die Herausforderungen bei der Lösung der Aufgabe waren mannigfaltig. Neben eher technischen Aufgaben (z.B. Vereinheitlichung und Integration der Kunden- und Produktdaten), die zu lösen waren, waren auch die Anforderungen im Change Management Bereich (z.B. Verschiebung innerhalb der Vertriebskanäle oder auch die vertiefte methodische Ausbildung der Vertriebsmitarbeiter) hoch. Die grösste Herausforderung lag jedoch im Übergang vom Einpersonenverkauf zum (dezentralen) Teamverkauf. Ein Fazit kann damit sicher gezogen werden: Der Erfolg eines CRM-Projektes ist in hohem Masse vom Re-Engineering-Erfolg abhängig.

6.1.2 Die Firma „Nova GmbH"

Als Ausgangslage haben wir mehrere Projekte aus unserer Beratungspraxis zu einer Fallstudie zusammengefasst. Die Gründe für dieses Vorgehen liegen darin, dass die Projekte in verschiedenen Phasen stehen und zum Teil vom Kunden als strategisch betrachtet werden; als Einzelprojekt wären diese darum nicht zur Veröffentlichung geeignet. Ein weiterer Vorteil dieses Vorgehens liegt in einer kompakteren Darstellung verschiedener Sachverhalte.

Bei den involvierten Unternehmen handelt es sich um einander ähnliche Firmen, sowohl was die Branche als auch die Grösse und Struktur betrifft. Wir hoffen, mit der Einführung der Firma Nova GmbH[1] dem Leser wertvolle Einsicht in das aktuelle Thema CRM zu vermitteln.

6.2 Ausgangslage

6.2.1 Kurzporträt Nova GmbH

Die Nova GmbH ist im Bereich Herstellung und Vertrieb elektronischer Geräte tätig. Die Produktion startete vor einigen Jahrzehnten in Deutschland, inzwischen wurden sowohl in den USA als auch kürzlich in China Werke eröffnet. Der Vertrieb erfolgt über 20 Vertriebstochtergesellschaften in den wichtigsten Märkten. Der Umsatz beträgt rund 1 Mrd. DM, davon wird etwas mehr als die Hälfte ausserhalb Deutschlands erwirtschaftet. Die Nova GmbH gehört zu einem Verbund ähnlicher Konzerntöchter, dessen Gesamtumsatz mehr als 10 Mrd. DM beträgt.

Die Aufbauorganisation wurde vor wenigen Jahren zusammen mit einer externen Beratungsfirma entlang den Produktgruppen neu definiert. Damit bestehen heute 10 Sparten, die zentral vom Hauptsitz aus geführt werden und weitgehend autonom am Markt agieren.

Die Kundschaft setzt sich sowohl aus Grosskonzernen wie auch aus Klein- und Mittelbetrieben zusammen. Kleinbetriebe beziehen in der Regel nur bei einer Produktsparte Ware, Grosskonzerne (resp. deren diverse Tochtergesellschaften) jedoch bei bis zu 6 Sparten. Die Geräte sind für den Endkunden nicht geeignet und werden darum auch nicht an diesen verkauft.

Mitte der neunziger Jahre wurden einige Firmen übernommen, und es besteht noch eine typische Post-Merger Situation (sowohl kulturell als auch bei den Prozessen und Systemen).

---

[1] Name frei erfunden, eine Übereinstimmung mit einer realen Firma wäre rein zufällig

6.2.2 Herausforderungen

6.2.2.1 Produktivitätssteigerung des Aussendienstes

Eine Analyse ergab, dass die Aussendienstmitarbeiter nur rund 40% ihrer Arbeitszeit wertschöpfend verbrachten. Der Rest der Zeit wurde für Aktivitäten verwendet, die entweder durch den (günstigeren) Innendienst erbracht werden könnten oder die dank Automatisierung gar nicht durchgeführt werden müssten. Da es sich bei den Produkten um komplexe technische Investitionsgüter handelt, werden diese durch Vertriebsingenieure vermarktet.

Die Vision und damit der Projektauslöser war, den produktiven Einsatz des Aussendienstes auf 80% zu verdoppeln. Die erhöhte Produktivität sollte dazu genutzt werden, die vom Marketing identifizierten neuen Marktfelder zu bearbeiten. Das Marketing ging auf Grund detaillierter Studien davon aus, dass in einigen Sparten nur gerade ein Drittel des möglichen Umsatzes erwirtschaftet wurde.

6.2.2.2 Global Sourcing

Eine weitere Herausforderung lag bei den Global Sourcing Aktivitäten einiger Grosskunden. Es entstanden in kurzer Zeit erhebliche Margenverluste, die am Hauptsitz grosse Besorgnis auslösten. Dabei stellten diese Kunden Offertanfragen bei verschiedenen Vertriebstöchtern, um daraufhin am Ort der günstigsten Offerte (zuweilen bei einer Tochtergesellschaft eines anderen Kontinents!) einzukaufen. Diese Fälle wurden nur zufällig entdeckt. Man vermutete darüber hinaus eine grössere Dunkelziffer. Eine kurze Analyse zeigte, dass durch die zerstückelte Systemlandschaft (ohne Vernetzung der Tochtergesellschaften) grundlegende Informationen fehlten, deren Auswertung die Margenverluste verhindern könnte.

6.2.2.3 Strukturen flexibilisieren

Die letzte Herausforderung bestand in der dringenden Verbesserung der systemtechnischen Unterstützung der Vertriebsprozesse, um zukünftige geplante Übernahmen schneller und problemloser als in der Vergangenheit integrieren zu können. Es hatte sich gezeigt, dass organisatorische Integrationsmassnahmen – z.B. Kundensegmentierung und Zuweisung an den Aussendienst – nur mit grosser zeitlicher Verzögerung realisiert werden konnten. So mussten lange Zeit zwei Systeme die notwendigen Basisinformationen wie Daten über Kunden, Produkte und Aufträge verarbeiten, was das Cross- und Up-Selling behinderte.

Die Intensivierung der Kundenbeziehungen versprach ein Lösung aller Herausforderungen. Dabei mündeten alle Anforderungen in der Vision, eine weltweite virtuelle Vertriebsorganisation zu verwirklichen.

6.2.3 Projektumfang

Der Projektumfang wurde zusammen mit dem Kunden in der Konzeptphase gezielt breit angelegt und umfasste den gesamten *Kunde-zu-Kunde*-Prozess. In den nachfolgenden Phasen wurde er dann der jeweiligen Aufgabenstellung bzw. Herausforderung angepasst und verengt. Wenn die Philosophie der optimalen Kundenbeziehung wirklich gelebt werden soll und nicht nur eine Automatisierung der Vertriebsprozesse angestrebt wird, ist eine anfänglich geringe Eingrenzung des Gegenstandsbereiches aus unserer Erfahrung notwendig.

Nur wenn alle Kundeninteraktionen mit der Unternehmung in die Betrachtung einbezogen werden, kann der CRM-Gedanke wirklich Fuss fassen. Dazu gehören Informationen über Debitoren / Mahnungen genauso wie Service- und Garantiefälle.

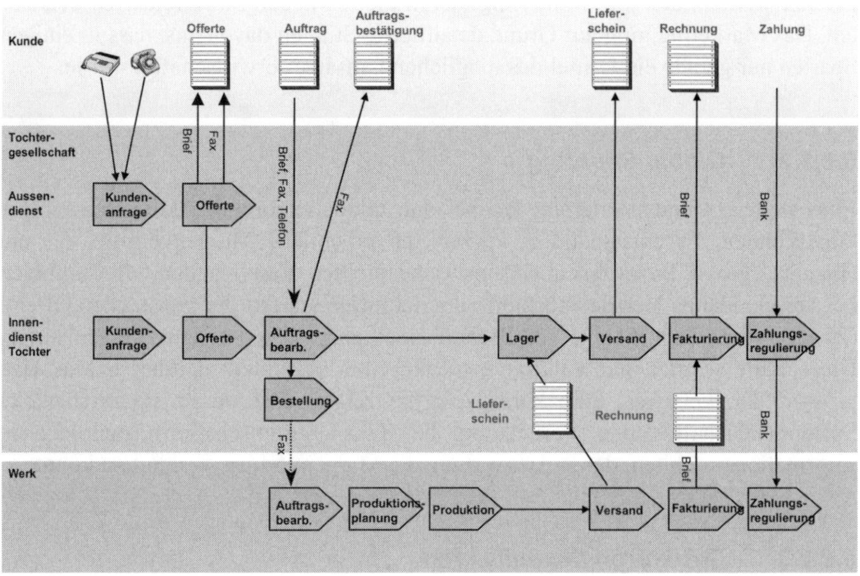

Bild 6-1: Sales Process

6.2.4 Zielsetzungen

Folgende Zielsetzungen waren zu erfüllen:

- Der Aussendienst sollte von Routinearbeiten (zum Beispiel Kundenaufträge im Bereich der Ersatzteilbeschaffung) entlastet werden und sollte weitgehend das Projektgeschäft ausweiten. Eine Verrechnung solcher Engineering-

Leistungen gelang schon in Einzelfällen und sollte systematisiert werden (Produktaugmentierung durch Beratungsleistung).

- Das vor wenigen Jahren bei einigen Tochtergesellschaften eingeführte Sales Force Automation System (SFA) sollte durch ein modernes Customer Relationship Management System (CRM) ersetzt werden. Dies einerseits, weil der Lieferant die Weiterentwicklung eingestellt hatte, und andererseits, weil das SFA nur in einem begrenzten Umfang die erforderlichen Funktionen aufwies (z.B. keine Marketingunterstützung).
- Das neue System sollte in die bestehenden (oder in Einführung befindlichen) SAP-Systeme der Werke integriert werden.
- Das neue System sollte Business-Unit-übergreifende Projekte ermöglichen und zusätzlich fördern.

6.3 Lösungsansatz

In der Konzeptionsphase wurden folgende Hauptthemen behandelt:

- Vertriebskanäle,
- Zentralisierung / Dezentralisierung (Regionalisierung),
- Scope der unterstützten Funktionen und Prozesse,
- Technische Architektur.

6.3.1 Vertriebskanäle

Als Erstes wurde die Verlagerung von Aussendienstaktivitäten auf den Innendienst und andere Kanäle (insbesondere E-Commerce) analysiert. Es wurden grundsätzlich zwei Auftragstypen identifiziert:

- Einfache Routineaufträge,
- komplexe Aufträge.

Dabei zeigte sich, dass in gewissen Sparten bis zu 80% der Aufträge Routineaufträge waren und in Zukunft über den Innendienst oder E-Commerce abgewickelt werden könnten. Es handelte sich insbesondere um selbsterklärende Produkte, Wiederholungskäufe, Ersatzteile und Schulungen.

Daher wurden die folgenden Änderungen vorgenommen:

- Der Aussendienst sollte in Zukunft nur noch die komplexen Aufträge (z.B. Systemverkäufe) selber vornehmen und alle andern Auftragsarten den andern Kanälen überlassen.
- Das Customer Center (der Innendienst) sollte den Aussendienst so weit wie möglich entlasten.
- Über E-Commerce möchte man in Zukunft ein immer höheres Auftragsvolumen – ohne manuelle Eingriffe (und damit sehr kostengünstig) – abwickeln.

Bild 6-2 veranschaulicht dieses Konzept. Die gestrichelten Linien zeigen dabei die gewünschten Verschiebungen in den Kanälen.

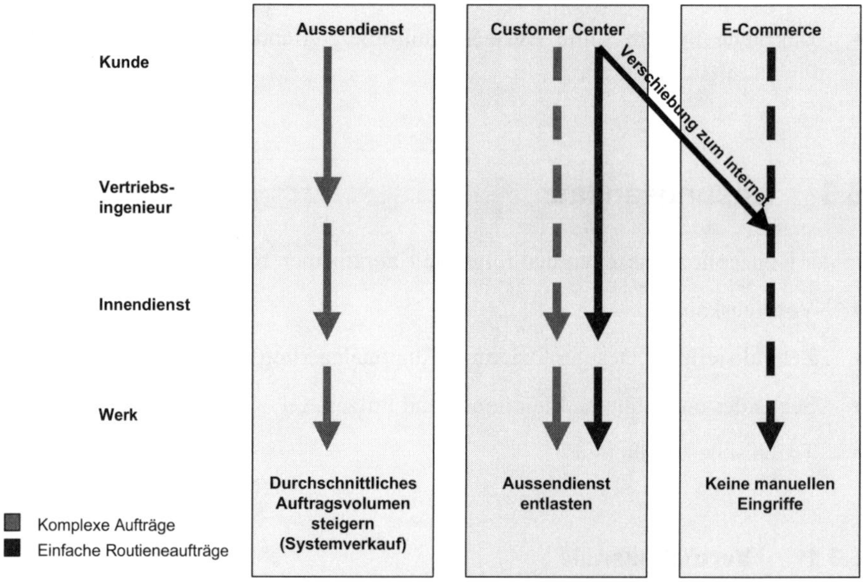

Bild 6-2: Sales Channel Konzept

Eine Analyse der Vertriebskanäle ist besonders interessant, wenn man die Vertriebskosten der einzelnen Vertriebskanäle pro Auftrag betrachtet. Wir fanden die Zahlen der OECD-Studie auch bei unserem Projekt weitgehend bestätigt: Die möglichen Einsparungen lagen in der Grössenordnung von 80% im Falle von E-Commerce (rund 50% beim Innendienst).

Diese Verlagerung weg vom Aussendienst-Mitarbeiter auf den Innendienst- und / oder E-Commerce-Kanal gelingt nur, wenn alle Kundeninformationen dem jeweiligen Mitarbeiter (unabhängig von Ort, Zeit und Medium) zur Verfügung stehen. Der Kunde sieht sich nicht mehr primär einer Ansprechperson gegenüber (Vertriebsingenieur), sondern einem Vertriebsteam (Aussendienst und Innendienst). Sofern keine lückenlose Übersicht über alle Kundeninteraktionen der diversen Channels gewährleistet werden kann, lässt sich diese Verschiebung mit ihren positiven Kosteneffekten nicht realisieren.

Dies ist sofort einsichtig, wenn man die eigenen negativen Erfahrungen resümiert, die durch mehrfaches Verbinden mit neuen Gesprächspartnern und jeweils erneuter Schilderung des Anliegens entstanden. Wenn substanzielle Erfolge erzielt werden sollen, müssen Unternehmen das CRM im Kontext des E-Commerce und anderer Vertriebskanäle sehen.

	Traditionelle Abwicklung	Internet Abwicklung	Einsparung
	Kosten in Dollar		(in Prozent)
Flugtickets	**8**	**1**	**87**
Banktrans-aktionen	**1,08**	**0,13**	**89**
Rechnungen bezahlen	**2,22**	**0,65**	**71**
Lebensver-sicherung	**400 bis 700 (Prämien)**	**200 bis 350**	**50**
Software-distribution	**15**	**0,2 bis 0,5**	**97 bis 99**

Quelle: OECD

Bild 6-3: Auswirkung auf die Distributionskosten

6.3.2 Zentralisierung / Dezentralisierung (Regionalisierung)

Eine weitere grundlegende Überlegung betraf die geographische Verteilung der Akteure im Vertriebsprozess. Waren in der Vergangenheit die Vertriebsstrukturen (rechtlich bedingt) entlang den Ländergrenzen gewachsen, muss beim Einsatz fortschrittlicher technologischer Mittel (CRM und E-Commerce) diese Struktur grundsätzlich in Frage gestellt werden.

Es hat sich gezeigt, dass beim integrierten Einsatz von CRM die Qualität der Innendienstmitarbeiter generell gesteigert werden musste (vom Sachbearbeiter zum Case Manager). Dies führte in der Regel dazu, dass ein Teil der Innendienstmitarbeiter die gleiche Qualifikation wie die Aussendienstmitarbeiter haben mussten. Grundsätzlich wäre wegen dieses Sachverhalts noch keine Veränderung der Standorte erforderlich. Aus Qualitäts- und Kostengründen drängte sich aber eine Konsolidierung der Standorte förmlich auf. Folgende Gründe sprachen für eine solche Reorganisation:

- Economics of Scale und damit eine weitere Kostenreduktion,
- bessere zeitliche Abstimmung (Ferien, Verlängerung der täglichen Erreichbarkeit, im Extremfall täglich 24 Stunden).

Als wichtigstes Strukturierungskriterium haben sich die Sprachgrenzen erwiesen. Die Verfügbarkeit von Mitarbeitern mit Kenntnissen in mehreren Sprachen bekommt damit einen neuen Stellenwert. Standorte mit einem Potenzial an Mitarbeitern mit den benötigten Fremdsprachenkenntnissen (Ballungszentren) sind in der Regel ländlichen Standorten überlegen (dies läuft Lohnkosten-Überlegungen diametral entgegen).

6.3.3 Scope der unterstützten Funktionen und Prozesse

Bei der Abklärung der Bedürfnisse ging man von einem generischen Prozessmodell aus und passte dieses der Kundensituation an. Dabei wurde deutlich, dass die Auftragserfassung und teilweise das Offertwesen durch IT-Systeme gut unterstützt wurden (es fehlte aber die Systemintegration für die Produktionssysteme). Die meisten der davor liegenden Prozessschritte – insbesondere diejenigen im Marketingbereich – waren kaum definiert und äusserst personen- und organisationsabhängig.

	Process / BU	BU1	BU2	BU3	...	BU10
	Market Portfolio Definition 1.1	Market Portfolio Definition 1.1.1	Market Portfolio Definition 1.1.1	Market Portfolio Definition 1.1.1		Market Portfolio Definition 1.1.1
	Market Segmentation 1.2	Market Segmentation 1.2.1	Market Segmentation 1.2.1	Market Segmentation 1.2.1		Market Segmentation 1.2.1
Lead Generation	Campaign Planning 1.3	Campaign Plan. 1.3.1	Campaign Plan. 1.3.1	Campaign Plan. 1.3.1		Campaign Plan. 1.3.1
	Fair 1.4	n. a.	Fair 1.4.1	n. a.		Fair 1.4.1
	Road Show 1.5	n. a.	n. a.	Road Show 1.5.1		n. a.
	Mailing 1.6	Mailing 1.6.1	Mailing 1.6.1	Mailing 1.6.1		Mailing 1.6.1
	Press Release 1.7	Press Release 1.7.1	Press Release 1.7.1	Press Release 1.7.1		Press Release 1.7.1
	Advertising 1.8	Advertising 1.8.1	Advertising 1.8.1	Advertising 1.8.1		Advertising 1.8.1
	Tele Marketing 1.9	n. a.	Tele Marketing 1.9.1	Tele Marketing 1.9.1		n. a.
	Lead Processing 1.10	Lead Proc. 1.10.1	Lead Proc. 1.10.1	Lead Proc. 1.10.1		Lead Proc. 1.10.1
	Follow -Up 1.11	Follow-Up 1.11.1	Follow-Up 1.11.1	Follow-Up 1.11.1		Follow-Up 1.11.1

Bild 6-4: Szenariomatrix am Beispiel des Marketingprozesses

Genau dort setzt aus unserer heutigen Erfahrung der Nutzen einer CRM-Lösung ein, indem der Marketing- und Vertriebsprozess klar festgelegt und standardisiert werden kann. Damit dies gelingt, ist der methodischen (Vertriebs-)Ausbildung der in diese Prozesse involvierten Mitarbeiter die nötige Aufmerksamkeit zu widmen. Dadurch können die Abschlusschancen im Vertrieb stark gesteigert werden. Sofern Unternehmen mit der Vertriebstrichtermethode (Sales Funnel) arbeiten, können sie auch die Vertriebsführung sehr viel effizienter wahrnehmen.

Um die Faktoren für Prozess-Abhängigkeiten zu identifizieren, verwendeten wir die Szenariotechnik. Bei gewissen Prozessen gelang es uns, die Anzahl der Szenarien stark zu reduzieren (bis 50%) und damit zusätzlich ein Prozess-Reengineering zu realisieren. Da die Anzahl der Szenarien einen Kostentreiber (Cost Driver) darstellt, konnte eine Verringerung der System- und Organisationskomplexität und damit eine Kostenreduktion erzielt werden.

Nach der Definition der Szenarioprozesse wurden diese mit den entsprechenden CRM-Funktionen unterlegt. Eine gute Übersicht vermittelt dabei nachfolgende Liste der häufigsten CRM-Funktionen (s. Bild 6-5). Diese Liste war auch als Diskussionsgrundlage mit den Benutzern bei der Festlegung der gewünschten und benötigten Funktionalität des neuen Systems sehr nützlich. Im weiteren Verlauf des Projektes wurden diese Prozesse in Detailprozesse aufgelöst.

Telesales
Sales processes
Call scripting
Product configuration
Dealer/partner/branch office location
Availability to promise (ATP)

Fieldsales
Sales processes
Product configuration
Opportunity management
Team selling
Territory management
Order processing
Activity management
Contact management

Sales management
Pipeline management
Forecasting

Marketing
Campaign planning
Direct Mail campaign fulfillment
Web-based campaign automation
Lead allocation
Event planning
Analysis of campaign history

Major service
Order status and changes
Shipping enquiries
Service call status
Product information
Account enquiries and changes
company information and policies
Billing enquiries
Product and service order entry
Customer pro
De

Bild 6-5: Liste wichtiger CRM Funktionen

6.3.4 Technische Architektur

Da eine Vernetzung der diversen Organisationseinheiten fehlte (oder sich auf Modem / ISDN-Verbindungen für Datentransfers beschränkte), war eine entsprechend aufwendige technische Architektur notwendig. Einer der Vorteile des Einsatzes von Standardsoftware kam hier voll zum Tragen: Die komplexen

Abstimmungsfunktionen zwischen den Laptops des Aussendienstes, den regionalen Büros und der Zentrale wurden durch den Softwarelieferanten gelöst.

Eine Herausforderung besonderer Art blieb allerdings die Integration in die SAP-Systeme, der Umgang mit Stücklisten und Konfiguratoren und die Datenbereinigung sowie -konversion.

Betrachtet man die diversen zukünftigen Vertriebsformen, so wird offensichtlich, wie wichtig eine klare Systemarchitektur ist. Insbesondere sollten die Legacy-Systeme mittels eines Middleware-Layers mit standardisierten Schnittstellen versehen werden. Damit wird gewährleistet, dass die zu erwartenden neuen Endbenutzergeräte in Tagen und Wochen und nicht erst nach Monaten nutzbar gemacht werden können. Dass Eigenentwicklung in diesem komplexen Gebiet keine Option mehr darstellt, ist einleuchtend. Die Auswahl des Lieferanten wurde unter anderem auch an dessen Fähigkeit gemessen, diesen Zukunftswert zu bieten.

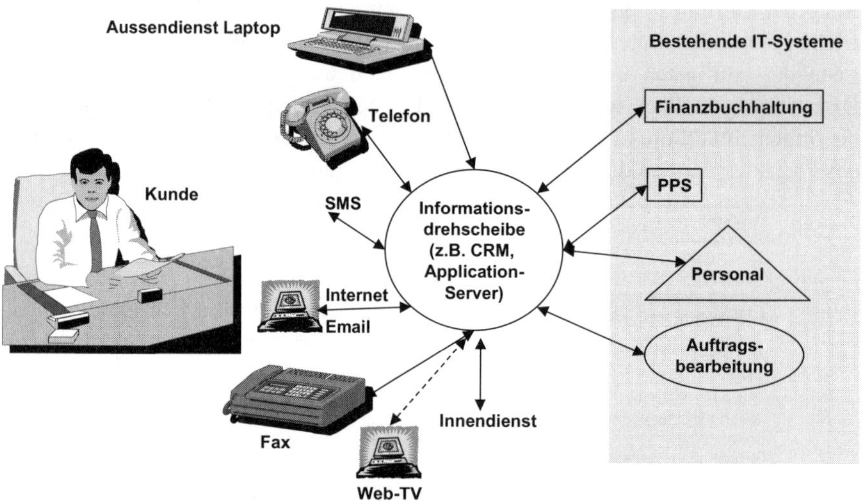

Bild 6-6: Multiple Vertriebsformen

Aus dieser Darstellung ist auch der enge Zusammenhang von CRM, E-Commerce und Call Center ersichtlich, brauchen und liefern doch alle diese Systeme die gleichen Daten, die in ihrem Kontext zu wichtigen Informationen werden.

6.4 Vorgehen: Ein Informatikprojekt wie jedes andere auch?

6.4.1 Allgemeine Überlegungen

Ein CRM-Projekt stellt ein grosse Herausforderung an eine Organisation dar. Die hauptsächlichen Herausforderungen liegen in folgenden Bereichen:

- Vertriebskanäle (Marketing),
- Prozesse (Fachbereichs-Management),
- Regionalisierung (Top-Management),
- Motivation und methodische Aus- / Weiterbildung der Vertriebsmitarbeiter (Service und Vertrieb),
- Datenintegration (Lokal-Management und IT),
- Systemarchitektur (IT).

Aus dieser Aufstellung wird ersichtlich, dass die Informatik zwar ein wichtiger Enabler ist, die zu lösenden Aufgaben aber weit über den technischen Bereich hinausgehen. Enttäuschungen über die Wirksamkeit von CRM sind bei Missachtung dieser Zusammenhänge vorprogrammiert.

Um diese Komplexität besser kommunizieren zu können, wurde auf Grund des Grobkonzeptes eine speziell dieser Situation angepasste Balanced Scorecard erstellt. Damit konnten die zahlreichen Abhängigkeiten stringent dargestellt werden.

6.4.2 Projektplan

Das gewählte Vorgehen richtete sich nach unserer Methode *SPEEDmethod*®. Dabei kam der ersten Phase „Business Information Planning“ aus den oben erwähnten Gründen eine besondere Relevanz zu.

Zeitlich wurde mit folgenden Intervallen gearbeitet:

- Konzept (2 Monate)
- Evaluation und Design (3 Monate)
- Implementierung (6 Monate)

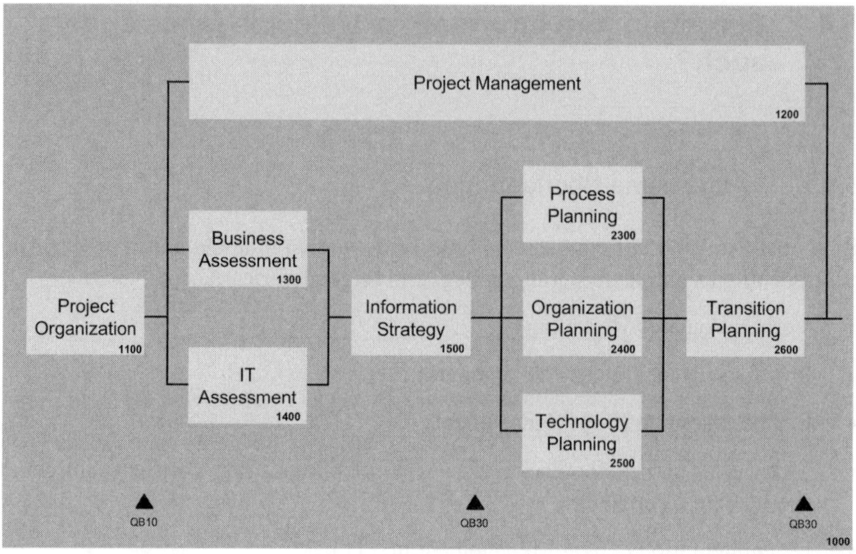

Bild 6-7: Konzeptphase gemäss SPEEDmethod®

6.5 Erfahrungen und Ergebnisse

6.5.1 Herausforderungen im Projektmanagement

Da schon ein SFA-System vorhanden war, das aber nur über manuelle Schnittstellen verfügte, wurde die Komplexität der Integration stark unterschätzt. Obwohl die Funktionalität in wichtigen Bereichen ähnlich blieb, ergaben sich im Datenbereich Probleme, deren Behebung erhebliche Kosten hervorrief. Einige der Problemfelder waren:

- Vereinheitlichen der Produktdaten auf weltweiter Basis (einige Länder führten eigene Produktnummern),
- Strukturieren und Vereinheitlichen der Kundendaten auf weltweiter Basis
- Einführen von Stücklisten / Produktkonfigurator (das alte SFA-System hatte keinen Produktkonfigurator),
- Aufbauen und Einführen komplexer weltweiter Kundenstrukturen (Konzern mit Töchtern, Ansprechpartner etc.).

Eine weitere Herausforderung kam von Seiten des Softwarelieferanten, der mit einer Neuentwicklung auf Basis einer bestehenden Lösung erhebliche zeitliche Verzögerungen verursachte.

Eine konsensorientierte Sitzungskultur führte zu weiteren Verzögerungen und interessanterweise nur zu eher durchschnittlichen Lösungen (kleinster gemeinsamer Nenner statt Entscheidungen eines Visionärs).

6.5.2 Weitere Erfahrungen

Interessante Erfahrungen wurden im Kulturbereich gemacht. Trotz weltweiter Tätigkeit des Unternehmens, herrschte doch eine stark nationale Kultur vor. Durch das Projekt wurde dann eine gewisse Annäherung erreicht, da die Interaktionshäufigkeit und -tiefe während des Projektes auf allen Ebenen stark zugenommen hatte. Eine etwas stärkere Internationalisierung des Stammhauses darf durchaus dem CRM-Projekt zugeschrieben werden.

CRM kann – wird aber in den seltensten Fällen – das einzige Thema bei einem solchen Projekt sein. Die Synergien zwischen CRM, E-Commerce und Call Center sind bei genauer Analyse sehr hoch und erhöhen den Nutzen eines solchen Projektes stark. Da die Komplexität jedoch exponentiell wächst, ist auf einen klaren Phasenplan zu achten.

Dem Einbezug der Vertriebsmitarbeiter sollte aus unserer Sicht noch stärker Beachtung geschenkt werden. Sowohl was das zeitliche Engagement als auch die methodische Schulung angeht, resultierten suboptimale Ergebnisse. Es stellt sich die Frage, ob „heute Geld verdienen“ oder „morgen besser verkaufen“ häufig zu Gunsten ersterer entschieden wird.

6.5.3 Kosten / Nutzen

6.5.3.1 Kosten

Die folgenden Kostenangaben beziehen sich auf „Standardwerte“ und können von Projekt zu Projekt stark abweichen. Die Projektkosten von total 3 Mio. EUR teilen sich in unserem Beispiel anteilsmässig wie folgt auf:

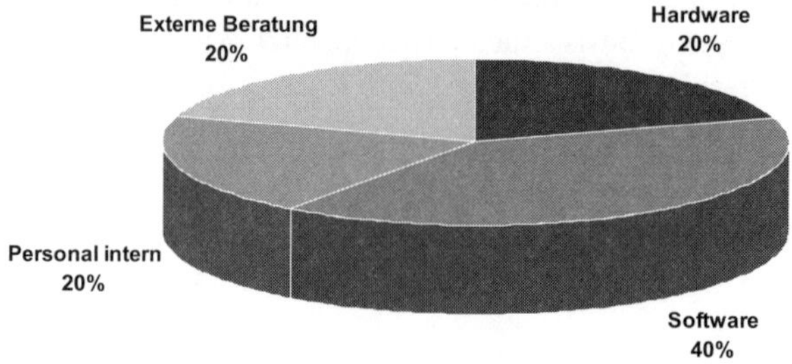

Bild 6-8: Kostenverteilung

6.5.3.2 Nutzen

Der quantitative Nutzen beträgt pro Jahr rund 2 Mio. EUR dank Reduktion der manuellen Schnittstellen. Auf eine Quantifizierung des Mehrertrages des Vertriebes durch Steigerung der Produktivität der Aussendienstmitarbeiter von 40% auf 80% wurde von Kundenseite verzichtet.

Beim qualitativen Nutzen fällt vor allem die bessere Informationsqualität ins Gewicht. Diese bewirkt zum Beispiel, dass Konzerneinkäufe zentral erkennbar sind und damit Gegenofferten innerhalb der Gruppe weitgehend ausgeschlossen werden können. Weiter werden spartenübergreifende Systemverkäufe stark vereinfacht. Die Vereinheitlichung der Produktdaten ermöglicht E-Commerce und reduziert die lokalen Anpassungen auf ein Minimum. Die gleichen Daten werden auch für die elektronische Erstellung von Katalogen verwendet. Und nicht zuletzt wurde mit diesem Projekt ein Beitrag zur weiteren Internationalisierung erbracht.

6.6 Schlussfolgerung und Ausblick

Die geschäftliche Bedeutung des Customer Relationship Managements hat sich klar bestätigt. Insbesondere global agierende Unternehmen müssen heute davon ausgehen, dass CRM in der einen oder andern Form eine absolute Notwendigkeit darstellt. Der Trend in vielen Unternehmen zum Business Unit übergreifenden Systemverkauf unterstreicht diese Notwendigkeit noch. In einfacheren Fällen könnte ein gut eingeführtes unternehmensweites ERP-System die grössten Schwachstellen allenfalls auch beheben.

Aber auch für lokal agierende Unternehmen ergeben sich durch die bessere Kundenbeziehung wesentliche Vorteile – ein nicht zu unterschätzender Vorteil in einer Zeit, in der Kunden- / Lieferantenbeziehungen schnell gewechselt werden.

Es muss unserer Erfahrung nach davon ausgegangen werden, dass eine internationale Preisdifferenzierung in dem Masse, wie sie heute noch angewendet wird, in Zukunft kaum mehr möglich sein wird. Der finanzielle Einfluss der Globalisierung auf international tätige Firmen dürfte daher erheblich sein. Der Dienstleistungsqualität, Produktdifferenzierung sowie ganz allgemein der Kundenbeziehungspflege dürfte damit eine noch höhere Priorität zukommen.

7 CRM @ LGT

Volkmar Ritter

7.1 Liechtenstein Global Trust (LGT): Spezialist im internationalen Private Banking

7.1.1 Kurzporträt

LGT Bank in Liechtenstein bildet zusammen mit LGT Capital Management die beiden Kernbereiche der Liechtenstein Global Trust (LGT) AG. Das stimmberechtigte Kapital der LGT befindet sich zu 99,7% in den Händen der Fürst von Liechtenstein-Stiftung. LGT Capital Management ist verantwortlich für das Investmentmanagement der LGT, während sich die Geschäftstätigkeit der LGT Bank in Liechtenstein auf das internationale Private Banking konzentriert.

Die LGT Bank in Liechtenstein AG ist ein Finanzdienstleistungsunternehmen, das international als Privatbank und regional als Universalbank tätig ist. Schwerpunkt der Geschäftstätigkeit ist die Vermögensverwaltung und Anlageberatung für die anspruchsvolle internationale Privatkundschaft. Auf regionaler Ebene bietet die Bank alle Finanzdienstleistungen einer modernen Universalbank an. Die Bank wurde im Jahre 1920 gegründet und hat ihren Sitz in Vaduz, Fürstentum Liechtenstein. Sie ist seit ihrer Gründung stark in der liechtensteinischen Wirtschaft verankert. Hauptstandorte sind Liechtenstein und die Schweiz. Sie hat Tochtergesellschaften in Liechtenstein und im Ausland (Cayman Islands, Dublin) sowie Niederlassungen in Zürich und Lugano. Darüber hinaus unterhält die Bank Repräsentanzen in Hong Kong, in Tokyo, in Taipeh, in Chur, in Davos, in Flims sowie ein Bureau d'information in Luxembourg.

Die LGT Bank in Liechtenstein strebt im Rahmen der Gruppenstrategie mittelfristig ein substanzielles Wachstum der von ihr betreuten Kundenvermögen bei gleichzeitig signifikanter Erhöhung des Reingewinnes an. Das internationale Private Banking ist ihr Kerngeschäft, das sie gezielt ausbauen will.

Basis für den Erfolg sind folgende Kernkompetenzen:

- *Investmentmanagement:*
  Professionelle Beratung und Zugang zu erstklassigen Anlagemöglichkeiten mit überdurchschnittlicher risikoadjustierter Performance sowohl im traditionellen als auch im nicht-traditionellen Produktebereich.

- *Vermögensstrukturierung*:
  Höchstmöglicher professioneller Beratungsstandard bei der Vermögensstrukturierung durch Stiftungen und Trusts.
- *Management der Distributionskanäle*:
  Auswahl der jeweils am besten geeigneten Distributionskanäle zur Erreichung der Zielkunden und Bereitstellung entsprechend optimierter Dienstleistungen.

7.1.2 Kundenstruktur der Bank

Die massgebliche Zielgruppe der LGT Bank in Liechtenstein ist die vermögende Privatkundschaft. Schwerpunkt der geographischen Geschäftstätigkeit ist Europa. Die Bank sieht ihre Stärken vor allem in einem auf höchstem Mass basierenden Vertrauen, in der Stabilität und im Vermögensschutz. Weitere Aspekte sind die wirtschaftlichen und politischen Standortvorteile in Liechtenstein.

Die LGT Bank in Liechtenstein unterscheidet entsprechend den Bedürfnissen der Kunden die folgenden vier Kundengruppen:

- *Privatkunden*:
  Hoher, differenzierter Beratungsaufwand;
- *Individualkunden*:
  Standardtransaktionen und punktueller Beratungsbedarf;
- *Finanzkunden*:
  Unternehmen (vornehmlich Banken) und tradingorientierte Privatkunden, die aktiv am Geschehen der Finanzmärkte teilnehmen;
- *Intermediäre / Sales*:
  Rechtsanwälte, Treuhänder sowie Vermögensverwalter mit ihren speziellen Ansprüchen als Absatzmittler.

7.1.3 Geschäftliche Entwicklung der Bank

Die LGT Bank in Liechtenstein hat das Geschäftsjahr 1999 sehr erfolgreich abgeschlossen. Sie hat mit einem Reingewinn von CHF 174.6 Mio. ein glänzendes Resultat erzielt, das im Vergleich zum Vorjahr um 18.1% höher ist. Die Bank erwirtschaftete damit eine Rendite von 18.7% auf das Eigenkapital. Der Cash Flow erhöhte sich um 16.7% auf CHF 279.5 Mio.

Die betreuten Kundenvermögen liegen mit CHF 47.8 Mrd. um 22.1% über dem Vorjahreswert. Dies ist vor allem auf neue Gelder von Kunden zurückzuführen. Die Kundenvermögen mit Verwaltungsvollmacht konnten überproportional um 38.5% auf CHF 9.4 Mrd. gesteigert werden, wobei hier die Sondervermögen um beachtliche 47.4% zulegten. Die Bilanzsumme erhöhte sich von CHF 11.7 Mrd. um CHF 1.0 Mrd. oder 9.0% auf CHF 12.7 Mrd. Die ausgewiesenen eigenen Mittel belaufen sich auf CHF 969.2 Mio. Dies entspricht 7.6% der Bilanzsumme.

7.1.4 LGT Capital Management

LGT Capital Management (CM) ist als Investmentmanager für die Fürstliche Familie sowie für Kunden der LGT Bank in Liechtenstein und Drittkunden tätig und verfügt über erfahrene Spezialisten für traditionelle und alternative Anlagen. Die verwalteten Vermögen erreichen CHF 12 Mrd.

Im Bereich der alternativen Investitionen gehört LGT Capital Management zu den grössten Fund-of-Fund Managern für alternative Anlagen in Europa und verwaltet unter anderem die Portfolios der börsennotierten Beteiligungsgesellschaften Castle Alternative Invest AG (Hedge Funds) und Castle Private Equity AG (Private Equity). Wegen ihrer innovativen Struktur sind beide Gesellschaften Pioniere in ihrem Anlagesegment und haben diese Anlagekategorien neuen Investorenkreisen erschlossen. Zudem managen die Investment Spezialisten des Alternative Investment Management Teams die Private Equity und Hedge Fund Investitionen der Fürstlichen Familie und verwalten Mandate ausgewählter Drittparteien.

7.2 Ziele der LGT im Bereich CRM

7.2.1 Begriffsabgrenzung

Der gesamte CRM (Customer Relationship Management) Prozess kann durch die folgenden Schritte skizziert werden: Akquisition – Beratung / Verkauf – Beziehungspflege – Service (s. Bild 7-1).

Innerhalb dieses Prozesses gibt es verschiedene Felder. Es sind vor allem die folgenden drei Bereiche, welche durch ein CRM-Projekt angegangen werden können:

- *Marketing:* Database Marketing, Data Warehousing, Data Mining, Kampagnen Management, div. Web-Anwendungen und Anbindungen etc.
- *Sales:* Verkaufsprozessunterstützung durch Geschäftspartner- und Kunden-Management, Aktivitätenmanagement, Kundenprofile und -segmente, Verkaufsziele etc.
- *Customer Care:* Call Center etc.

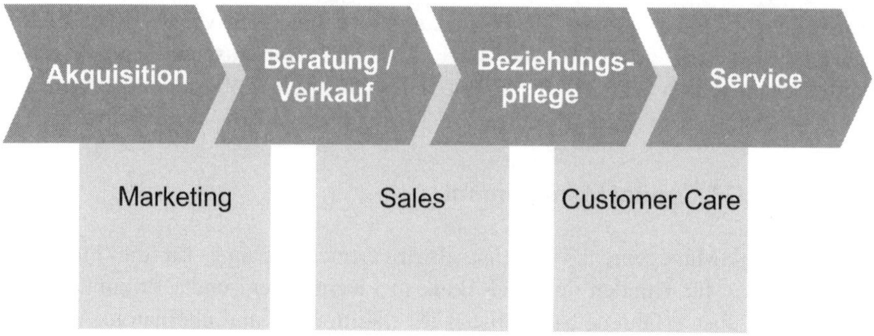

Bild 7-1: CRM Prozess und Felder

Die Distribution der LGT Bank in Liechtenstein (die für die Kundenberatung und das Marketing sowie die Akquisition zuständig ist) sowie der Bereich Alternative Investments bei Capital Management hatten seit längerer Zeit das dringende Bedürfnis nach einem den Marketing-, Akquisitions- und Verkaufsprozess unterstützenden Informationssystem[2].

Aus diesem Grunde lancierte die LGT ein CRM Projekt, dessen Fokus gemäss obiger Abbildung (Bild 7-1) schwergewichtig auf der Unterstützung des Verkaufsprozesses (Sales) sowie auf einigen Marketingaspekten in den ersten drei Schritten des CRM Prozesses (Akquisition – Beratung / Verkauf – Beziehungspflege) lag.

Es wurden folgende Anforderungen und Ziele an das Projekt gestellt.

7.2.2 Ziele Distribution

Mit Hilfe des CRM Projektes sollen die Relationship Manager (inkl. AssistentInnen ca. 130 Personen) in ihren Akquisitions- und Verkaufsbemühungen EDV-mässig unterstützt werden. Dabei sollen einerseits der Sales Management Prozess (Planung / Vorbereitung der Kundenbesuche, Setzen von Prioritäten und Verkaufszielen, Dokumentation der Ergebnisse und eines gezielten Follow Up's) und andererseits der Akquisitionsprozess unterstützt werden. Das Projekt soll insgesamt zur Steigerung des Verkaufserfolges und der Verkaufseffektivität beitragen.

---

[2] In der Literatur besteht eine Vielzahl von Ausdrücken für diese Art von Systemen. Ein paar gängige sind: CRM (Customer Relationship Management), ERM (Enterprise Relationship Management), CAS (Computer Aided Selling), SFA (Sales Force Automation), CIS (Customer Interaction Software).

In einem Projekt mit der Firma Bain&Co wurde geschätzt, dass ein CRM System ca. ein Drittel zu den geplanten Steigerungen im Distributionsbereich beiträgt. Es wurde darauf hingewiesen, dass ohne starke und baldige Einführung eines systemtechnischen Supports der Relationshipmanager bzw. des Managements die Gefahr besteht, dass der begonnene aktive Sales Management Prozess mangels Kontrolle und Strukturierung „einschläft".

Ein adäquates CRM-System sollte jedoch nicht als Insellösung realisiert werden, sondern in die LGT Systemlandschaft integriert werden, um ein gesamtheitliches Reporting pro Kunde zu ermöglichen. Insbesondere forderte die Distribution Schnittstellen zum Host (BOSS), zur neuen BSC (Balanced Score Card) Lösung sowie zu MS Office (speziell Outlook, v.a. im Hinblick auf die Terminkoordination).

Bis anhin wurden einige Daten aus dem Verkaufsprozess mit Hilfe einer Host Applikation, verschiedener Formulare sowie mit PC-Programmen verwaltet. Die dort enthaltenen Daten und Erfahrungen flossen ebenfalls ins CRM Projekt ein.

7.2.3 Ziele Capital Management

Für den Aufbau einer konsistenten Kundenbetreuung sowie eines zielgerichteten Marketings im Bereich Alternative Investments ist es unabdingbar, über ein leistungsfähiges und zukunftsgerichtetes Informationssystem zu verfügen. Dies umso mehr, als die zu betreuenden Kunden in ihren Anforderungen sehr unterschiedlich sind: von einer Vielzahl kleinerer Publikumsaktionäre bis hin zu institutionellen Kunden oder vermögenden Privatkunden. Hinzu kommen noch eine Reihe unterschiedlicher Marketingkontakte bis hin zu Journalisten verschiedener Länder. Das Informationssystem dient vor allem der Unterstützung der ablaufenden Prozesse. Zudem wird sichergestellt, dass alle im Bereich Alternative Investments tätigen Personen jederzeit up-to-date Informationen abrufen können.

Das Alternative Asset Team der LGT Capital Management besteht derzeit aus 9 Investment Spezialisten, die von IT, Assistenten, Controllern und firmeninternen Anwälten unterstützt werden. Die Teams zeichnen verantwortlich für die detaillierte Prüfung und Auswahl der Manager, die für Investitionen in Frage kommen, sowie für die sorgfältige Überwachung der getätigten Investitionen.

Im Bereich der Hedge Fund und Private Equity Investitionen soll das CRM-System in erster Linie der Koordination des Wissensstandes der Team-Mitglieder dienen, die teilweise in verschiedenen Büros arbeiten und zudem sehr viele internationale Geschäftsreisen absolvieren. An zweiter Stelle steht die übersichtliche und nachvollziehbare Dokumentation der Arbeit des Teams, das treuhänderische Funktionen ausübt. Nicht zuletzt wird auch die Qualität der Investitions-Entscheide beeinflusst: Private Equity und Hedge Funds sind Anlagekategorien, welche nicht effizient sind, d.h. viele Informationen über mögliche Investitionen können nicht über börsenähnliche Systeme, Internet oder Vergleichbares abgerufen werden. Daher ist die Dokumentation der kontinuierlichen Beurteilungen von Hedge Fund und Private Equity Managern durch unser Team der Grundstein für qualitativ herausragende Investitionen sowie für eine professionelle Überwachung einmal getätigter Anlagen.

Konkret müssen wichtige Grunddaten von Funds, Personen und Firmen sowie die regelmässigen Kontakte (Besuche, Telefonate, etc.) übersichtlich gespeichert und abgelegt werden. Aufgrund der stark steigenden Menge an Information wird ein System benötigt, um diese Informationen strukturiert und leicht abrufbar zu verwalten.

7.3 Das LGT CRM-Projekt

Im Frühjahr 1999 entschloss sich die LGT, für die beiden genannten Einheiten Distribution und Alternative Investments dasselbe Tool (jedoch mit zwei getrennten Datenbanken) einzusetzen, dieses aber den jeweiligen speziellen und z.T. auch recht verschiedenen Bedürfnissen anzupassen (Customizing). Der Projektplan sah vor, das System zuerst bei Capital Management zu implementieren und parallel dazu das Detailkonzept für die Distribution zu erarbeiten. Die bei der Realisierung der Lösung für Capital Management gesammelten Erfahrungen sollten in das Teilprojekt der Distribution einfliessen.

Das Projekt gliederte sich in die drei Phasen Evaluation – Konzept – Realisierung und dauerte von der Evaluation bis zur Einführung beider Bereiche knapp 10 Monate.

- In der Evaluationsphase definierten beide Bereiche ihre Anforderungen und anschliessend wurde ein CRM System evaluiert. Des Weiteren wurde ein detaillierter Projektplan erarbeitet.
- Nach der Evaluation ging es in der Konzeptphase darum, die Anforderungen aus der Evaluation in Form von zwei Konzepten zu verfeinern.
- Jedes Konzept wurde mit Hilfe eines Prototyps realisiert, der den sogenannten Kernteammitgliedern zur Verfügung gestellt wurde. Das Kernteam setzte sich aus Vertretern des jeweiligen Bereiches (Distribution oder Capital Management) zusammen und bestand während der Phasen Konzept und Realisierung. Nach einer Anwendungsphase wurden Verbesserungs-Workshops durchgeführt, an welchen Änderungen und neue Anforderungen besprochen resp. erarbeitet wurden.

In der Folge werden die einzelnen Projektphasen etwas genauer erläutert.

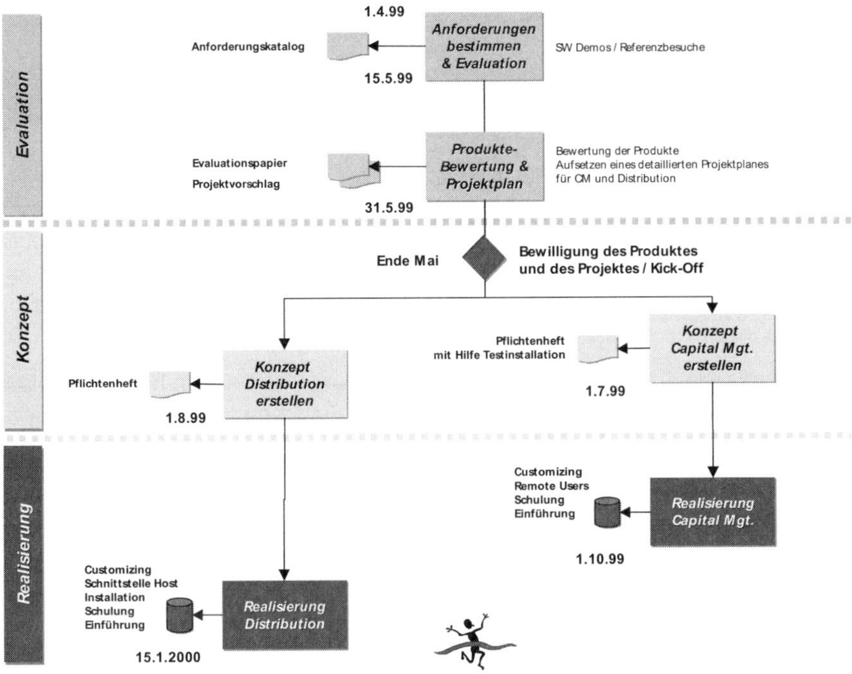

Bild 7-2: Projektplan grob mit IST Daten

7.3.1 Evaluation

7.3.1.1 Vorgehen in der Evaluationsphase

Vor der eigentlichen Evaluation definierten wir die gewünschte Funktionalität und fassten sie in Form eines Anforderungskatalogs zusammen.

Als Input für die Auswahl der Hersteller verwendeten wir die ISM Marktuntersuchung „Top 15 Software Packages Guide to Sales, Customer Service and Marketing“[3]. Nach einer ersten Selektion sowie einem „Besuch“ der Homepages und Email-Anfragen betreffend Partner in Europa verblieben folgende Hersteller und Produkte für eine genauere Betrachtung:

- ONYX – Customer Center
- SalesLogix – SalesLogix Sales Information System

[3] Weitere Informationen unter http://www.ismguide.com

- Saratoga Systems – Avenue
- Siebel – Siebel
- UpDate Marketing – Marketing Manager
- Vantive – Vantive Sales

Die betrachteten Produkte wurden anschliessend nach folgenden Hauptkriterien bewertet: Allgemeine Anforderungen wie Benutzerfreundlichkeit, Schnittstelle zu Outlook und Host, Testinstallation möglich (und falls ja: gesammelte Erfahrungen), Flexibilität, Reporting-Möglichkeiten sowie unterstützte Datenbanken und die Frage, wie gut das Tool in die LGT Systemlandschaft hineinpasst.

- Geforderte Funktionalitäten der Distribution und Capital Management: Können die gewünschten Datenmodelle und Funktionen abgebildet werden?
- Nicht geforderte, aber gute und für uns nützliche produktspezifische Funktionalitäten wurden zusätzlich bewertet. Wie bei Evaluationen üblich, wuchs der Anspruch an die Funktionalität im Verlaufe der Evaluation an.
- Profil und Eindruck des Herstellers (sowie des Vertriebspartners, falls die Software nicht direkt durch den Hersteller vertrieben wird), dessen Vorgehen und Support.
- Preis für das Tool, Support & Maintenance sowie die Unterstützung während des Projekts.

7.3.1.2 Funktionale Anforderungen an das CRM-System

Bild 7-3 illustriert die Funktionalen Anforderungen an das CRM-System:

- *Partner- / Kunden- Management sowie Beziehungs- / Profile- Management*
  Das System muss Kunden wie auch Partner mit den gewünschten Informationen (z.B. Anlageneigung, Retrozessionen etc.) und deren Beziehungen untereinander (z.B. Vermögensverwalter / Kunde) abbilden können.
- *Aktivitäten-Management*
  Pro Partner und Kunde sowie auch pro Kundenberater müssen alle Aktivitäten resp. Tätigkeiten (geplante sowie vergangene) ersichtlich sein. Das bedeutet, dass der Kundenberater eine Aktivitäten- und History-Liste pro Kunde sowie auch eine gesamthafte Liste (Kalender und Aufgabenliste pro Berater) zur Verfügung hat.
- *Sicherheit / Zugriffsschutz*
  Der Zugriffsschutz muss auf Kundenebene, Feldebene sowie Kundenberaterebene (resp. Beraterteams) geregelt werden können. Die Sicherheit muss sich einfach neuen Gegebenheiten anpassen lassen.

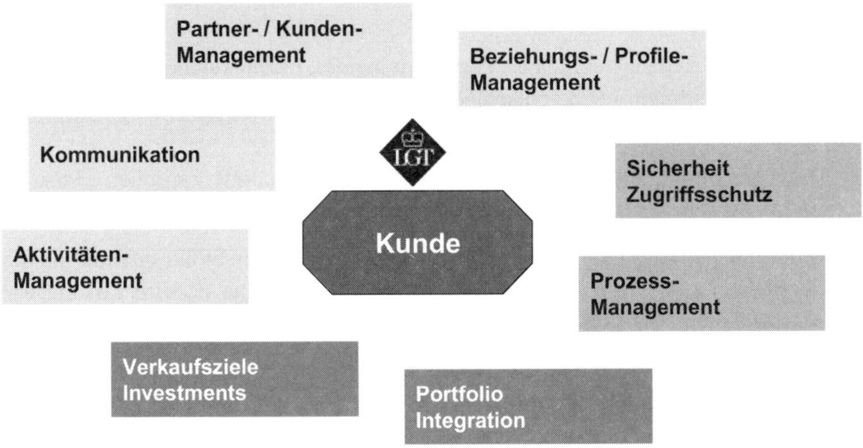

Bild 7-3: Funktionale Ziele

- *Verkaufsziele / Investments*
  Pro Kunde müssen die Verkaufsziele erfasst und auch „getrackt" werden können. Bei Capital Management müssen bei Partnern anstatt der Verkaufsziele ausführliche Angaben über das getroffene resp. geplante Investment gemacht werden können.
- *Prozess-Management*
  Das System muss Prozesse und deren Definition im Sinne einer Automatisierung wie auch Visibilisierung unterstützen können (siehe weiter unten).
- *Komunikation*
  Die Kommunikation (Briefe, Broschüren, Telefonate etc.) mit den Kunden und Partnern muss durch das System unterstützt und abrufbar sein.
- *Portfolio-Integration*
  Zu den Kunden müssen gewisse finanzielle Eckdaten, wie z.B. Assets under Management, Produktnutzung etc. ins System überspielt werden können und einfach auswertbar sein.

Diese Funktionalitäten müssen es einem Kundenberater auf einfache Art und Weise ermöglichen, Abfragen oder Auswertungen gemäss seinen Bedürfnissen abzusetzen. Beispielsweise möchte er in einer excel-artigen Liste alle seine Kunden (bei Diskretionskonti natürlich nur die Kontonummer) mit über 1 Million Assets under Management und ohne Kundenkontakt (z.B. Treffen, Telefonat oder Brief) im letzten halben Jahr und / oder ähnlichen Selektionskriterien erhalten, um anschliessend seine weiteren Aktivitäten pro Kunde planen zu können.

7.3.1.3 Produktentscheidung

Ein Gremium, welches sich aus Vertretern beider Fachbereiche sowie aus der Informatik zusammensetzte, entschied sich am Ende der Evaluationsphase für SalesLogix: Die Hauptgründe waren:

- Benutzerfreundlich und übersichtlich (Bestes Verhältnis zwischen „Ease of use" und den von uns geforderten Möglichkeiten);
- Funktionsumfang und Realisierung (z.T. zwar weniger Funktionalität als die Konkurrenz, wie z.B. kein Call Center, dafür aber die bessere Lösung der vorhandenen Funktionalitäten);
- Sehr flexibel und einfach im Hinblick auf Customizing, Unterstützung von Prozessen und Skalierbarkeit;
- Sehr gut durchdachtes und umgesetztes Security Konzept;
- Sehr gute Erfahrung mit der Testinstallation;
- Preis der SW sowie konstante Preispolitik (keine massiven Preisreduktionen vor Quartalsabschlüssen etc. wie sonst bei amerikanischen Firmen üblich).

7.3.2 Konzept

Die Mitglieder der zwei Kernteams verfeinerten den Anforderungskatalog in einem ersten Schritt bis auf Feldebene zum Pflichtenheft. Die im System abzubildenden Prozesse wurden nur rudimentär und nicht bis auf Aufgaben- resp. Tätigkeitsebene bestimmt. Eine Ausnahme bildeten Beispielsprozesse (siehe Bild 7-4), welche schon während der Evaluationsphase entstanden, damit man sich über die geforderten Prozessfunktionalitäten klar werden und die Prozessunterstützung des Tools testen konnte. Die von SalesLogix angebotenen Möglichkeiten für die Prozessabbildung wurden in Workshops aufgezeigt, damit die Teilnehmer sich bereits zu diesem Zeitpunkt einen Überblick über das ganze Spektrum verschaffen konnten und ihre Phantasie und Kreativität mobilisiert wurde.

Parallel dazu erarbeitete und realisierte die Informatik die Integration der Software ins LGT Systemumfeld. Dies beinhaltete Auswahl und Beschaffung der Hardware, Aufsetzen der Datenbanken inkl. Festlegen des Change Managements (wie werden Änderungen von der Entwicklung in die Produktion überspielt etc.), Festlegen der Installationsart der Clients, des Konzepts der Host-Schnittstelle, der Namenskonventionen, der Design-Richtlinien etc.

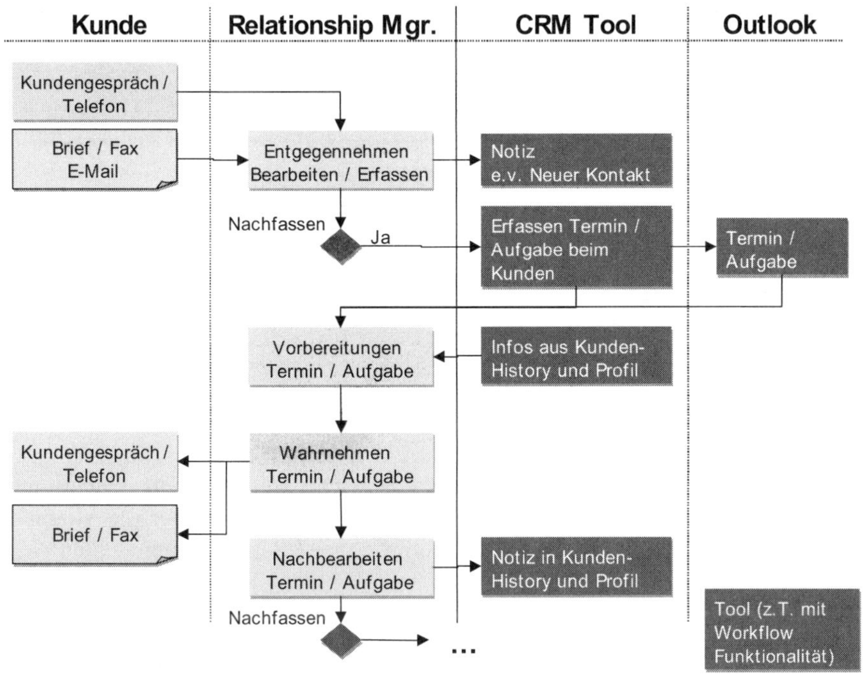

Bild 7-4: Beispiel eines Kundenpflege-Prozesses aus der Evaluationsphase

Ebenfalls wurden die Projektmitglieder aus der Informatik in dieser Phase auf dem System (Anwendung wie auch Entwicklung) geschult.

7.3.3 Realisierung

Die Realisierung war zwar die vom Aufwand her intensivste Phase, unterschied sich aber nur in wenigen Punkten von vielen anderen Softwareeinführungsprojekten. Ein paar erwähnenswerte Punkte sind:

Von Projektbeginn an bestand das Ziel, möglichst selbständig mit einem nicht selbstentwickelten System agieren zu können. Dementsprechend führte die Informatik das Customizing sowie die Entwicklung der Schnittstelle selbständig durch und zog den externen Support nur sporadisch heran (abgesehen von der Ausbildung auf dem System).

Wie bei jeder Software kamen ein paar ernüchternde wie auch erfreuliche Aspekte ans Tageslicht, als wir „hinter die Fassade" sahen. Nichtsdestotrotz und auch im Vergleich mit den anderen evaluierten Systemen bin ich aber immer noch zu 100 Prozent der Überzeugung, für unser Projekt das richtige System gewählt zu haben.

Die Schnittstelle zum Host-System wurde nur einseitig verwirklicht, d.h. für alle Daten, welche vom Host kommen, ist dieser der Taktgeber oder mit anderen Worten: alle Host-Daten müssen auch dort geändert werden. Gründe hierfür waren die Komplexitätsreduktion der Schnittstelle sowie eine eventuelle Ablösung des Hostsystems in naher Zukunft. Auf der anderen Seite wurde die Schnittstelle in Bezug auf die Fülle der Daten recht luxuriös implementiert.

7.4 Ergebnis

7.4.1 System

Die gewünschten Funktionalitäten beider Bereiche wurden implementiert und teilweise auch übertroffen. Viele Anwender waren begeistert über die Möglichkeiten und die Flexibilität des Systems. In diesem Zusammenhang stellten sich, wie auch erwartet, die Schulung und der anschliessende Support vor Ort als sehr wichtige Punkte heraus (siehe auch kritische Erfolgsfaktoren).

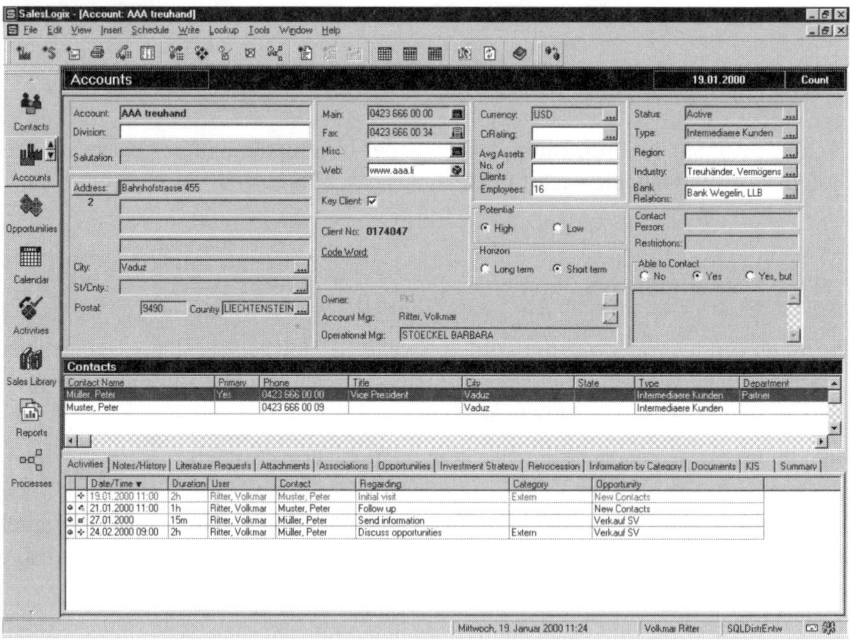

Bild 7-5: Account Screen im Distributions Client

Ein eher weniger erfreuliches Feedback seitens der Kundenberater bekam das Projekt durch einige Restriktionen betreffend die Inhalte, welche im System erfasst werden dürfen. Diese sind auf ein allfälliges, zur Zeit noch nicht in Kraft gesetztes Liechtensteinisches Datenschutzgesetz zurückzuführen und dienen dem Schutz unserer Diskretionskunden.

Bild 7-5 und Bild 7-6 vermitteln einen kleinen Eindruck der Arbeitsoberfläche, wie sie sich dem Anwender präsentiert.

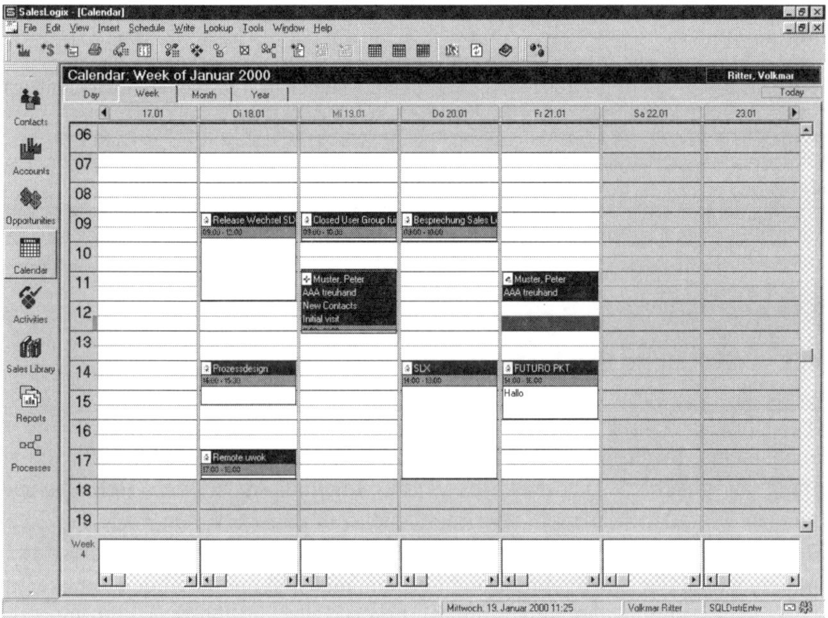

Bild 7-6: Kalender im Client (wird mit Outlook beidseitig abgeglichen)

7.4.2 Kosten / Nutzen

Bild 7-7 stellt die Kosten dar. Bei den internen Aufwänden wurde mit einem Tagessatz von CHF 1'000 gerechnet. Es wurden jedoch nur die Informatikaufwendungen beziffert. Fachbereichsseitig wurden ca. 200 weitere Personentage (Konzept, Schulung etc.) benötigt.

Der Nutzen ist schwerer zu beziffern, wir rechnen jedoch mit einer Payback-Periode von weniger als einem Jahr.

Art (Alle Zahlen in 1000 CHF)	**1999**	**Die folgenden Jahre**
Investitionen		
HW	65	
SW (bei 100 Benutzern)	150	25 (Maintenance & Support)
Aufwand		
Intern	300	100 (Maintenance & Weiterentwicklungen)
Extern	15	
Total	**530**	**125**

Bild 7-7: Projektkosten

7.4.3 Kritische Erfolgsfaktoren

Der wichtigste Punkt in einem Projekt wie diesem ist die Unterstützung des Managements. Im Projekt CRM war das Commitment des Top Managements von Anfang an gegeben. Des weiteren wurde regelmässig in den Bereichsleitersitzungen wie auch informell informiert und kommuniziert. Am Ende der Realisierungsphase fand ein abschliessender Workshop mit den Bereichsleitern statt, in dem Geschäftsfälle am System durchgespielt und diskutiert wurden. Letzte Eingabestandards und Anpassungen am System wurden beschlossen und anschliessend implementiert.

Ebenfalls ausserdordentlich wichtig ist die Zufriedenheit und Einbindung der Benutzer sowie ihre Akzeptanz und ihr Engagement. Diese Punkte erreichten wir durch die Kernteams, eine intensive Schulung sowie einen umfassenden Support vor Ort. Speziell das Durchspielen von Geschäftsfällen und das Aufzeigen des damit einhergehenden Nutzens am produktiven System brachte die endgültige Akzeptanz des Systems.

Natürlich ist eine richtige und fehlerfreie Software (ohne grosse Bugs, denn perfekte Software gibt es wahrscheinlich nicht) eine der wesentlichen Voraussetzungen für die Benutzerzufriedenheit und Akzeptanz.

Nach Einführung der Software sind die Datenqualität und Datenquantität der kritische Faktor im Betrieb. Es ist selbstsprechend, dass das beste System nichts nützt, wenn keine oder nur unzureichende Daten eingegeben werden.

Des Weiteren sind wie in jedem Softwareeinführungsprojekt das Projektmanagement, ein effizientes Customizing sowie gute Fähigkeiten beim Entwickeln von Schnittstellen kritische Erfolgsfaktoren.

7.5 Schlussfolgerung und Ausblick

7.5.1 Gedanken zum Projektvorgehen

Der auf strategischer Ebene getroffene Entscheid, ein CRM-Projekt zu initiieren, und die Auslegung der Zielrichtung führten zum Einstieg in das eigentliche Projekt. Das anschliessende Zusammentragen der groben Funktionalität, die Evaluation und das Verfeinern des Konzepts bis auf Feldebene ist der Systemebene zuzuordnen (vgl. Bild 7-8).

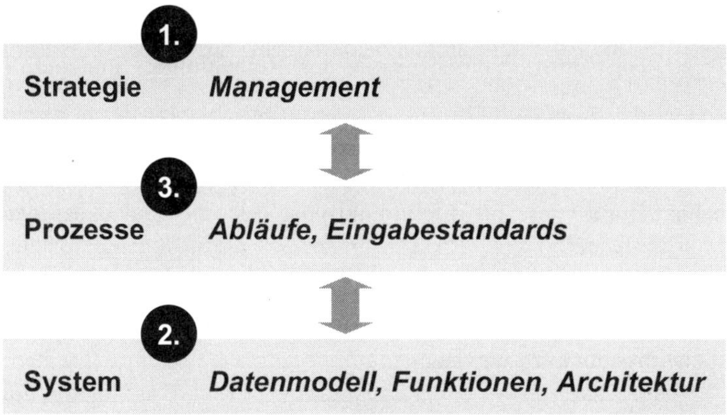

Bild 7-8: Gewähltes Vorgehen

Die Prozessebene als Bindeglied zwischen Strategie und System wurde zumindest nicht bewusst durchlaufen. Es war zwar allen Beteiligten klar, welche groben Prozesse (Marketing & Akquisition, Zielsetzung, Verkaufs- und Beziehungsmanagement) das System unterstützen sollte, sie wurden jedoch nicht vorgängig detaillierter analysiert oder modelliert. Erst zum Projektende sowie parallel zur Einführung begannen die Vertreter des Fachbereichs, sich systematisch an die Prozessdefinition zu machen. Dieser späte Zeitpunkt des Prozessdesigns hat zur Folge, dass alle Beteiligten durch die vertiefte Kenntnis des Systems bereits dessen Grenzen kennen und somit „nur“ ein mit dem System möglicher Prozess definiert wird, welcher jedoch vom Idealprozess durchaus abweichen kann. Durch ein solches Vorgehen werden Schleifen im Prozessdesign vermieden, und die Prozesse können schneller implementiert und umgesetzt werden.

Ich habe auch schon Projekte miterlebt, bei welchen viel Effort in die Ist- und / oder Sollbeschreibung der Prozesse investiert wurde, welche im Nachhinein aber entweder in einem Ordner („Schrankware") landeten resp. nicht (oder nur unzureichend) in einem System ihren Niederschlag fanden. Die Gründe hierfür sind mannigfach: Papier ist geduldig, es wurde kein passendes System gefunden, mangelnder Wille zur Umsetzung, mechanisches Aufnehmen von Ist-Abläufen usw.

In der Praxis ist ein pragmatischer Ansatz mit folgender Reihenfolge:

1. Strategische Absicht erarbeiten
2. Gewünschtes Datenmodell und Funktionalität bestimmen
3. Evaluation eines passenden Systems
4. Customizing und Definition der Prozesse

erfolgversprechender als ein zwar theoretisch einleuchtenderes, aber leider zu langwieriges Top Down Vorgehen mit der Reihenfolge: Strategie, Prozess, System.

Ich tendiere deshalb mit Bezug auf die vorhergehende Abbildung (Bild 7-8) zu einem Vorgehen in Richtung Strategy first, Bottom up second oder wie ich einmal gehört habe: „Build your Software around your customer and your organisation around your Software".

Die endgültige Definition der Prozesse kann bei diesem Vorgehen am funktionsfähigen System und die anschliessende stetige Verbesserung während der produktiven Arbeit vorgenommen werden.

7.5.2 Weitere Schritte

Im ersten Jahr nach der Einführung werden wir uns hauptsächlich darauf konzentrieren, mit Hilfe von spezifischem Support, Aufzeigen von Nutzenpotenzialen, zusätzlichen Schulungen etc. die Benutzerakzeptanz und somit letztlich den Nutzen weiter auszubauen.

Die Definition und Implementation von Prozessen, welche in SalesLogix gut unterstützt werden (siehe Bild 7-9), werden wir wie oben angedeutet noch vermehrt vorantreiben.

Weiters werden wir die Implementation weiterer Funktionalitäten und Reports sowie einige technische Verbesserungen (wie z.B. ein Update der Host Schnittstelle) vornehmen.

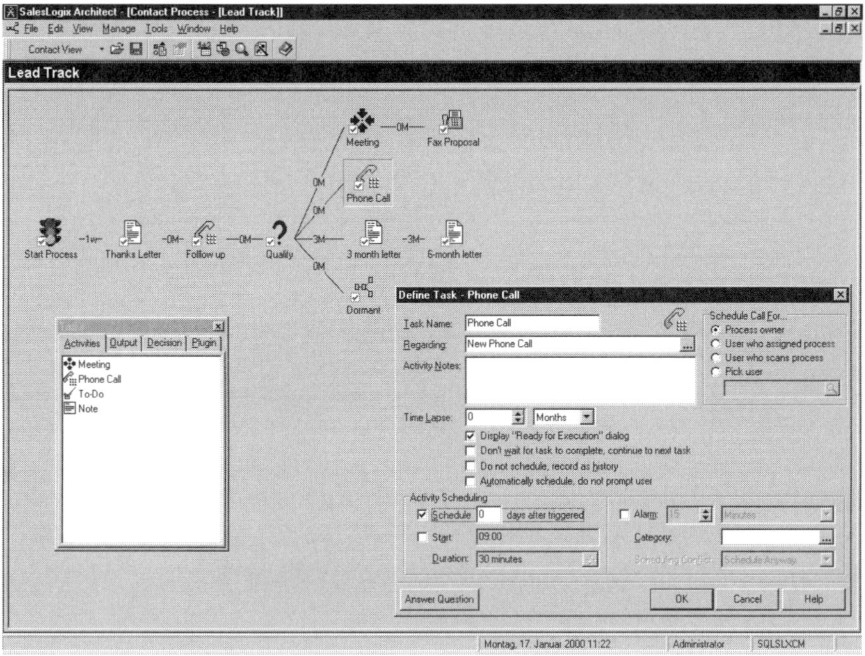

Bild 7-9: Prozessesdefinition & Unterstützung mit SalesLogix

7.6 Zusammenfassung CRM @ LGT

Vom April bis Jahresende 1999 wurde für die zwei Bereiche Distribution der LGT Bank in Liechtenstein und Alternative Asset bei Capital Management ein CRM-Projekt durchgeführt. Ziel des Projekts war es ein State of the Art CRM-System für die beiden Bereiche (ca. 130 Benutzer) einzuführen, welches den Marketing-, Akquisitions-, Verkaufs- und Investmentprozess systematisch unterstützt. Dieses Ziel wurde mit den Projektkosten von etwas mehr als 0.5 Millionen CHF erfolgreich realisiert.

Die nächsten Schritte werden das Einführen eines gezielten CRM-Prozessmanagements sowie allfällige Systemerweiterungen sein.

8 Customer Relationship Management bei der Neuen Zürcher Zeitung

Jens Schulze, Andreas Schamberger

8.1 Einleitung

Die vorliegende Case-Study dokumentiert die Einführung einer Standardsoftware zum Customer Relationship Management bei der Neuen Zürcher Zeitung. Hervorgehoben werden relevante Abschnitte des Einführungsprojekts, die Nutzungsschwerpunkte der Software mit beabsichtigten Weiterentwicklungen sowie die Erfahrungen, die beim Projekt und im Betrieb gemacht wurden.

8.2 Die NZZ: ein internationaler Informationsanbieter

Die Neue Zürcher Zeitung (NZZ) ist ein Konzern, dessen Kerngeschäft aus verschiedenen Geschäftsfeldern besteht, wobei das Verlagswesen und die Herstellung von Druckerzeugnissen dominierend sind. Der grösste Teil des Umsatzes wird im Verlag mit dem Verkauf der Neuen Zürcher Zeitung, im Verkauf von Zeitschriften und besonders im Anzeigenverkauf realisiert. Neben der Neuen Zürcher Zeitung, einer im deutschsprachigen Raum sehr bedeutenden Tageszeitung, produziert die NZZ eine Reihe weiterer Verlagsprodukte, die auch auf aktuelle Medien wie Fernsehen und Internet ausgerichtet sind:

- NZZ Folio: Die Monatszeitschrift der NZZ,
- NZZ Fokus: Das Themenmagazin der NZZ,
- NZZ Format: Die Fernsehsendung der NZZ,
- NZZ Online: Die Web-Site der NZZ (http://www.nzz.ch),
- NZZ Web CD: Das Internet-Archiv der NZZ bis zurück auf 1993,
- NZZ CD Rom: Ein ganzer Jahrgang der NZZ.

Die erste Tageszeitung der NZZ erschien im Jahre 1780. Heute wartet die NZZ mit einer täglichen Auflage von 166.525 (im Jahr 1998) auf, einer Steigerung gegenüber 1997 um 3% [s. NZZ 1999b]. Damit ist die Neue Zürcher Zeitung die drittgrösste Tageszeitung der Schweiz. Täglich nutzen 415.000 Leser die Zeitung, um sich über das aktuelle Tagesgeschehen zu informieren. Etwa 13% der Gesamtauflage wird im Ausland als spezielle Auslandsausgabe hergestellt und abgesetzt. Neben der NZZ (Deutschland) GmbH mit Sitz in Hamburg unterhält der Konzern internationale geschäftliche Verbindungen mit der Frankfurter Allgemeinen Zeitung in London und Paris sowie mit Studio Blei in Italien. Somit hat die Tageszeitung der NZZ nicht nur für die Schweiz eine herausragende Bedeutung, sondern geniesst auch international grosses Ansehen.

Das strategische Ziel der NZZ ist es, den Marktanteil über alle Produkte hinweg im gesamten deutschsprachigen Raum zu erhöhen, indem man qualitativ hochwertige Informationen anbietet und den Leser nicht nur mit Schlagzeilen, sondern mit detailliert recherchiertem Hintergrundwissen versorgt.

Der Mitarbeiterbestand der NZZ Gruppe im Jahr 1998 betrug 1.530 Personen, wovon auf die NZZ 605 entfallen [s. NZZ 1999b]. Die Belegschaft realisierte im Jahr 1998 einen Umsatz von 451,04 Mio. CHF und einen Gewinn von 42,31 Mio. CHF, einer Steigerung gegenüber 1997 um 44,6% [s. NZZ 1999a].

Die Geschäftstätigkeit der NZZ im Bereich der Printmedien zielt im Lesermarkt auf den Leserservice sowie auf die Gewinnung und Betreuung von Abonnement-Kunden und Geschäftskunden. Im Anzeigenmarkt steht der Verkauf von Anzeigenkapazität im Vordergrund. 1998 wurden 9.769 Zeitungsseiten in Form von Inseraten verkauft [s. NZZ 1999b].

8.3 Neue Software für neue Anforderungen

Die NZZ hat das Konzept des Customer Relationship Management (CRM) nicht „auf der grünen Wiese" eingeführt. Sie verfügte bereits über ein Softwaresystem, mit dem Customer Relationship Management betrieben wurde. Aus diesem Grund musste die NZZ keine strategischen Ziele spezifizieren und ging davon aus, dass die relevanten Prozesse optimal organisiert waren. Dies vor allem auch deshalb, weil sich die Strukturen der Prozesse in den letzten Jahren als anforderungsgerecht erwiesen haben und keine Schwachstellen deutlich wurden, die Anpassungen erforderten.

Die Kundenprozesse und die internen Prozesse wurden im Projekt nicht betrachtet, sondern unverändert beibehalten. Bei der NZZ verfolgt man bereits seit langer Zeit eine kundenorientierte Unternehmensstrategie und musste deshalb die Prozesse nicht neu ausrichten.

Seit mehr als 10 Jahren war das eigenentwickelte Softwaresystem „Sales" im Einsatz. „Sales" war ein Kundenmanagementsystem auf DOS-Basis, das die Verwaltung des Kundenstamms, der Kundenkontakte und der Aufträge ermöglichte. „Sales" erwies sich aus folgenden Gründen als ungeeignet, die neuen Anforderungen der NZZ zu erfüllen:

- keine Unterstützung des mobilen Aussendienstes möglich;

- Auswertungen und Serienbrieferstellung nur über manuellen Export der Daten in MS-Excel bzw. MS-Word und dortige Weiterbearbeitung möglich;
- ungenügende Suchfunktionen in „Sales“.

Da der Programmierer von „Sales“ nicht mehr im Unternehmen angestellt war, konnte das System zur Erfüllung der neuen Anforderungen nicht weiterentwickelt werden, und die Geschäftsleitung der NZZ bewilligte die Beschaffung eines Standardsoftwaresystems. Die NZZ wollte damit nicht zuletzt die Abhängigkeit von Programmierern umgehen, die jederzeit das Unternehmen verlassen können und damit nicht zu ersetzende Lücken hinterlassen würden. Beim Einsatz von Standardsoftware erwartete man keine derartige Abhängigkeit.

8.4 Eine erfolgreiche Einführung von Standardsoftware

8.4.1 Softwareauswahl

Nach der Konzeption eines Anforderungsprofils an die Standardsoftware wurden die Funktionalitäten verschiedener Systeme mit diesem Profil abgeglichen:

- Adressen erfassen, mutieren, löschen;
- Ansprechpartner qualifiziert (Marketing, Werbung, Verkauf);
- Besuchsplanung nach Tag, Woche, Monat, Kunde;
- Memo und Rapporte nach Tag und Kunde pflegen;
- Vermittler wie Agenturen zu Adressen zuordnen;
- Hierarchie des Kunden pflegen (Konzern, Tochter usw.);
- Adressen selektieren (Branche, PLZ usw.);
- Versand- und Mailorganisation (Word);
- Einzel-, Massenversendungen mit User-Unterschriften;
- Branchen-Code definieren;
- Kunden ABC-Klassifizierung;
- Kundenart (Neukunde, Abschlusskunde usw.);
- Projekt-Code definieren;
- Direktwahl auf Telefonleitung;
- Email Funktionalität;

- Projektablauf für verschiedene Beilagen und Aktionen bestimmen;
- Automatisches Erfassen der Bewegungen beim Kunden nach im Voraus definiertem Workflow;
- Gleichzeitige Verwaltung von verschiedenen Mandanten (Vertrieb, Verkauf, Online, NZZ Folio);
- Definierte Schnittstellen zu SAP für aktuelle Umsatzzahlen, Reservationsstand, Verrechnungsstand usw.;
- Nachvollziehbarkeit von Datenänderungen durch User.

Die Anbieter der selektierten Systeme wurden darauf zu Präsentationen eingeladen, bei denen neben der NZZ IT auch Vertreter der späteren Nutzer anwesend waren. Deren Zustimmung zu einem System erschien der NZZ für eine zukünftige umfassende Nutzung unerlässlich. „Es war mir bewusst, dass die Benutzer für das neue Produkt begeistert werden müssen, wenn das Gesamtprojekt erfolgreich sein sollte“, so der Projektleiter Herr Schamberger von der NZZ. Aus diesem Grund waren Verantwortliche aus dem Anzeigenverkauf (einschliesslich Aussendienst), dem Abonnementen-Verkauf für Geschäftskunden, dem Inserenten- und Lesermarketing, dem Verkauf von Druckerzeugnissen, dem Verkauf Neue Medien (Online und TV) und der Verlagsleitung Zeitschriften bei den Präsentationen anwesend.

Für die entscheidenden Produktpräsentationen waren schliesslich die folgenden Produkte vorgesehen:

- InfoTainer: Firma Bachmann, Miesch und Partner, http://www.bmpag.ch/
- Info Manager: Firma IBV Informatik, Beratungs und Vertriebs AG, http://www.ibvinfo.com/infomana.htm
- Marketing Manager: Firma UpDate.com (ehemals UpDate Marketing), http://www.updatemarketing.com/

Nach Auswertung der ausgefüllten Beurteilungsbögen entschied sich das Projektteam für den Marketing Manager (MM) von UpDate.com. Dabei waren insbesondere Kriterien ausschlaggebend, die mit dem Zusatznutzen des Produkts zusammenhängen. „Die Produkte werden längerfristig austauschbar, d.h. Service und Dienstleistungen sind zunehmend von grösserer Bedeutung als das Produkt selbst“, so die Meinung Herrn Schambergers.

Zusammenfassend waren die folgenden Kriterien für die Entscheidung relevant:

- Langfristige Stabilität und Kontinuität des Anbieters mindestens in den nächsten 5 Jahren,
- guter Service und umfassende Dienstleistungen des Anbieters,

- unbürokratische, flexible und schnelle Lösung von Problemen,
- rasche Implementierung des Systems,
- sehr gute Bedieneroberfläche.

8.4.2 Der Marketing Manager

UpDate.com ist mit über 350 Kunden sowie mehr als 30.000 Lizenzen einer der international führenden Anbieter von CRM-Systemen. Das Unternehmen wurde 1988 gegründet und ist seitdem mit einer jährlichen Rate von ca. 50% stetig gewachsen. Derzeit hat UpDate.com europaweit sowie in den USA über 170 Mitarbeiter.

Der MM ist über 10 Jahre gemeinsam mit Kunden für Unternehmen unterschiedlicher Branchen weiterentwickelt worden. Für verschiedene Branchen bietet UpDate.com Speziallösungen an. Die Funktionalität des MMs ermöglicht eine Koordination abteilungsübergreifender Aktivitäten in Vertrieb, Marketing, Service und Management und eine Integration der jeweiligen Prozesse [vgl. UpDate.com 1999b].

Der MM bietet eine Fülle von Funktionen wie z.B. [vgl. UpDate.com 1999a]:

- Frei definierbare Selektion,
- mehrstufige Aktionsverwaltung mit Response-Auswertung,
- Call Center-Management,
- Überblick über alle Verkaufschancen,
- Terminkalender, Besuchsberichte,
- Kundenbewertung nach Portfolio,
- Angebotsverwaltung und -verfolgung,
- Artikelverwaltung, Preislisten, Rabatte,
- gekaufte Produkte, Umsatz, Potenzial,
- Erfassung und Bearbeitung von Serviceanfragen,
- grafische Analysen, Reports und Drucklisten.

8.4.3 Projektablauf

Das Ziel war von vornherein eine zügige Implementierung des MMs, wobei das Projektteam möglicherweise notwendige Nachbesserungen zugunsten einer schnellen Projektabwicklung bewusst in Kauf nahm. Klassische IT-Projekte waren von einem hohen Zeitaufwand bis zur abschliessenden Implementierung eines Softwaresystems gekennzeichnet. Bei der Einführung des MMs wollte man den Zeitaufwand reduzieren, um eine schnelle Nutzung des Systems sicherzustellen. Dieses Ziel erreichte die NZZ, da bereits nach drei Monaten der Produktivbetrieb einsetzte. Einen Monat nutzte man das alte „Sales“ parallel mit dem MM. Nach einer Archivierung aller Daten des „Sales“ waren sämtliche Sicherheitsbedenken ausgeräumt, und das Projektteam setzte das Altsystem endgültig ausser Betrieb. Aus der folgenden Tabelle ist der Ablauf des Projekts im Detail ersichtlich:

Nov. 1998	Genehmigung der Geschäftsleitung zur Beschaffung von 30 Lizenzen des MMs und Budgetfreigabe
Dez. 1998	Kick-Off Meeting und Vertragsabschluss Definition des Datenformats für die Datenübernahme aus dem „Sales“
Jan. 1999	Installation einer Testversion des MM beim Anzeigenverkauf der NZZ mit importierten Daten Customizing der Testversion
Feb. 1999	Import aller Daten aus dem „Sales“ in den MM
Mär. 1999	Schulung aller Mitarbeiter (NZZ-Aussendienst, Innendienst und Telefonmarketing) Anpassung des MM gemäss Erfahrungen mit der Testversion Definition der Rechte und Nutzergruppen Aufsetzen des MM auf die Notebooks des Aussendienstes Installation des Kommunikationsmoduls für Notebooks Produktiveinsatz des MM parallel mit „Sales“
Apr. 1999	Abschaltung des „Sales“ und Archivierung der Daten
Bis Jun. 1999	Aufgetretener Anpassungsbedarf des MM wird realisiert
Bis Ende 1999	Integration des MM mit SAP R/3 und System „Media Fokus“

Bild 8-1: Zeitlicher Projektablauf

Zur Zeit arbeitet das Projektteam noch am Hinterlegen von Standardvorlagen im MM. Dadurch soll die Erstellung von Besuchsbestätigungen, Offerten, Auftragsbestätigungen und Fax-Formularen, jeweils versehen mit den persönlichen Angaben des Ausstellers, erheblich vereinfacht werden.

Kurz nach der Einführung musste sich der MM bereits im Praxiseinsatz bewähren, indem ein erstes Mailing an alle IT-Kunden für eine spezifische Sonderbeilage zur NZZ über den MM abgewickelt wurde.

8.4.3.1 Datenübernahme

Zu Beginn des Projekts stellte das Projektteam Überlegungen an, in welcher Form die Daten aus dem „Sales" in den MM importiert werden konnten. Man analysierte die Exportformate des Altsystems und die Importformate des MMs. Das Microsoft Excel-Format stellte sich als am besten geeignet heraus. Nach der Festlegung der zu übernehmenden Datenfelder wie z.B. Adresse, Anrede und Personen erstellte das Projektteam eine Excel-Datei aus den vom „Sales" exportierten Daten, die ohne grosse Schwierigkeiten in den Marketing-Manager importiert werden konnte.

8.4.3.2 Notebook-Einsatz

Auf den Notebooks richtete das Projektteam ein Kommunikationsmodul ein, mit dem der Datenbestand des Notebooks mit den aktuellen Daten des Serversystems bei der NZZ abgeglichen und aktualisiert werden kann. Diese Replizierung kann zur Zeit nur bei Anschluss des Notebooks über Netzkarte an das LAN der NZZ durchgeführt werden, d.h. ein Aussendienstmitarbeiter muss sich dazu an seinem Arbeitsplatz einfinden. Ein Zugang über Modem zum Netz ist zur Zeit noch nicht möglich.

8.4.3.3 Schulung

Aufgrund der Benutzerfreundlichkeit des MMs konnte der Schulungsaufwand gering gehalten werden. Durch UpDate.com wurden die Nutzer des Systems lediglich an einem Tag mit dem MM vertraut gemacht, wodurch geringe Kosten entstanden. Lediglich die Superuser wurden aufgrund notwendiger vertiefter Kenntnisse im grösserem Umfang geschult. Die weitere Ausbildung der Nutzer hing vom jeweiligen individuellen Wissensstand und den Fähigkeiten ab und wurde intern durch die NZZ durchgeführt.

8.5 Der Marketing Manager bei der NZZ

Der MM wird bei der NZZ in allen verkaufsorientierten Bereichen eingesetzt, da hier regelmässig Kundenkontakte stattfinden. Dazu zählen im Einzelnen:

- Der Anzeigenverkauf bei der NZZ und der NZZ Folio in der Schweiz und in Deutschland. Dazu gehört neben der Vermarktung von Anzeigen auch der Rubrikenmarkt in der NZZ für die Bereiche Stellen und Immobilien.
- Das NZZ Marketing im Bereich Anzeigenmarketing.
- Die neuen Medien beim Online-Verkauf von Buttons und Banners über die Web-Site, beim Verkauf der CD-Roms und der Web-CD.
- Der NZZ Vertrieb im Lesermarkt beim Verkauf von Abonnements für Geschäftskunden.
- NZZ Fretz im Bereich des Verkaufs von Druckerzeugnissen.

Insgesamt nutzen 16 Personen im Innendienst, 14 Personen im Aussendienst und 2 Personen im Marketing regelmässig den MM.

Am Beispiel des Anzeigenverkaufs bei der NZZ wird die Nutzung des MMs besonders deutlich. Anzeigen können direkt in der NZZ plaziert werden oder in einer der jährlich ca. 22 Sonderbeilagen der NZZ. Der MM unterstützt dabei die Prozesse

- zum Verkauf von Anzeigen durch den Aussendienst,
- zur Sonderbeilagenerstellung und
- zur Event-Durchführung.

8.5.1 Der Marketing-Manager unterstützt den Aussendienst

Beim Verkauf von Anzeigen in der NZZ sind auf Kundenseite Werbeagenturen und Media-Agenturen zur Gestaltung der Anzeigen und die inserierenden Grosskunden selbst beteiligt. Zur Betreuung dieser Agenturen und Grosskunden gehört die Planung und Vereinbarung von Besuchsterminen und die Durchführung der Besuche durch den Aussendienst der NZZ. Hier sind keine speziellen Marketingaktivitäten durchzuführen, da es sich um eine bereits bestehende Geschäftsbeziehung handelt und der Verkauf im Vordergrund steht. „Der Aussendienst arbeitet intensiv mit dem MM und nutzt die umfassenden Möglichkeiten", so der Projektleiter Herr Schamberger. Die Aussendienstmitarbeiter sind mit Laptops ausgerüstet und erfassen damit direkt Mutationen der Kundenstammdaten (vgl. Bild 8-2) und erstellen Kundenrapporte.

Die mobil erfassten Informationen können täglich oder wöchentlich mit der zentralen Datenbank des MMs repliziert werden und stehen damit allen Nutzern zur Verfügung. Damit werden die Aktivitäten einzelner Aussendienstmitarbeiter und die über die Kunden entstehenden Informationen für alle berechtigten Mitarbeiter transparent. Neben den Besuchen sind alle weiteren Kundenkontakte im MM dokumentiert, sei es ein geführtes Telefongespräch oder versandte Briefe,

Faxe und Emails. Darüber hinaus werden auch die Fehlzeiten der Aussendienstmitarbeiter im MM ausgewiesen und stehen den Kollegen zur Verfügung, um z.B. Meetings vorzubereiten.

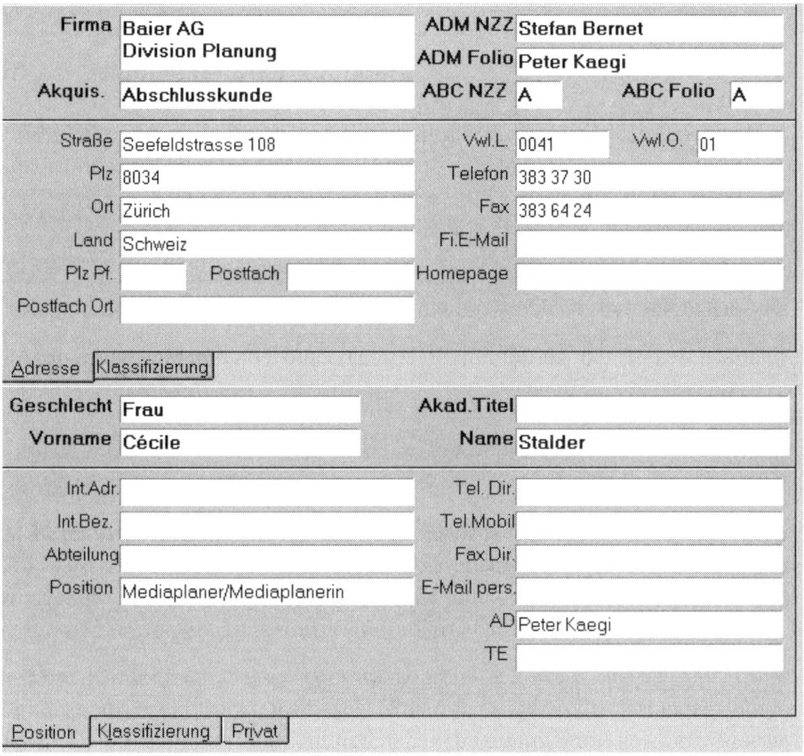

Bild 8-2: Kundenstammdaten im Marketing Manager

8.5.2 Der Marketing Manager unterstützt Marketingprozesse

8.5.2.1 Erstellung von Sonderbeilagen

Die Sonderbeilagen haben eine wichtige Bedeutung für den Anzeigenverkauf der NZZ, da sie bei einem Umfang von 12 bis 64 Seiten eine grosse Anzeigenkapazität beinhalten. Bei der Erstellung von Sonderbeilagen sind umfassende Marketing-Aktivitäten durchzuführen, weil die Kunden aufgrund des sich verändernden Themenschwerpunkts der Sonderbeilagen regelmässig wechseln. Die einzelnen Aktivitäten werden am Beispiel der jährlich erscheinenden Orbit-Beilage besonders deutlich. Aus diesem Grund wird anhand dieser Beilage der zugrunde liegende Marketingprozess erläutert:

- Selektion der bestehenden Adressen nach Aussendienstmitarbeiter,
- Importieren und Qualifizieren der Ausstelleradressen sowie Abgleichen mit den bestehenden Adressen im System,
- Erstellen eines Werbebriefs und eines Prospekts über eine Agentur,
- Aufteilen der Adressen nach Bearbeitungsschwerpunkten, z.B.: A- und B-Kunden werden vom Aussendienst bearbeitet und C- Kunden vom Telefonmarketing,
- Auslösen des Mailings mit den selektierten Adressen und Hinterlegen eines Mailingsatzes auf der Ebene Kontakt im MM (vgl. Bild 8-3),
- Start Akquisition durch den Aussendienst und das Telefonmarketing nach im Voraus zugeteilten Kundensegmenten,
- Erfassen der Antworten durch Aussendienst und Telefonmarketing,
- Nachversand von Dokumentationen aufgrund der Antworten,
- Auftrags- und Plazierungsbestätigungen verschicken, die als Einzelbriefe im MM hinterlegt sind,
- Angebote an Schulen und Institute sowie Grossanbieter im Bereich IT zum Bestellen der Orbit-Beilage für ihre Kunden bzw. Mitarbeiter,
- Wenn technisch möglich, nachfassen mittels Email etwa zwei bis drei Wochen vor Insertionsschluss,
- Versand der Orbit-Beilage an alle Inserenten,
- Auswertung der Kontakte und des erzielten Erfolgs,
- Erstellen der Kostenrelation,
- Löschen der Adressen von Personen aus der Ausstellerliste, die definitiv kein Interesse haben,
- Erfassen der Online-Kunden, die Buttons und Banners erworben haben,
- Erfassen der Kunden, die CD-Roms oder die Web-CD erworben haben.

Alle hier aufgeführten Aufgaben des Marketingprozesses werden über den MM abgewickelt. Der Prozess kann bis auf einzelne Aufgaben im System hinterlegt werden, wodurch sich der administrative Aufwand ganz erheblich verringert. „Insbesondere die Verteilung der Kundenakquisition zwischen Telefonmarketing und Aussendienst und die damit verbundene Kontrolle der Kundenkontakte ist optimal gelöst“, so der Projektleiter Herr Schamberger.

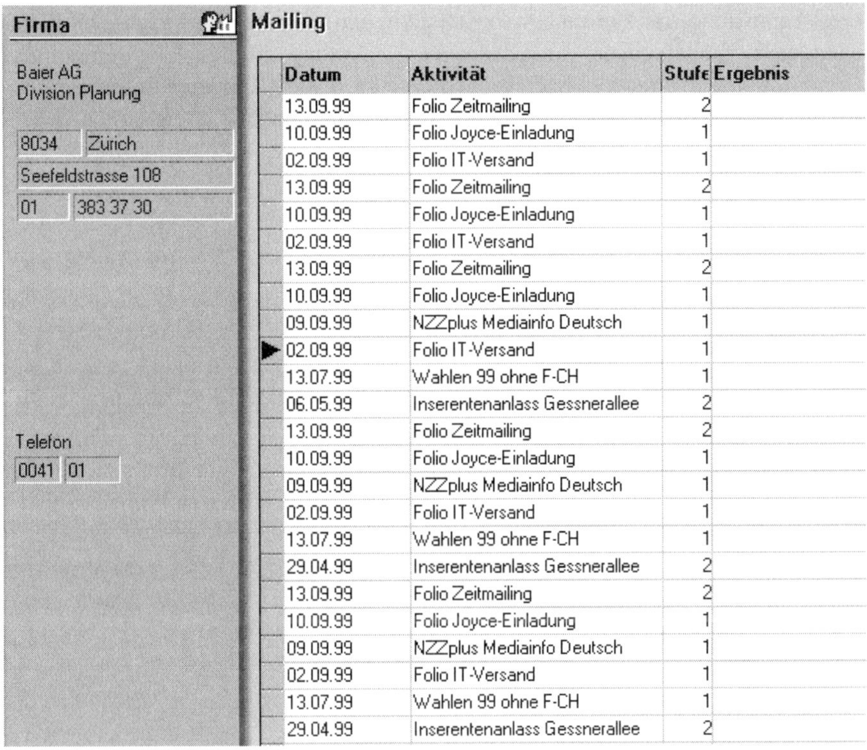

Datum	Aktivität	Stufe	Ergebnis
13.09.99	Folio Zeitmailing	2	
10.09.99	Folio Joyce-Einladung	1	
02.09.99	Folio IT-Versand	1	
13.09.99	Folio Zeitmailing	2	
10.09.99	Folio Joyce-Einladung	1	
02.09.99	Folio IT-Versand	1	
13.09.99	Folio Zeitmailing	2	
10.09.99	Folio Joyce-Einladung	1	
09.09.99	NZZplus Mediainfo Deutsch	1	
02.09.99	Folio IT-Versand	1	
13.07.99	Wahlen 99 ohne F-CH	1	
06.05.99	Inserentenanlass Gessnerallee	2	
13.09.99	Folio Zeitmailing	2	
10.09.99	Folio Joyce-Einladung	1	
09.09.99	NZZplus Mediainfo Deutsch	1	
02.09.99	Folio IT-Versand	1	
13.07.99	Wahlen 99 ohne F-CH	1	
29.04.99	Inserentenanlass Gessnerallee	2	
13.09.99	Folio Zeitmailing	2	
10.09.99	Folio Joyce-Einladung	1	
09.09.99	NZZplus Mediainfo Deutsch	1	
02.09.99	Folio IT-Versand	1	
13.07.99	Wahlen 99 ohne F-CH	1	
29.04.99	Inserentenanlass Gessnerallee	2	

Bild 8-3: Mailing-Übersicht für einen Kunden

Ohne eine Unterstützung des Prozesses durch ein CRM-System wären die 22 Sonderbeilagen im Jahr nicht effizient zu handhaben. Nur weniger Sonderbeilagen oder zusätzliche Mitarbeiter könnten das CRM-System ersetzen, was beides verständlicherweise nicht im Sinne des Vertriebs ist.

8.5.2.2 Durchführung von Events

Bei der NZZ gewinnt die Durchführung von speziellen Events zu unterschiedlichen Themen immer mehr an Bedeutung. Grundsätzlich handelt es sich dabei um eine Marketingaktivität, um den Bekanntheitsgrad der NZZ weiter zu erhöhen.

Bereits zwei Wochen nach der Einführung des Marketing-Managers bei der NZZ wurde als eine der ersten Aufgaben die Planung und Durchführung von Events mit dem MM unterstützt. Über den MM bestimmen die Mitarbeiter der NZZ bei der Event-Abwicklung zuerst die Zielgruppe durch Auswahl der gewünschten Adresse über die Selektionsmöglichkeiten des MMs aus dem Adressbestand. Nach dem Entwurf eines Einladungsschreibens versenden sie diesen als Serienbrief an die selektierten Empfänger. Die An- und Abmeldungen werden im MM erfasst, wobei eine Anmeldung das Versenden von Bestätigungsschreiben nach sich zieht. Hier kann nach Anmeldungen mit oder ohne Begleitung differenziert werden. Zur Organisation der Events können die Mitarbeiter der NZZ jederzeit aktuelle Teilnehmerlisten erstellen. Nach Abschluss der Events können sie die Listen individuell für jeden Teilnehmer nachbearbeiten, indem sie z.B. Fotos mit Bezug zum Teilnehmer versenden.

8.6 Was bringt die Zukunft?

Die beschriebenen Szenarien stellen einen ersten Schritt zu einer noch weiter gehenden Nutzung des MMs dar. Konkrete Pläne existieren zur Integration des MMs mit bereits bei der NZZ vorhandenen Systemen. Hier ist vor allem SAP R/3 zu nennen und das System Media Fokus. Darüber hinaus überlegt man bei der NZZ, den MM als Führungs- und Kontrollinstrument einzusetzen und Wirtschaftlichkeitsanalysen durchzuführen.

8.6.1 Wirtschaftlichkeitsanalysen

Die Erstellung von Wirtschaftlichkeitsbetrachtungen ist grundsätzlich mit der Schwierigkeit verbunden, konkrete Angaben über Kosten und Erträge zu generieren. Insbesondere die Quantifizierung der Wirtschaftlichkeit von Marketingmassnahmen ist sehr anspruchsvoll und aufwendig, aber auch im Sinne einer Kosten- und Erfolgskontrolle unbedingt erforderlich.

Im konkreten Fall geht es bei der NZZ um die Analyse der Wirtschaftlichkeit von Marketingaktivitäten zur Ausweitung des Anzeigenverkaufs.

Bevor eine Anzeige in der NZZ von Kunden geschaltet wird, bedarf es einer Reihe von Aktivitäten, wie beispielsweise der Durchführung telefonischer Kontakte, des Versendens von Briefen oder des Besuchs der Kunden durch die Vertriebsmitarbeiter. Aufgrund von Erfahrungswerten wird der durchschnittliche Zeitaufwand jeder Aktivität bestimmt und entsprechend werden die Kosten angesetzt. Die Summe der Kosten aller Einzelaktivitäten, die auf einen Anzeigenverkauf abzielen, zusammen mit den internen Kosten für die Erstellung der Anzeige bilden die Gesamtkosten eines Anzeigenverkaufs. Bei der Wirtschaftlichkeitsanalyse werden diese Kosten den leicht zu bestimmenden Erträgen der Anzeige gegenübergestellt, womit die NZZ die Möglichkeit zur Erfolgskontrolle hat.

Die Durchführung solcher Wirtschaftlichkeitsanalysen soll zukünftig automatisch über den Marketing-Manager abgewickelt werden. Die dazu notwendigen Informationen über die durchgeführten Aktivitäten und die realisierten Erträge werden im MM bereits erfasst. Ab Januar 2000 stehen den Nutzern des Systems zusätzliche Funktionen zur wirtschaftlichen Auswertung der Marketingaktivitäten zur Verfügung. Erste Tests der neuen Funktionen haben schon den Nutzen dieser Erweiterung der installierten Version des MMs verdeutlicht.

8.6.2 Führungs- und Kontrollinstrument

Da in einem CRM-System sämtliche Angaben über die durchgeführten, aber auch teilweise über die geplanten Tätigkeiten eines Vertriebsmitarbeiters erfasst werden, bietet es sich an, diese Informationen zu Kontrollzwecken auszuwerten. Die Kontrolle bezieht sich dann auch auf die Mitarbeiter selbst, indem positive und negative Ergebnisse als Mittel zur Mitarbeiterführung herangezogen werden können. Die Möglichkeiten, die sich hier eröffnen, sind ausserordentlich vielfältig, wie die nachfolgenden Ausführungen zeigen.

Aus den durchgeführten Besuchen und den erzielten Anzeigenverkäufen können Rückschlüsse auf die Qualität der verkäuferischen Tätigkeit eines Mitarbeiters gezogen werden. Durchschnittlich notwendige Besuche für einen Anzeigenverkauf ermöglichen die Vergleichbarkeit der Arbeitsleistung von Aussendienstmitarbeitern.

Aber auch die Kontrolle der Zielsetzung ist denkbar. Wurde als Ziel z.B. die Steigerung des Marktanteils der IT-Branche im ersten Halbjahr 1999 vereinbart, so ermöglicht das CRM-System eine Kontrolle darüber, ob der Aussendienst tatsächlich bei den IT-Unternehmen verstärkt tätig geworden ist und versucht hat, das gesteckte Ziel zu erreichen.

Aus Sicht der NZZ können auch Kontrollen über die Zweckmässigkeit von verschiedenen Vertriebskanälen durchgeführt werden. Beispielsweise ist die Verkaufswahrscheinlichkeit bei relativ teuren Aussendienst meist höher als beim Einsatz des relativ kostengünstigen Telefonmarketings. Bezieht man die erzielten Umsätze über die verschiedenen Vertriebskanäle mit ein, ist eine Einteilung der Kunden in ABC-Kunden möglich, wobei nur die A-Kunden vom Aussendienst betreut werden.

Wenn alle dazu notwendigen Informationen im MM regelmässig und korrekt erfasst werden, entsteht eine grosse Transparenz, und die Mitarbeiter des Vertriebs können gezielter und direkter eingesetzt werden. Spezifische Kontrollfunktionen werden dem MM in den nächsten Monaten hinzugefügt.

8.6.3 Integrationsbedarf

Der MM sollte sich möglichst unproblematisch in die bestehende IT-Landschaft einordnen. Dazu sind Schnittstellen zu Systemen notwendig, die Daten in den MM importieren oder exportieren. Geplant ist, das System Media Fokus und das ERP-

System SAP R/3 durch die Schaffung geeigneter Schnittstellen mit dem MM zu integrieren.

8.6.3.1 Integration des Media Fokus

Der Media Fokus ist ein Informationsdienst über Werbeausgaben von Unternehmen der Schweiz. Er liefert Zahlen über die Grösse des Werbebudgets eines Unternehmens, über die Verteilung auf unterschiedliche Werbemedien und über die Marktanteile der Printmedien im Konkurrenzumfeld der NZZ. Somit ist es möglich zu ermitteln, welchen Anteil des Werbebudgets ein Kunde bei der NZZ einsetzt und welchen in Relation dazu bei anderen Zeitungen.

In zukünftigen Ausbaustufen sollen diese Daten in den MM integriert werden. Es soll dann möglich sein, nach der Auswahl eines Kunden im MM Zugriff auf dessen Werbeausgaben zu haben. Dadurch kann im Kundenkontakt die Konkurrenzsituation zur NZZ besser abgeschätzt werden und die Vertriebsmitarbeiter können zielgerichteter handeln.

In der Schweiz soll bis zum Januar 2000 diese Erweiterung des MMs in Zusammenarbeit mit Media Fokus und UpDate.com realisiert werden.

8.6.3.2 Integration des SAP-Systems

Als erster Verlag in der Schweiz setzt die NZZ seit Januar 1999 das ERP-System SAP R/3 ein. Sämtliche Aufträge werden mit R/3 erfasst und können neben dem Reservationsstand von Anzeigenkapazität auch abgerufen werden. Diese Daten des ERP-Systems sind auch für die Aussendienstmitarbeiter von grosser Bedeutung. Zur Zeit müssen entweder die Aussendienstmitarbeiter selbst Know-how im SAP Bereich besitzen und die entsprechenden Daten selbst im R/3 abrufen oder aber sie gehen den Umweg über zuständige Sachbearbeiter, was bei durchschnittlich 1000 Kunden pro Aussendienstmitarbeiter einen enormen Aufwand für die Sachbearbeitung bedeuten würde.

Zur Entschärfung dieser Situation wird von UpDate.com bis Januar 2000 eine Schnittstelle von SAP R/3 zum MM geschaffen, so dass die Aussendienstmitarbeiter jederzeit über den MM Zugriff auf den Auftrags- und Reservationsstand der Kunden im R/3-System haben.

8.7 Die Ablösung des „Sales“: ein Resümee

Schwierig erwies sich das Vorgehen bei der Löschung von Stammdaten. Es war nicht sofort klar, wer zum Löschen befugt sein sollte und wie die Kollegen über eine Löschung informiert werden sollten. Die NZZ legte fest, dass nur Supervisor und Aussendienstmitarbeiter löschen dürfen und die Aussendienstmitarbeiter nur jene Stammdaten löschen dürfen, die sie auch selbst angelegt haben. Nach einer Löschung sollten sie dann manuell die Kollegen über den Vorgang durch Notizen im MM informieren.

Als problematisch könnten sich noch die geplanten zusätzlichen Kontroll- und Führungsfunktionen durch die Vertriebsmitarbeiter erweisen. Die Ausübung solcher Funktionen erweckt immer das Misstrauen der kontrollierten Mitarbeiter, geht doch davon die Gefahr des Offenbarwerdens von Unzulänglichkeiten aus. Hieraus können nicht zuletzt Ängste um einen möglichen Verlust des Arbeitsplatzes erwachsen, was wiederum zu einer Verschlechterung des Betriebsklimas führen kann. Ob sich diese Probleme einstellen werden, wird sich endgültig erst nach Erweiterung des MMs um die dazu notwendigen Funktionen zeigen, und wie man darauf reagieren wird, ist bisher noch unklar.

Sicher ist auf jeden Fall, dass auf das Kapital eines Verkäufers, nämlich die persönlichen Kundenkontakte, lediglich der Verkäufer selbst Zugriff hat.

Durch den Zugriff aller berechtigten Mitarbeiter im Aussen- und Innendienst auf sämtliche im Kundenkontakt entstandenen Informationen wurde die Kommunikation und die Wissensverteilung innerhalb und zwischen den Verkaufsabteilungen verbessert. Besonders deutlich wurde dies bei der Kommunikation zwischen der NZZ und der NZZ Folio, da beide Bereiche auf dieselben Kunden ausgerichtet sind und über den MM jeweils über die Aktivitäten der anderen informiert wird.

Durch den Marketing-Manager wurde eine Verringerung des administrativen Aufwands bei der Abwicklung von Marketingprozessen und eine optimale Kontrolle über die Kundenkontakte realisiert. Gerade Letzteres ist überaus relevant, um Mehrfachkontakte bei einem Kunden durch verschiedene Vertriebsmitarbeiter zu vermeiden.

Da sämtliche Kundeninformationen im MM erfasst werden, wurde die Anzahl von persönlichen Karteien für Kundenkontakte reduziert. „Wir sind dank des Marketing Managers einen Schritt weiter auf dem Weg zum papierlosen Büro“, so Herr Schamberger.

Insgesamt war die Einführung des MMs ein Erfolg, obwohl das gesamte Projekt lediglich in einem Zeitraum von drei Monaten abgewickelt wurde. Die NZZ bewegt sich mit der Einführung des CRM-Systems weiter zu einer umfassenden kundenorientierten Unternehmenskultur.

Grundsätzlich sind auch für die NZZ Kostenabschätzungen des Projekts und durch das Projekt erzielte Einsparungen von Interesse. Für umfassende Wirtschaftlichkeitsberechnungen des Projekts sind unterschiedliche Informationen notwendig, deren Erhebung und Bewertung nicht immer einfach ist. Wie soll man z.B. die Zeitersparnis beim Zugriff auf die Kundenhistorie im MM erfassen? Es wäre ein umständliches Unterfangen und der Sinn fraglich, da bei der NZZ das alte System „Sales“ auf jeden Fall durch ein neues System abgelöst werden musste, und zwar unabhängig von den entstehenden Kosten. Wieviele Einsparungen aus dem neuen System resultieren, ist deshalb für die NZZ von untergeordnetem Interesse und wurde nicht ermittelt.

9 Vertriebsunterstützung mit Genesis Micro-Marketing

Roland E. Schmid

9.1 Einleitung

Die systematische Unterstützung von Marketing- und Verkaufsprozessen ist nicht nur für Großbanken eine Herausforderung. Immer mehr haben zum Beispiel auch kleinere Genossenschaftsbanken das Bedürfnis, ihren Kundenstamm zielgerichtet zu bearbeiten. Moderne IT-Lösungen eröffnen dabei neue Potenziale und erleichtern dem Kundenberater die tägliche Arbeit.

Die Rechenzentrale Bayerischer Genossenschaftsbanken eG (RBG) ist zentraler IT-Dienstleister für die bayerischen Volksbanken und Raiffeisenbanken mit Sitz in München. 1997 erzielte die RBG mit 841 Mitarbeitern einen Umsatz in Höhe von 455,6 Mio. DM. Der Unternehmensauftrag der RBG lautet, mit IT-Leistungen die Wettbewerbsfähigkeit ihrer Kunden zu stärken. Seit über 30 Jahren erbringt die RBG ganzheitliche EDV-Leistungen und stellt so gemeinsam mit den Verbundpartnern (s. Bild 9-1) die technische Kompetenz der bayerischen Genossenschaftsbanken sicher.

Bild 9-1: Genossenschaftliche Verbundunternehmen

Mit dem Produkt Mikro-Marketing hat die RBG eine CRM-Lösung im Angebot, welche die Vertriebsaktivitäten in allen Phasen des Kundenkontakts unterstützt. Dieses Produkt ist auf Basis der Standardsoftware Genesis Micro-Marketing (GMM, heute: Genesis Marketing Center) des österreichischen Anbieters Genesis realisiert, welche die RBG den Bedürfnissen der Genossenschaftsbanken angepasst hat.

RBG hat Mikro-Marketing seit 1996 im Angebot. Ende 1999 war Mikro-Marketing bei ca. 200 Genossenschaftsbanken in Bayern im Einsatz.

9.2 Entwicklung von Mikro-Marketing bei der RBG

9.2.1 Ausgangslage

Anfang der neunziger Jahre bauten die RBG und die Genossenschaftsbanken mit grossen Investitionen ein umfassendes Finanzcontrolling auf. Dieses hat es ihnen ermöglicht, genau zu messen, wie viel sie an ihren einzelnen Produkten verdienen. Im Rahmen des allgemeinen Trends zur Kundenorientierung war der nächste logische Schritt die Stärkung der Verkaufsseite. So äusserten 1995 auch einzelne Banken gegenüber der RBG den Wunsch nach einem zentralen Medium, in dem sämtliche Kundeninformationen gespeichert werden können.

Das zentrale Hostsystem GENOS, das zu dem Zeitpunkt das einzige bei den Volks- und Raiffeisenbanken flächendeckend verbreitete Informationssystem war, bot nur sehr beschränkte Möglichkeiten zur Dokumentation von Kundeninformationen. Diese gingen kaum über die Verwaltung der Stammdaten und Transaktionsdaten hinaus. Die Ausgangslage bei den Banken war sehr unterschiedlich. Vielfach wurden Kundeninformationen ausschliesslich auf Papier erfasst und gepflegt. Gelegentlich waren auch bereits auf der Basis von Lotus Notes eigenentwickelte Systeme oder andere Konkurrenzsysteme im Einsatz, welche die Banken selbst eingeführt haben.

Aus dieser Ausgangssituation heraus initiierte die RBG ein Projekt mit dem Ziel, den Genossenschaftsbanken ein geeignetes Kundeninformationssystem bereitzustellen. Die erste Planung, gemeinsam mit IBM eine neue Hostanwendung für diesen Zweck zu entwickeln, wurde schnell wieder verworfen, da der zeitliche Aufwand zu gross gewesen wäre. Ausserdem ging der Trend eindeutig in Richtung dezentrale Client-Server-Systeme. Also beschloss man, eine PC-basierte Standardsoftware zur Verwaltung der Kundeninformationen zu suchen. Eine wesentliche Anforderung war die Integration in das bestehende Umfeld. Insbesondere mussten Schnittstellen zum IBM-Hostsystem realisiert werden können. Betriebswirtschaftliche Anforderungen waren eine umfassende Verwaltung von Kundeninformationen und ein Konzept, das den Kunden in den Mittelpunkt der Betrachtungen stellt. Die Evaluation führte zum Entscheid für Genesis Micro-Marketing.

9.2.2 Vorgehen

Bild 9-2 zeigt die Systemarchitektur von GMM. Bei jedem GMM-Einführungsprojekt werden Kundeninformationssystem (KIS) und Produktinformationssystem (PIS) individuell angepasst. Für die Modellierung der Informationssysteme wurde von Anfang an der Genossenschaftsverband einbezogen. Die RBG hat die einzelnen Anforderungen gemeinsam mit Pilotbanken sowie mit verschiedenen Verbundpartnern definiert. Insbesondere wurden z.B. auch Versicherer einbezogen, um so sicherzustellen, dass das KIS die Anforderungen aller Partner abdeckt. Es sollte eine Gesamtsicht über einen Kunden ermöglicht werden, die alle von ihm genutzten Produkte umfasst – unabhängig davon, ob es sich dabei um ein Girokonto bei einer Volksbank, um ein Wertpapierdepot bei der genossenschaftlichen Investmentgesellschaft oder um eine Versicherung bei einer genossenschaftlichen Versicherungsgesellschaft handelt.

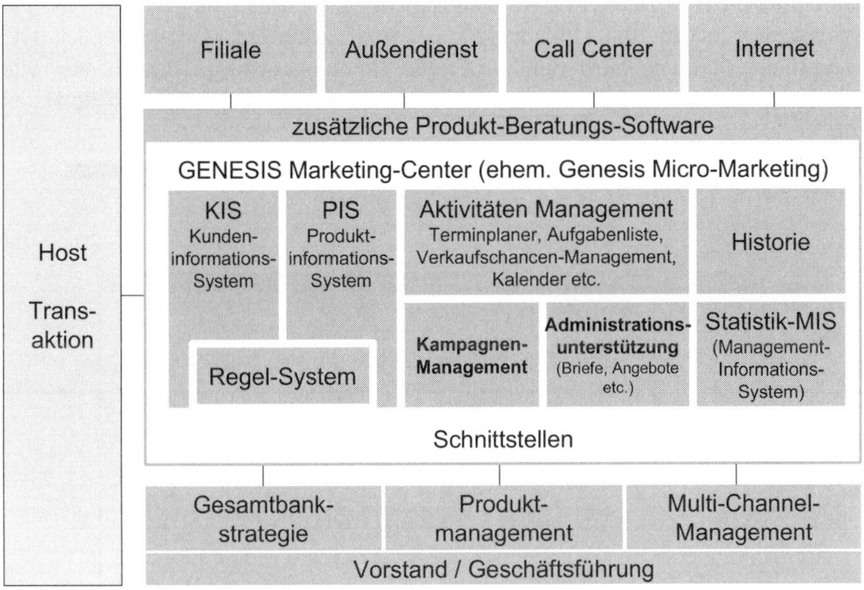

Bild 9-2: Architektur von Genesis Marketing-Center (Quelle: Genesis)

Die Projektdauer bis zum ersten Produktiveinsatz betrug etwa ein Jahr. Neben der Modellierung der Datenbank für das Kundeninformationssystem lag der Hauptaufwand bei der Realisierung der Schnittstellen zu den bestehenden Systemen sowie bei der Entwicklung der Programme für die Datenübernahme von den Hostsystemen in das Mikro-Marketing. Hierbei wurde aus Gründen der Rechenkapazität auf eine Echtzeitanbindung verzichtet, obwohl dies mit GMM möglich gewesen wäre. Die Datenübernahme erfolgt in regelmässigen Intervallen, die von den Banken selbst festgelegt werden können. Sie wird im Betrieb von der RBG durchgeführt. Die Banken und die Verbundpartner übermitteln die Daten dafür an die RBG, die sie in Mikro-Marketing einspeist.

Obwohl es sich bei den Kunden der RBG ausschließlich um Volks- und Raiffeisenbanken handelt, stellten die heterogenen Anforderungen der Banken eine besondere Herausforderung dar. Auf der Basis dieser Anforderungen wird das Produkt laufend weiterentwickelt. Dies erfolgt in enger Zusammenarbeit mit der

Firma Genesis, die verschiedene neue Funktionen auch in die Standardfunktionalitäten der Basissoftware übernimmt.

9.3 Lösung

Mikro-Marketing wird von den Banken im Wesentlichen für die Planung und Durchführung von Marketing-Kampagnen, für die Vorbereitung von Beratungsgesprächen und für die Dokumentation von Kundenkontakten verwendet. Die eigentliche Beratung wird durch spezielle Beratungssoftware für Themen wie Finanzanalyse, Vorsorgeberatung etc. unterstützt, in der auch tagesaktuelle Daten zur Verfügung stehen.

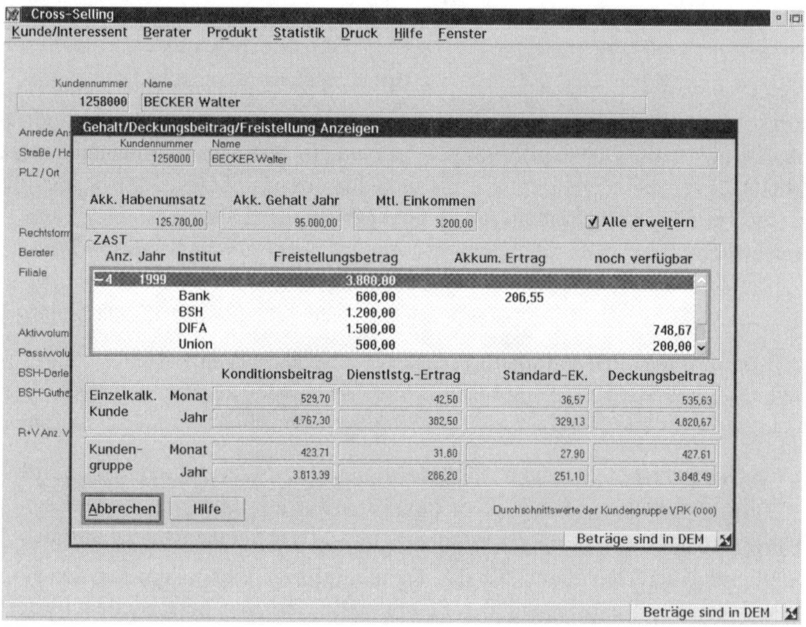

Bild 9-3: Anzeige der Kundenkalkulation

Die zentrale Komponente von Mikro-Marketing ist die Kundendatenbank, die eine Gesamtsicht auf jeden Kunden ermöglicht. War bisher der Zugriff auf verschiedene Systeme erforderlich, um sich einen Gesamtüberblick zu verschaffen, so stehen die Kundendaten der Bank und der Verbundpartner mit Mikro-Marketing in einem System zur Verfügung. Auf die folgenden Informationsbestände kann der Kundenberater zugreifen:

- Kunden- und Kontendaten aus dem Hostsystem CReOS/2,

- Marketingrelevante Zusatzdaten über den Kunden (bankindividuell),
- Fremdabbucher,
- Kundenkalkulation mit Konditionsbeitrag, Dienstleistungsertrag, Standardeinzelkosten sowie Deckungsbeiträge einzelkalkulierter Kunden (s. Bild 9-3),
- Depotvolumen und Verkaufsübersicht von Wertpapierdepots bei der DG Bank,
- Vertragsdaten der Verbundpartner Union, DIFA, BSH und R+V (s. Bild 9-4). Die Einbindung von Allianz und Bayerischer Versicherungskammer ist vorgesehen.

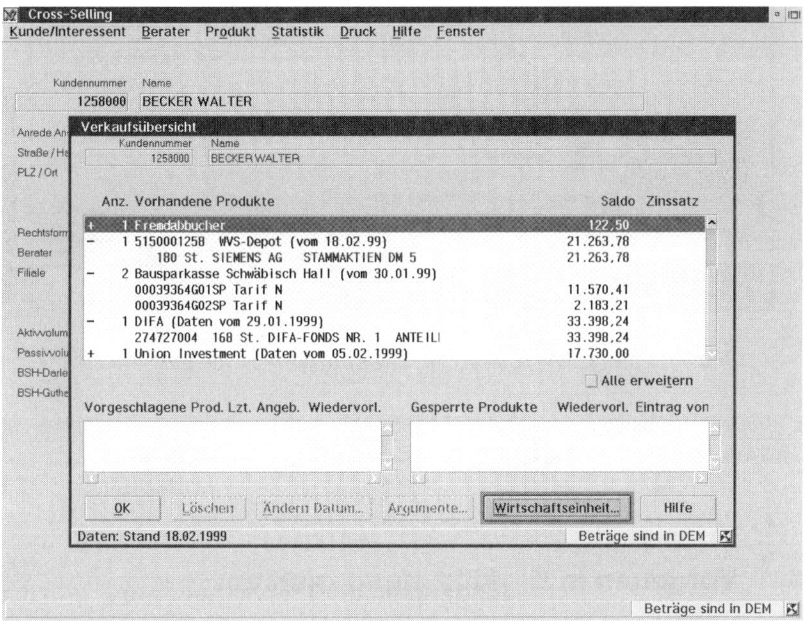

Bild 9-4: Verkaufsübersicht mit Daten der Verbundpartner

Das bankinterne Marketing kann diese Kundendatenbank dazu nutzen, eine Zielgruppenselektion durchzuführen. Dafür steht ein Regelwerk zur Verfügung, das alle in Mikro-Marketing geführten Datenfelder und Informationen berücksichtigt. Die Selektionskriterien definiert der Mitarbeiter selbst gemäss den bankindividuellen Bedürfnissen (s. Bild 9-5). Die so definierte Zielgruppe wird dem Verkauf oder einem Call Center zur Durchführung einer spezifizierten Aktion übergeben.

Das Call Center kann nun mit Hilfe von Mikro-Marketing für die einzelnen Kundenberater Kundentermine vereinbaren. Der Kundenberater wird vom System über seine Termine informiert und kann sich anhand der verfügbaren Kundeninformationen, Produktinformationen, Produktvorschläge und Verkaufsargumente auf das Beratungsgespräch vorbereiten. Nach dem Gespräch kann er die Ergebnisse im System dokumentieren und bei Bedarf Termine für weitere Gespräche oder eine Wiedervorlage erfassen. Wichtige Hinweise in Bezug auf einen Kunden können so erfasst werden, dass sie bei Zugriff auf die Kundendaten im Hostsystem CReOS/2 aufscheinen.

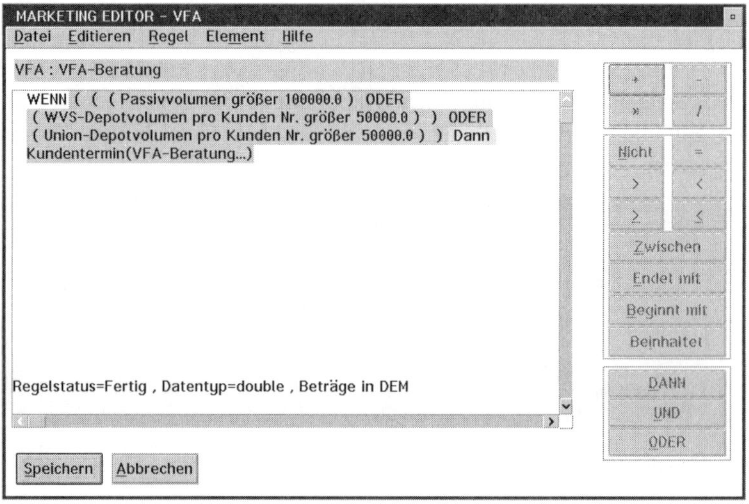

Bild 9-5: Marketing-Editor zur Definition von Selektionskriterien

Für die Vertriebssteuerung bietet Mikro-Marketing Verkaufsstatistiken nach Produkten, Beratern und Geschäftsstellen sowie Soll- / Ist-Vergleiche.

9.4 Vorgehen in Einführungsprojekten

Ursprünglich hatte die RBG für die Einführung von Mikro-Marketing bei den Banken neben der technischen Installation zwei Schulungstage vorgesehen. Es hat sich jedoch schnell herausgestellt, dass dies nicht ausreichend ist, da bei den Bankmitarbeitern häufig noch Berührungsängste abgebaut werden müssen und oft auch organisatorische Rahmenbedingungen erst geschaffen werden müssen. Die RBG hat daraufhin ein Einführungspaket entwickelt, das vier Phasen umfasst.

9.4.1 Phase 1: Einführung und Vorbereitung

Die erste Phase umfasst eine ca. eintägige Schulung, die sich an das gesamte Bankpersonal vom Vorstand über Marketing- und Controlling-Mitarbeiter bis hin zu EDV-Administratoren richtet. Die Teilnehmer werden über die Leistungsmöglichkeiten von Mikro-Marketing informiert sowie über die organisatorischen und technischen Voraussetzungen und über das Vorgehen bei der Produkteinführung orientiert. In der Regel müssen die Banken ihre Vertriebs- und Kundenbetreuungskonzepte optimieren oder sogar neu entwickeln. Falls die Bank dabei Unterstützung benötigt, kann sie diese beim Verbundpartner GenoConsult bekommen. Die RBG selbst leistet dabei keine Unterstützung.

9.4.2 Phase 2: Schulung des Produktes

In einem zweitägigen Anwenderseminar wird eine Projektgruppe der Bank im Umgang mit der Software geschult. Diese Projektgruppe setzt sich aus einem Mikro-Marketing-Verantwortlichen sowie aus Marketing- und Orga-Mitarbeitern zusammen. Die Mitglieder des Projektteams stehen dann dem Bankpersonal als Experten zur Verfügung und sind dafür verantwortlich, das Wissen innerhalb der Bank weiterzugeben. Die Schulung richtet sich sowohl mit Bedienungsthemen wie „Cross-Selling“ oder „Marketing-Editor“ an Anwender als auch mit Wartungsthemen an Administratoren.

9.4.3 Phase 3: Umsetzung in der Praxis

In Phase drei wird die Verbreitung des Mikro-Marketing-Know-hows in der Bank begleitet. Ohne diese Unterstützung gab es früher oft Akzeptanzprobleme bei den Mitarbeitern. Häufig wurden auch ungeeignete Personen mit der bankinternen Verbreitung beauftragt. Für einen EDV-Administrator beispielsweise ist es schwierig, erfahrene Kundenberater von den fachlichen Vorzügen beim Einsatz von Mikro-Marketing zu überzeugen.

Den Einsatz von Mikro-Marketing in der Praxis unterstützt die RBG daher jetzt mit einem eintägigen Auftaktworkshop. Die Teilnehmer werden dabei über aktuelle Entwicklungen und Veränderungen in der Bankenlandschaft sowie über Probleme im Vertrieb und über Anforderungen an eine moderne Vertriebssteuerung informiert. Durch diese fachlichen Hintergrundinformationen soll der Einsatz von Mikro-Marketing motiviert und die Akzeptanz gesichert werden.

Gleichzeitig sammeln die Workshopteilnehmer erste Erfahrungen im Umgang mit dem neuen System. Unter Anleitung führen sie verschiedene Anwendungsschritte mit den realen, eigenen Bankdaten durch und werden in die praktische Nutzung des Systems für die tägliche Arbeit eingewiesen.

9.4.4 Phase 4: Umsetzungsbegleitung

Die letzte Phase ist optional und umfasst eine Umsetzungsbegleitung. Der zeitliche Aufwand wird dabei bankindividuell vereinbart. Für Kundenberater beinhaltet diese Phase Übungen zur Gesprächsvorbereitung, -durchführung und -nachbereitung mit Mikro-Marketing, die gemeinsame Definition von Selektionsregeln. Kundenberater und Trainer arbeiten dabei gemeinsam mit Mikro-Marketing an realen Kundendaten.

Führungskräfte werden speziell trainiert, damit sie strategische Zieldefinitionen vornehmen können und allgemein Mikro-Marketing für Führungsaufgaben nutzen können.

9.5 Erfahrungen bei einer Genossenschaftsbank

Bei einer bayerischen Genossenschaftsbank mit einer Bilanzsumme von ca. 300 Mio. DM ist Mikro-Marketing seit Sommer 1999 im Einsatz. Die Lösung wird in erster Linie zur Vereinbarung von Kundenterminen sowie zur Vorbereitung auf Kundenkontakte verwendet. Ein Telefonteam ist dafür zuständig, Kunden telefonisch zu kontaktieren mit dem Ziel, einen Beratungstermin zu vereinbaren. Zur Ansprache des Kunden am Telefon wurden fünf verschiedene Möglichkeiten definiert, wie zum Beispiel Ausschöpfung der Freistellungsaufträge, Analyse der Vorsorgesituation etc. Der zuständige Kundenberater nimmt die vereinbarten Termine wahr und erfasst die Ergebnisse im Mikro-Marketing in Form einer „elektronischen Kundenkarte“. Das Ziel dieses Vorgehens ist, mit allen Kunden regelmässig Beratungstermine durchzuführen, um so die Betreuungsqualität zu verbessern und damit die Kundenbindung zu erhöhen.

Jeder Kundenberater nutzt Mikro-Marketing zur Vor- und Nachbereitung von Kundengesprächen. Von besonderem Nutzen bei der Vorbereitung ist der Überblick über alle vom Kunden genutzten Produkte auf einen Blick. Insbesondere die Zusammenführung von Daten über bankeigene Produkte mit Daten über Produkte der Verbundpartner wird sehr geschätzt. Bei der Nachbereitung der Kundengespräche sind die Berater angehalten, Zusatzdaten über den Kunden wie z.B. Beruf, Hobbys etc. zu erfassen. Die Nutzung von Mikro-Marketing während des Beratungsgesprächs ist nur bedingt möglich, da die enthaltenen Daten nicht tagesaktuell sind. Die Daten werden einmal monatlich vom Hostsystem ins Mikro-Marketing übernommen. Bei einer Wertpapierberatung beispielsweise ist jedoch ein aktueller Depotauszug unerlässlich. Problematisch ist auch der fehlende Neukundenabgleich. Erfasst der Kundenberater Interessenten im Mikro-Marketing, so hat er später keine Möglichkeit, im System zu sehen, ob ein Interessent Kunde geworden ist oder nicht.

Mikro-Marketing hat bei der Bank ein auf Lotus Notes-Basis entwickeltes System abgelöst. Ausschlaggebend für die Entscheidung für Mikro-Marketing war die gute Ausrichtung auf die Bedürfnisse der Genossenschaftsbanken, insbesondere die Anbindung an das Host-System CReOS.

Die Akzeptanz bei den Kundenberatern ist gut. Die wichtigste Voraussetzung dafür war die Vermittlung der Vorteile, die das System in der täglichen Arbeit mit sich bringt. Für den Berater ist dies hauptsächlich die Verfügbarkeit von konsistenten, übersichtlichen Daten bei der Vorbereitung auf Kundengespräche. Die grösste Gefahr bezüglich der Akzeptanz besteht in der Angst der Kundenberater vor neuen Kontrollmöglichkeiten durch höhere Transparenz, die zu stärkerem Erfolgsdruck führen könnten. Im Gegensatz zu anderen Banken wurde bei dieser Bank auf die Definition von Messgrössen und Vorgaben für die Berater verzichtet. Bei anderen Banken bestehen Vorgaben, wie viele Beratungsgespräche zu führen sind. Mit Hilfe von Mikro-Marketing wird diese Vorgabe wöchentlich ausgewertet. Die Effizienz konnte dadurch deutlich erhöht werden, die Kundenberater stehen aber auch unter merkbar höherem Druck.

Bei der Bank befindet sich das System noch in der Anlaufphase (Dezember 1999), und speziell bei der Kundenselektion für Kampagnen treten noch Schwierigkeiten auf, da die Datenbasis noch nicht vollständig ist. In der täglichen Arbeit der Kundenberater hat sich das System aber bereits als sehr nützlich erwiesen und wird vermutlich bald ein unverzichtbares Instrument für das Kundenmanagement der Bank sein.

9.6 Fazit

Die RBG stellt mit Mikro-Marketing ein System zur Verfügung, das sich auf die Unterstützung von Marketing-Kampagnen und die Vorbereitung von Beratungsgesprächen konzentriert. Es handelt sich dabei um kein vollständiges CRM-System, das alle im Bezug zu Kundenkontakten stehenden Aufgaben abdeckt. Der Kundenberater benötigt nach wie vor zusätzlich das existierende Hostsystem sowie verschiedene Beratungstools. Der Hauptnutzen von Mikro-Marketing besteht darin, die verschiedenen Kundendaten in einem konsistenten, übersichtlichen System zusammenzufassen und zusätzliche Informationen über den Kunden zu verwalten.

Die einzelnen Genossenschaftsbanken, denen die RBG das System anbietet, können mit vergleichsweise geringem Aufwand eine weitgehend ihren Bedürfnissen angepasste Lösung zur Unterstützung von Marketingkampagnen einführen. Durch den beschränkten Funktionsumfang ist Mikro-Marketing für die Bankmitarbeiter schnell beherrschbar und durch die Systematisierung von Kampagnen und Kundenkontakten wird rasch ein messbarer Nutzen für die Bank erzielt. Diesen Vorteilen steht der Nachteil gegenüber, dass der Berater neben Mikro-Marketing weiterhin die bestehenden Systeme benötigt, sich also die Gesamtkomplexität für ihn erhöht.

Die RBG hat sich für die Standardsoftware Genesis Micro-Marketing entschieden, um eine Kundenmanagement-Lösung für die Genossenschaftsbanken zu realisieren. Der Aufwand für die Anpassung an die individuellen Bedürfnisse, insbesondere für die Realisierung der Schnittstellen zu den bestehenden Systemen, war mit einer Projektlaufzeit von etwa einem Jahr dennoch keinesfalls zu vernachlässigen. Allerdings hat erst die Verfügbarkeit einer angepassten Lösung die Einführung eines solchen Systems für die kleineren Volks- und Raiffeisenbanken erschwinglich gemacht.

10 Realisierung eines Customer Interaction Center bei der Swisscom AG

Oliver Christ, Peter Waser

10.1 Einleitung

10.1.1 Überblick

Der Kundenservice der Swisscom AG war in der Vergangenheit von einer Vielzahl von Zugangsnummern und einer sehr fragmentierten und nicht integrierten Call Center Struktur geprägt. Mit zunehmender Anzahl von Neukunden verschärfte sich die Situation: Lange Wartezeiten, mehrfaches Weiterverbinden eingehender Anrufe sowie verlorengegangene Anrufe sorgten auf der Kundenseite für zunehmende Unzufriedenheit.

Die Swisscom AG entschied sich für eine unternehmensweite Call Center-Strategie, die, ausgehend von den Kundenbedürfnissen, das fragmentierte Zugangsnummernkonzept zu einem integrierten Customer Interaction Center ausbaut und Servicemitarbeitern einheitliche Arbeitsplätze zur Verfügung stellt. In ca. einem Jahr realisierte das Unternehmen den Aufbau des integrierten, verteilten Customer Interaction Center und konnte bereits in den ersten Monaten nach der Umsetzung einen Grossteil der gesteckten Ziele erreichen.

Der Beitrag beschreibt die umgesetzte Lösung aus technischer und organisatorischer Sicht und durchleuchtet Schwierigkeiten und Erfolgsfaktoren bei der Durchführung des Projektes.

10.1.2 Die Swisscom AG

Die Swisscom AG ist mit einem Nettoumsatz von 10 Milliarden Franken und ca. 20.000 Mitarbeitern das führende Telekommunikationsunternehmen der Schweiz. Der Konzern bietet umfassende Dienstleistungen in der mobilen und netzgebundenen Sprach- und Datenkommunikation an.

Die Swisscom AG betreut in der Schweiz ca. 3.9 Millionen analoge Festnetzanschlüsse und über 1.1 Millionen ISDN-Kanäle mit stark steigender Tendenz. Im internationalen Vergleich weist die Swisscom AG eine der höchsten ISDN-Anschlussdichten auf.

Mit Blue Window ist der Konzern der führende Anbieter von Internet- und Online-Diensten in der Schweiz. Allein im ersten Halbjahr 1999 stieg die Kundenzahl von Blue Window um 27%. Ende 1999 zählte Blue Window über 300'000 Access- und 130'000 BlueMail-Kunden. Swisscom AG will mit einer klar formulierten Strategie auch in Zukunft ihre Marktführerschaft in der Schweiz behaupten und zusätzliches Wachstum im Ausland erzielen.

10.2 Ausgangslage

10.2.1 Situation vor Projektdurchführung

Mit dem wachsendem Serviceangebot der Swisscom AG hatte sich in den letzten Jahren eine sehr heterogene Call Center Situation im Unternehmen entwickelt. Kunden und Interessenten wurden mit einer Vielzahl von konstanten und temporären Zugangsmöglichkeiten konfrontiert. Kunden erhielten für unterschiedliche Produkte und Leistungen jeweils spezifische Servicenummern, die in vielen Fällen mangelhaft koordiniert wurden. Das Unternehmen verfügte über keine klare strategische Call Center Ausrichtung. So stellte die Geschäftsleitung bei Stichproben fest, dass einige der Servicenummern, die den Kunden als solche mitgeteilt waren, zu Mitarbeitern geleitet wurden, die nicht über diese Umleitungen informiert waren. Des Weiteren hatte das Unternehmen mit der Zeit die Übersicht über die in der Vergangenheit angebotenen Nummern verloren, was ein sauberes Management der einzelnen Zugangsmöglichkeiten erheblich erschwerte.

Anfang 1998 verfügte die Swisscom AG über 11 Call Center, die geographisch über die gesamte Schweiz verteilt waren und sich die Gesamtlast der Anrufe themenspezifisch aufteilten (z.B. Störungsdienst, Telefonauskunft, Mobilfunk). Die einzelnen Rufnummern wurden auf die unterschiedlichen Call Center verteilt. Einige Nummern gingen direkt in die 17 Geschäftsstellen der Swisscom AG.

Durch die schwer überschaubare Menge an Zugangsmöglichkeiten für Kunden und Interessenten gingen viele Anrufe verloren, Anfragen konnten nicht bedarfsgerecht beantwortet werden, und es bestand eine ungleichmässige Auslastung der verschiedenen Mitarbeiter.

Aufgrund der heterogenen Call-Center-Struktur und der damit verbundenen Unübersichtlichkeit über eingehende und ausgehende Anrufe war es schwer, Kennzahlen und Management-Reports über die Auslastung und Effizienz der einzelnen Standorte zu generieren. Nur wenige Standorte verfügten über ausreichende Reportingmöglichkeiten. Eine Konsolidierung der Einzelreports fand bis zu Beginn des Projektes nicht statt.

10.2.2 Identifikation der Schwachstellen im Kundenservice

In der ersten Hälfte des Jahres 1998 startete die Swisscom AG ein Projekt mit dem Zweck, die zahlreichen Zugangsnummern zu begrenzen und ein klares Call Center-Konzept zu entwickeln. In einem ersten Schritt wurden die wesentlichen Schwachstellen des alten Systems identifiziert. Als Kernprobleme stellten sich heraus:

- *Verlorene Anrufe durch eine Vielzahl von Kundenzugängen*
  Aufgrund der Vielzahl von Servicenummern, über die das Unternehmen mit der Zeit die Übersicht verlor, gingen viele Anrufe verloren. Nummern waren nicht mehr vergeben, gingen an die falsche Adresse oder an Mitarbeiter aus Bereichen, die nicht über die Vergabe dieser Nummern an Kunden informiert waren. So ergab eine interne Untersuchung der verschiedenen Rufnummern, dass in einigen Stellen bis zu 40% der eingehenden Anrufe verloren gingen.
- *Kunden wurden mehrfach weiter verbunden*
  Da Kunden aufgrund der fehlenden Rufnummernstrategie oftmals nicht sofort an die zuständige Stelle gelangten, mussten viele Anrufe mehrfach weiter verbunden werden, bis die zuständige Stelle ansprechbar war. Dies verärgerte die Kunden und schreckte potenzielle Interessenten ab.
- *Lange Wartezeiten*
  Einige Servicenummern waren ständig überlastet. Kunden beklagten sich über die langen Wartezeiten bei bestimmten Servicenummern.
- *Mangelndes Serviceverständnis im Back-Office-Bereich*
  Einige Zugangsnummern wurden direkt in den Back-Office-Bereich geleitet, dessen Mitarbeiter sich nicht zuständig für die Entgegennahme von Kundenanfragen fühlten. Anfragen wurden im Back-Office nicht zufriedenstellend beantwortet oder mussten weitergeleitet werden.
- *Mangelndes Reporting*
  Die meisten Swisscom Call Center betrieben keine bzw. nur eine unzureichende Performance Messung. Meistens waren nur rudimentäre Leistungskennzahlen verfügbar. Somit war es schwer, einen Überblick über Auslastung, Schwachstellen und Effizienz der verschiedenen Call Center zu erhalten. Das Erstellen eines Gesamtprofils erwies sich aufgrund der mangelnden Integration der verschiedenen Servicestellen als unmöglich.
- *Ineffiziente Auslastung durch fehlendes Load Balancing*
  Die mangelnde technische und organisatorische Integration der einzelnen Servicebereiche (Call Center, Geschäftsstellen, Back-Office) verhinderte eine ausgeglichene Verteilung der eingehenden Anrufe. Dadurch konnten in Spitzenzeiten viele Anrufe nicht an weniger ausgelastete Stellen weitergeleitet werden, wodurch Anrufe verloren gingen oder lange Wartezeiten entstanden.

10.2.3 Ziele

Um die Komplexität des angehenden Projektes einzugrenzen, konzentrierten sich die Projektverantwortlichen von Anfang an auf den Bereich Festnetz und das Kundensegment Privatkunden. Für diesen Bereich sollte eine Lösung ausgearbeitet werden, die oben beschriebene Schwachstellen eliminiert. Als wichtigste strategische Ziele definierten die Projektverantwortlichen:

- *Steigerung des Kundenwertes*
  Das oberste Ziel des Projektes ist die Steigerung des Kundenwertes. Durch Verbesserung der Servicequalität, Fokussierung auf High-Value Kunden, schnelle Reaktionen auf Kundenanfragen und proaktiven Verkauf (Cross / Up Selling) sollen Kundenzufriedenheit, Umsatzsteigerung und Kosteneffizienz erzielt und damit der Kundenwert erhöht werden.

- *Einheitlicher Kundenzugang für die gesamte Schweiz*
  Privatkunden und kleine Geschäftskunden erhalten eine einheitliche Servicenummer für sämtliche Belange. Über intelligente Routingmechanismen sollen die Kunden nach ihrer Identifikation an die zuständigen Stellen weitergeleitet werden, ohne dass ihnen dies bewusst wird.

- *Verbesserung der Servicequalität*
  Ein wesentliches Ziel des Projektes ist die Steigerung der Kundenzufriedenheit durch die Verbesserung der Servicequalität. Für die erste Phase setzte sich die Swisscom AG klare Ziele für die Service-Levels: Durchgehender Betrieb der Call Center (24 Stunden in 7 Tage Woche), 80-90% der Kontakte sollten direkt (ohne Weiterleitung) beantwortet werden, weniger als 2% der Anrufe sollten verloren gehen sowie eine durchschnittliche Beantwortungszeit von 20 Sekunden in 90% der Fälle.

- *Ausbau der heterogenen Zugangsmöglichkeiten zu einem integrierten Customer Interaction Center*
  Die bisher heterogenen, telefonieorientierten und nur reaktiv genutzten Kundenzugänge der Swisscom AG sollten zu einem integrierten, multi-channelfähigen und kundenorientierten Customer Interaction Center ausgebaut werden. Das Unternehmen orientierte sich hier bewusst an den „Big Players“ der Telekommunikationsbranche, die eine hohe Messlatte für den Customer Contact der Swisscom AG setzen. Traditionelle Call Center, die meist über einen Kanal Kunden reaktiv bedienen, wurden in den letzten Jahren von vielen Unternehmen zu mehrkanalfähigen, interaktiven Servicecentern ausgebaut. Moderne Call Center Lösungen unterstützen diesen Trend durch eine saubere technische Infrastruktur.

	IST: CC-Retail	Ziel VCIC Release 1	Best Practice
Betriebszeiten	Bürozeiten	7 x 24 Stunden	7 x 24 Stunden
One-Contact-Resolution	HZ: Weiterleitung Customer Care 80 - 90 %	80 - 90 %	90 %
Verlorengegangene Anrufe	10 %	2 %	< 2 %
Durchschnittliche Beantwortungszeit	HZ: 10 - 15 Sek. Customer Care: unbekannt	90% innerhalb 20 Sek.	98% innerhalb 20 Sek.
Gesprächsqualität	• Bedürfnis, Problem mind. 2x erläutern • Problemspezifische Ansprechpartner • Interne funktionale Organisation schlägt zum Kunden durch • Lange Weiterverbindungszeiten	• Freundliche Begrüssung • Direkte und persönliche Ansprache • Proaktiver Support und Verkauf • Kompetenz und Sympathie	

Bild 10-1: Projektziele (Soll und Best-Practice)

10.3 Lösungsansatz

10.3.1 Prozessunterstützung

Um eine effiziente Bearbeitung der unterschiedlichen Kundenanfragen zu gewährleisten, mussten die aus den verschiedenen Anfragen resultierenden Prozesse wie z.B. Neuabonnement, Adressänderung oder Rechnungsauskunft in Aufgaben zerlegt und spezifiziert werden.

Bild 10-2 stellt den Prozess für die Erstellung eines Neuanschlusses dar. Die einzelnen Aufgaben werden grösstenteils durch das Informationssystem unterstützt und sowohl von Front-Office als auch von Back-Office Mitarbeitern durchgeführt.

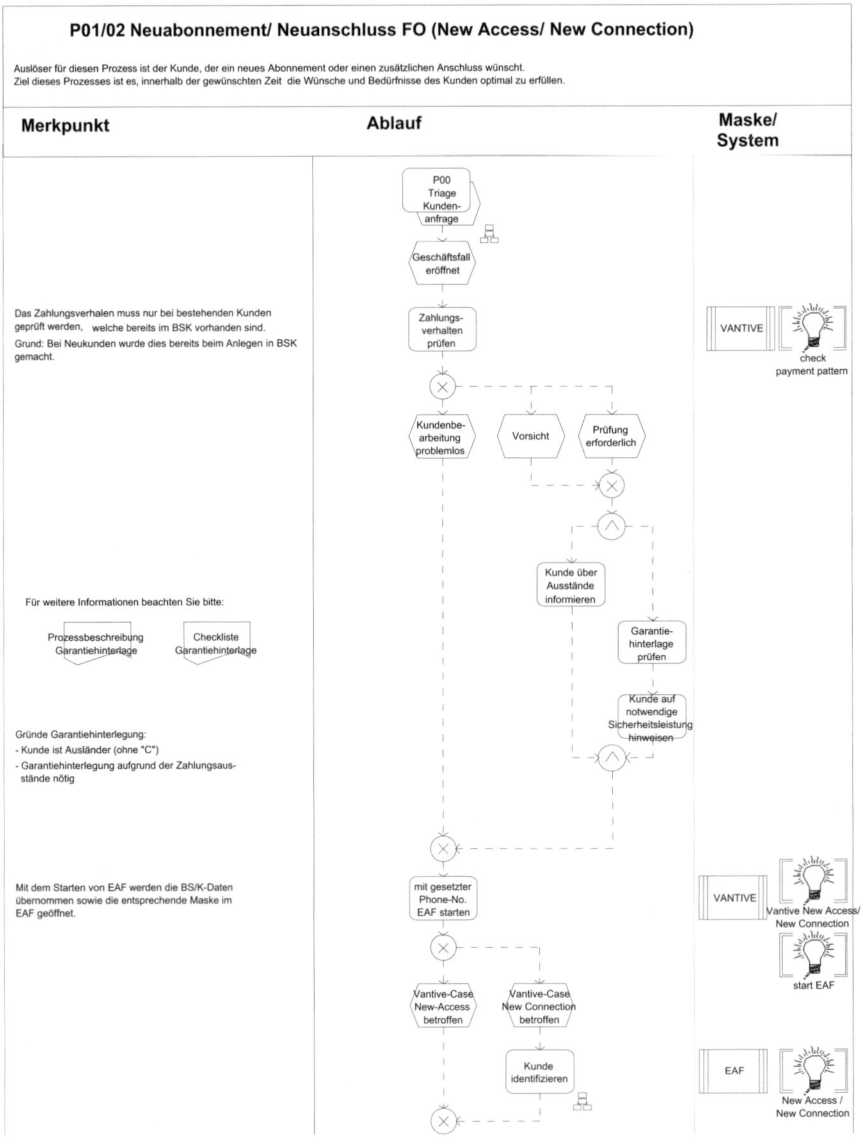

Bild 10-2: Prozessbeschreibung für Neuabonnement / Neuanschluss

Um die Bearbeitungszeit der Kundenanfragen zu reduzieren und Front-Office-Mitarbeitern zeitraubende interne Aufgaben abzunehmen, die nicht im direkten Kundenkontakt durchgeführt werden müssen, unterteilte die Swisscom AG die einzelnen Prozesse in die beiden Aufgabentypen Front-Office und Back-Office. Bild 10-3 zeigt die Aufteilung der verschiedenen Aufgaben auf die beiden

Bereiche. Die neu definierten Prozesse bzw. Aufgaben wurden konsequent in die Prozessbeschreibung aufgenommen und allen Mitarbeitern frühzeitig kommuniziert. Dies sorgte für eine erhebliche Entlastung der Mitarbeiter, da sich beide Bereiche auf ihre wesentlichen Aufgaben konzentrieren konnten. Aufgrund der einheitlichen Rufnummern erhalten die Back-Office-Mitarbeiter keine Kundenanfragen mehr.

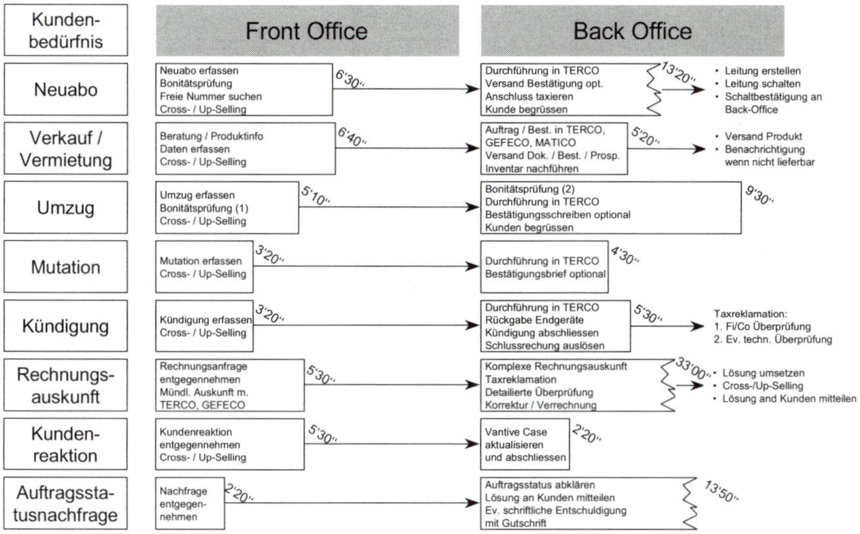

Bild 10-3: Verlagerung der Aufgaben auf Front- und Back-Office

10.3.2 Technische Realisierung

Bild 10-4 verdeutlicht die realisierte Call-Center-Architektur der Swisscom AG. Die ehemals heterogenen Informationssysteme werden mittels Computer Telephony Integration (CTI) integriert und dadurch Mitarbeiter mit den benötigten Informationen über eine einheitliche Oberfläche versorgt. Kundeninformationen werden nach der automatischen Anruferkennung direkt aus den Datenbanken-Systemen gelesen und schon vor Annahme des Gesprächs über das „Vantive" System (Kundeninteraktions-Anwendungssoftware) bereitgestellt. Kunden können sowohl über das normale Telefonnetz als auch per IP-Telephony mit dem Customer Interaction Center in Kontakt treten, und ihre Anrufe werden mittels Automated Call Distribution (ACD) zu dem entsprechenden Agenten weitergeleitet. Die integrierte Softwarelösung sorgt für eine reibungslose Bereitstellung der benötigten Kundeninformationen, verteilt die Anrufe der Auslastung der Agents entsprechend und übernimmt das Reporting der ein- und ausgehenden Anrufe. Je nach Eingangsmedium bzw. Auslastung des Call Centers werden die eingehenden

Calls mittels Voice Mail, Fax Server oder über die Voice Response Unit weiterverarbeitet oder direkt von einem der Call Center Agents angenommen.

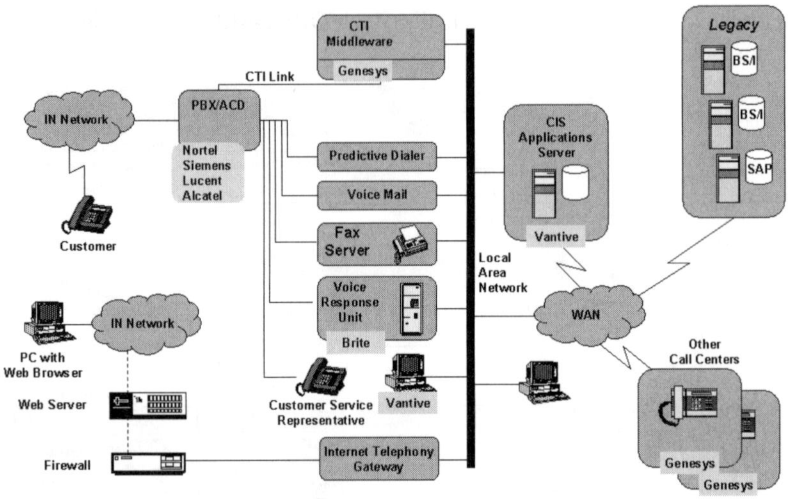

Bild 10-4: Architektur des Customer Interaction Center

Die ausgewählten Kundeninformationen werden Mitarbeitern über eine einheitliche Benutzeroberfläche zur Verfügung gestellt. Sämtliche Mitarbeiter des Kundenservice bearbeiten die Anfragen direkt über die Software der Firma „Vantive", die die Kundendaten aus den Datenbank-Systemen bereitstellt. In der Vergangenheit mussten Mitarbeiter des Call Centers eine Vielzahl von Systemen bedienen, um die *erforderlichen* Informationen für Kundenanfragen zu erhalten und die Anfragen weiter zu bearbeiten. Die heutige Situation erleichtert die Bearbeitung der einzelnen Fälle und sorgt für eine schnelle, prozessorientierte Bereitstellung der Informationen. Die einzelnen Prozesse wie z.B. Neukunde aufnehmen, Adressänderung oder Kündigung sind im System umgesetzt worden und steuern über eine Workflowkomponente die Informationsflüsse. Einzelne Aufgaben in den Prozessen, wie z.B. Kundenstammdaten anzeigen, Zahlungsmoral anzeigen oder Rechnungsdaten erfassen, können aufgrund der Integration von Daten und verschiedenen Applikationen über das „Vantive" System angestossen und bearbeitet werden. Bild 10-5 zeigt den integrierten Beraterarbeitsplatz. In einer ersten Auswahlmaske bietet das System die Möglichkeit, unterschiedliche Prozesse auszuwählen, die danach weitere Masken für die nachfolgenden Prozessschritte enthalten.

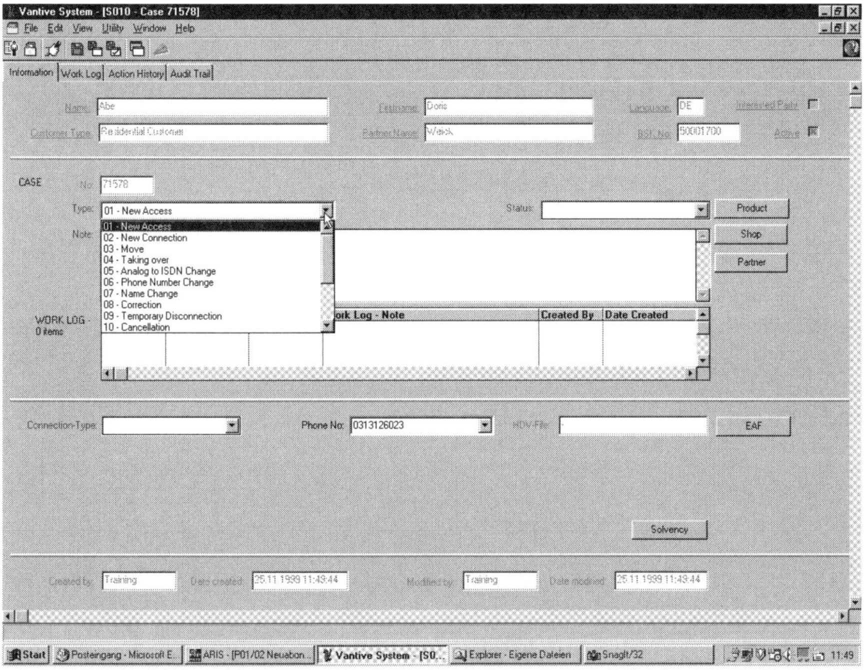

Bild 10-5: Integrierter Arbeitsplatz

Adressänderungen, Wechsel von Analog- auf ISDN-Anschluss können im Laufe des Kundenkontaktes vorgenommen werden. Weitere Arbeitsschritte werden vom System initiiert und Kundendaten zusammen mit der nötigen Eingabemaske an die bearbeitenden Mitarbeiter weitergeleitet. Über die automatische Anruferkennung werden diese Daten beim nächsten Kundenkontakt sofort an den Arbeitsplatz des Agenten gespielt und können dort weiterverarbeitet werden.

Bild 10-6 zeigt die Detailansicht bei der Anlage eines Neukunden im System. Adressdaten, Zahlungsmodalitäten und Anschlussdaten werden in diesem Arbeitsschritt eingegeben und direkt in den zugrundeliegenden Datenbanken abgespeichert. Bei Bedarf werden die Informationen weiteren Mitarbeitern zur Verfügung gestellt und können von anderen Applikationen ausgelesen werden.

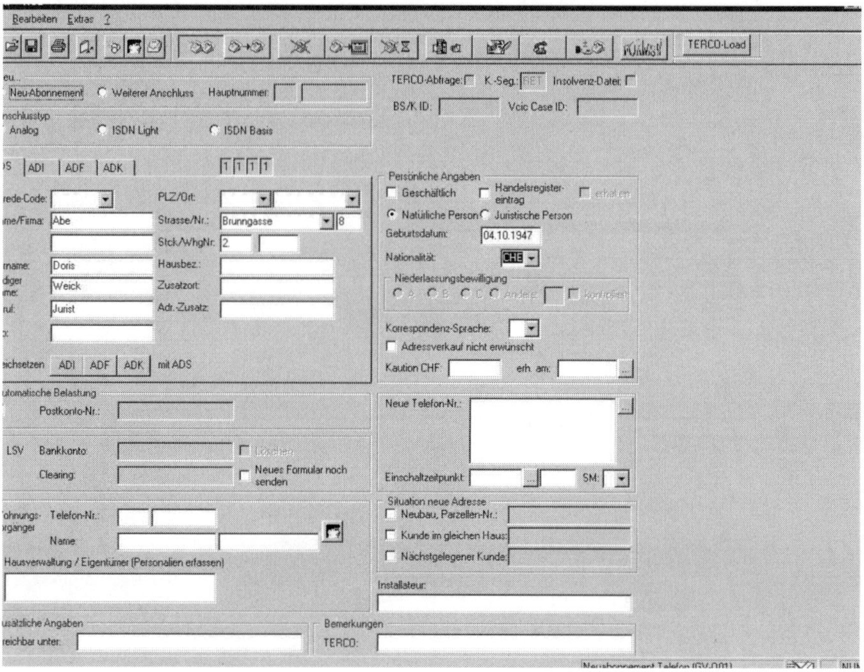

Bild 10-6: Anlage eines Neukunden (Detailansicht)

10.4 Vorgehensweise

Das Projekt wurde mit Hilfe der von Swisscom entwickelten Projektmanagementmethode HERMES durchgeführt. Die Projektverantwortlichen waren ausreichend mit dem Verfahren vertraut, sodass direkt mit der Projektdurchführung begonnen werden konnte. Ein Mitglied der Konzernleitung aus dem Bereich Marketing / Sales übernahm das Projektsponsoring, die operative Projektleitung wurde Herrn Peter Waser (Leiter Customer Care) übertragen. Das Kernprojektteam bestand aus 60 Personen, das sich aus internen Mitarbeitern und verschiedenen externen Dienstleistern zusammensetzte. Des Weiteren waren sowohl interne als auch externe Mitarbeiter in bestimmten Projektphasen bzw. in spezifischen Bereichen eingesetzt. Insgesamt waren 180 Personen in das Projekt involviert.

Der Projektplan untergliederte sich in die Phasen Initialisierung, Design, Realisierung / Test und Pilotierung / Rollout. Während der gesamten Projektlaufzeit wurde besonders auf die Kommunikation des Vorhabens und die Einbeziehung der beteiligten Sozialpartner Wert gelegt. Diese begleitenden Massnahmen sorgten für einen reibungslossen Verlauf des umfangreichen Restrukturierungsprojektes.

Der Startschuss für das Projekt fiel am 1.12.1998. In der ersten Phase des Projektes spezifizierten die beteiligten Mitarbeiter die wesentlichen Prozesse aus dem Bereich Kundenservice. Prozesse wie z.B. die Hinterlegung und Auflösung der Kaution bei Neuanschlüssen oder die Einrichtung eines neuen Abonnenten wurden durch einzelne Fachteams detailliert abgeleitet und in diversen Reviewschlaufen überprüft und verbessert. Anschliessend erstellte das Projektteam aufgrund der definierten Prozesse und der vorher gesetzten Vision für das Customer Interaction Center eine Detailspezifikation. Der Schritt von der allgemein bekannten, aber noch unkonkreten Vision zu einer konkreten, umsetzbaren Spezifikation erwies sich als wesentlich komplexer als im Vorfeld angenommen. In mehreren Zyklen zwischen Fachteams und Entwicklungsteams und mit Hilfe von Machbarkeitsanalysen entstand eine konkrete, umsetzbare Definition für die geplante Lösung.

Mit der Definition der Schwachstellen und Ableitung der wesentlichen Ziele war der erste Schritt zur neuen Call Center-Ausrichtung der Swisscom AG getan. Die strategische Neuausrichtung musste nun innerhalb der Swisscom AG ausreichend kommuniziert werden, um alle Beteiligten von dem Nutzen der neuen Ausrichtung zu überzeugen. Nach der Genehmigung des Projektauftrages durch den Verwaltungsrat begannen die Projektverantwortlichen in einzelnen Geschäftsstellen, Servicestellen und Call Centern der Swisscom AG in der gesamten Schweiz das neue Konzept vorzustellen und versuchten die betroffenen Mitarbeiter von dem Nutzen der gewählten Lösung zu überzeugen. Von Anfang an bestand für das Projektteam die Vorgabe, die neue Lösung mit der bestehenden Anzahl an Mitarbeitern zu realisieren und so viel wie möglich bisherige Mitarbeiter nach der Restrukturierung in gleichen bzw. ähnlichen Bereichen weiter zu beschäftigen. Durch dieses Vorgehen sollten die aufgrund solcher grundlegenden Veränderungen üblicherweise auftretenden Unzufriedenheiten und Motivationsverluste der Mitarbeiter gering gehalten und dem Know-how-Verlust durch zu starke personelle Umschichtungen oder schlimmstenfalls Abwanderungen entgegengewirkt werden. Über hundert Präsentationen hielt das Projektteam in der gesamten Schweiz und konnte auf diese Weise viele der vorher sehr skeptisch eingestellten Mitarbeiter von der neuen Lösung überzeugen. Diese sehr ressourcenaufwendige „Road Show" erwies sich im Nachhinein als wesentlicher Erfolgsfaktor für die schnelle und unkomplizierte Durchführung des Projektes.

Viele Unternehmen verlagern ihre Call Center in geographische Regionen, in denen die Personalkosten gering und ein durchgehender Betrieb aufgrund mangelnden politischen bzw. gewerkschaftlichen Einflusses einfach zu realisieren ist. Für den Standort ihres Customer Interaction Centers kam für die Swisscom AG von Anfang an nur der Standort Schweiz in Frage. Erstens wollte das Unternehmen, wie oben beschrieben, möglichst viele Mitarbeiter in gleichgelagerten Bereichen halten und zweitens sollten Gewerkschaften und Politik nicht eine zu grosse Belastungsprobe zugemutet werden. Selbst die Verschmelzung einiger Standorte innerhalb der Schweiz, die in jedem Fall vorgenommen werden musste, war politisch nicht einfach durchzusetzen. Die Probleme, die mit einem zu langen Arbeitsweg einhergehen, führen in der Regel zu Abwanderungen von Mitarbeitern und zum Einschreiten der Gewerkschaften. Aus diesen Gründen entschied sich das Unternehmen für den Standort Schweiz und innerhalb der Schweiz für mehrere regionale Zentren in einem virtuellen Call Center-Verbund.

Das Projektteam nahm eine Bewertung der bestehenden Standorte nach den Kriterien Arbeitsmarktsituation, Lohnniveau und Immobilienpreise vor und entschied sich auf dieser Basis für die Standorte Winterthur, Lausanne und Olten für einen integrierten Front- und Back-Office-Bereich sowie für zusätzliche 5 Back-Office-Standorte.

10.5 Ergebnis

10.5.1 Realisierung der wesentlichen Ziele

Bereits in der ersten Ausbaustufe konnte die Swisscom AG ihren Kunden und Interessenten eine für die gesamte Schweiz gültige Servicenummer anbieten. Die Call Center-Mitarbeiter sind alle in der Lage, in vier verschiedenen Sprachen Anrufe entgegenzunehmen und zu beantworten, was bei einer einheitlichen Rufnummer in einem Mehrsprachen-Land wie der Schweiz unbedingt notwendig ist. Die Umsetzung eines einheitlichen Kundenzugangs war eines der von Anfang an hoch priorisierten Ziele des Projektes.

Des Weiteren bietet die integrierte Call Center-Anwendung die Möglichkeit, Anrufe je nach Auslastung der Agenten zu verteilen, wodurch insbesondere in Spitzenzeiten verbesserte Zugangsmöglichkeiten für Kunden entstehen. Die integrierte Call Center Lösung ermöglicht ein umfangreiches Reporting aller Anrufdaten, die über die verschiedenen Standorte aggregiert werden können und frühzeitig Probleme erkennen lassen.

10.5.2 Kritische Erfolgsfaktoren

Das Projekt konnte in recht kurzer Zeit bereits die ersten Erfolge vorweisen und verlief während der verschiedenen Projektphasen ohne nennenswerte Probleme. Die wesentlichen Erfolgsfaktoren, die für diesen reibungslosen Verlauf sorgten, sind:

- *Management Commitment*
  Schon vor dem Start des Projektes wurde das Top-Management der Swisscom AG über die wesentlichen Ziele und zu erwartenden Schritte des Projektes

informiert. Das Projektteam hielt in regelmässigen Abständen Präsentationen vor der Geschäftsleitung und informierte sie über die anstehenden Veränderungen. Ein Mitglied der Konzernleitung übernahm (nach dem Start des Projektes) die Schirmherrschaft über das Projekt und signalisierte damit den Mitarbeitern ein klares Commitment zu dem Vorhaben.

- *Berücksichtigung und Einbeziehung der betroffenen Mitarbeiter*
  Grosse Veränderungsprojekte ziehen oftmals ungewollte Motivationsverluste, Unzufriedenheit und schlimmstenfalls Abwanderungen der betroffenen Mitarbeiter mit sich. Das Projektteam konzentrierte sich während der gesamten Projektlaufzeit stark auf die Information der betroffenen Mitarbeiter sowie die Einbeziehung der verschiedenen Geschäftsstellen in einzelne Projektphasen. Bei der Wahl der Standorte für die Call Center der Swisscom AG berücksichtigte das Projektteam die Wohnortstruktur der Mitarbeiter und versuchte, die Anfahrtswege bzw. Anzahl der Ortswechsel der Mitarbeiter zu minimieren.

- *Strenge Ausrichtung der Projektziele an den Kundenbedürfnissen*
  Kunden erwarten von dem Service eines Unternehmens eine schnelle Lösung ihrer Probleme, ständige Erreichbarkeit der Sevicemitarbeiter über verschiedene Zugangsmedien sowie eine freundliche und kompetente Beratung. Die Swisscom AG konzentrierte sich auf die Bedürfnisse ihrer Kunden und versuchte, die verschiedenen Kundenwünsche zu realisieren.

- *Ausrichtung auf wesentliche und klar definierte Prozesse*
  Zu Beginn des Projektes wurden häufige Kundenanfragen wie Adressänderung, Neuanschluss oder Garantiehinterlage in einzelne Aufgaben zerlegt und die wesentlichen Prozesse spezifiziert. Die einzelnen Aufgaben wurden anschliessend auf Front- und Back-Office aufgeteilt, um die Bearbeitungszeit einer Kundenanfrage weiter zu reduzieren und Servicemitarbeiter von zeitraubenden internen Tätigkeiten zu befreien. Durch die neu eingeführte Softwarelösung werden die Mitarbeiter in der Bearbeitung der einzelnen Aufgaben prozessgesteuert unterstützt.

- *Technische Unterstützung durch integrierte Standardsoftware*
  Die unterschiedlichen Informationssysteme, auf die Kundenberater im Serviceprozess zugreifen, wurden soweit wie möglich in einer einheitlichen Softwarelösung integriert. Dadurch konnten Mitarbeiter schnell das neue Konzept kennenlernen, und die Einarbeitungsszeit neuer Mitarbeiter konnte reduziert werden. Aufgrund der Integration der verschiedenen Informationssysteme können Anfragen nun schneller bearbeitet werden als in der alten, heterogenen IS-Landschaft.

- *Begrenzung des Projektes auf ein konkretes Kundensegment*
  Das Projektteam entschied sich vor dem Start des Projektes für eine Begrenzung des Projektrahmens für die Unterstützung des Kundenservices für private Festnetzkunden. Eine Ausdehnung des Customer Interaction Center Konzeptes auf weitere Bereiche der Swisscom AG ist möglich und

gewünscht, wurde jedoch für das bestehende Projekt ausgeschlossen, um die Übersichtlichkeit des Projektes zu gewährleisten.

10.6 Zusammenfassung und Ausblick

Durch ein sauberes Projektmanagement, einen klaren Fokus auf die wesentlichen Ziele und eine aufwendige Kommunikationsstrategie gelang der Swisscom AG der Ausbau ihres Kundenservice zu einem integrierten Customer Interaction Center in relativ kurzer Zeit. Die wesentlichen Ziele des Projektes wurden schnell realisiert und die Kundenzufriedenheit erhöht. Durch das einheitliche Rufnummernkonzept und die integrierte Softwarelösung werden Kundenanrufe sofort an die richtigen Arbeitsplätze geleitet, Anrufe gehen nicht mehr verloren und können schneller und für den Kunden zufriedenstellender erledigt werden.

Die erste Ausbauphase des Customer Interaction Center schafft für die Swisscom AG eine Basis, auf die weitere Projekte bzw. Bereiche innerhalb des Unternehmens aufsetzen können. Zu Anfang des Projektes entschied sich das Projektteam bewusst für die Eingrenzung des Projektrahmens auf den Bereich Festnetz / Privatkunden. In weiteren Ausbaustufen können nun weitere Bereiche dazu kommen und die neu geschaffene Infrastruktur für ihren Service nutzen.

Auf technischer Seite lassen sich noch weitere Informationssysteme in das System einbinden, die auch aufgrund der Komplexitätsreduktion des Projektes nicht in der ersten Phase integriert wurden. So müssen Mitarbeiter einzelne Arbeitsschritte teilweise mit nicht integrierten Applikationen durchführen, eingehende Papierdokumente werden nicht in das System gespeist, sodass an diesen Stellen noch weiteres Potenzial für eine Reduktion der Bearbeitungszeiten besteht.

Kunden treten in Zukunft über die unterschiedlichsten Eingangsmedien mit Unternehmen in Kontakt und erwarten vom Kundenservice eine Kompetenz auf allen Kanälen. So müssen Unternehmen in der Lage sein, die verschiedenen Eingangskanäle in einem integrierten Contact Center zu bündeln und die Anfragen auf allen Kanälen gleich schnell und kompetent zu bearbeiten. Die gewählte Lösung der Swisscom AG ist in dieser Hinsicht offen genug und kann auch in Zukunft schnell weitere Eingangsmedien integrieren und so rasch auf neue Trends in der Kundenbearbeitung reagieren.

Literatur

[Acken 1998]
Acken, D.v.: *Unified Messaging – Zentrales Informationsmanagement.* In: *HMD.* Jg. 35, Nr.204, Dez. 1998, S.70-75

[Andersen et al. 1999]
Andersen, H.; Andreasen, M. D.; Jacobsen, P. Ø.: *The CRM Handbook – From group to multi-individual.* PricewaterhouseCoopers, Nørhaven A/S, Hellerup, 1999

[Anton 1996]
Anton, J.: *Customer Relationship Management – Making Hard Decisions with Soft Numbers.* Prentice Hall, New Jersey, 1996

[Autobytel.com 2000]
Autobytel.com, Fact Sheet. http://www.autobytel.com, 6.4.2000

[Bach et al. 2000]
Bach, V.; Österle, H.; Vogler, P. (Hrsg.): *Business Knowledge Management in der Praxis.* Springer, Berlin et al., 2000

[Bernet 1998]
Bernet, B.: *Konzeptionelle Grundlagen des modernen Relationship Banking.* in: Bernet, B.; Held, P.P. (Hrsg.): *Relationship Banking.* Gabler, Wiesbaden, 1998, S.3-36

[Bernet/Held 1998]
Bernet, B.; Held, P.P. (Hrsg.): *Relationship Banking.* Gabler, Wiesbaden, 1998

[Bitkom 2000]
Bundesverband Informationswirtschaft, Telekommunikation und neue Medien (BITKOM): *Wege in die Informationsgesellschaft. Status Quo und Perspektiven Deutschlands im internationalen Vergleich.* Studie 2000, www.bitkom.org

[Bolzhauser 1997]
Bolzhauser, M.: *Database Marketing und die Finanzwirtschaft*, in: Link, J.; Brändli, D.; Schleuning, C.; Kehl, R. E. (Hrsg.): *Handbuch Database Marketing.* IM Fachverlag Marketing-Forum, Elchesheim-Illingen 1997, S.725-737

[Brill 1998]
Brill, H.: *Mit neuen Systemen in Vertrieb und Marketing die Konkurrenz abhängen*. In: *HMD*. Jg. 35, Nr. 204, Dez. 1998, S.7- 25

[Brokat 1999]
Brokat: *Produktinformation Twister*. http://www.brokat.de/de/twister/index.html, 28.10.1999

[Chaudhuri/Umeshwar 1997]
Chaudhuri, S., Umeshwar, D.: *An Overview of Data Warehousing and OLAP Technology*. In: *ACM SIGMOD Record*, Vol. 26, No. 1, 1997

[Crego/Schiffrin 1995]
Crego, E. T.; Schiffrin, P. D.: *Customer-centered reengineering: remapping for total customer value*. Irwin, Burr Ridge/New York, 1995

[Davenport 1998]
Davenport, T.: *Managing Customer Knowledge*. In: *CIO Magazine*. 01.06.1998

[Droege & Comp. 1997]
Droege & Comp.: *Customer Banking*. Gabler, Wiesbaden, 1997

[Dubs 1998]
Dubs, P.: *Strategisches Kundenmanagement und Retention Marketing im Retail Banking*. In: Bernet, B.; Held, P.P. (Hrsg.): *Relationship Banking*. Gabler, Wiesbaden, 1998, S.69-89

[ECCS 1999]
ECCS: *CRM Definitions – Defining customer relationship marketing and management*. http://www.eccs.uk.com/crmdefinitions/define.asp, 27.07.99

[Emmert et al. 2000]
Emmert, T.A.; Buchta, D.; Elgass, P.: *Kundenpotenziale ausschöpfen mit CRM*. In: *IM*. Jg. 15, Nr. 1, S.23-28

[Ernst & Young 1998]
Ernst & Young: *E-commerce & Connecting to the Customer*. http://www.ey.com/publicate/fsi/default.asp, 22.07.99

[Fritz 1995]
Fritz, W.: *Marketing-Management und Unternehmenserfolg*. 2. Aufl., Schäffer-Poeschel, Stuttgart, 1995

[Fritz/Oelsnitz 1998]
Fritz, W.; Oelsnitz, D. v. d.: *Marketing: Elemente marktorientierter Unternehmensführung*. 2. Aufl., Kohlhammer, Stuttgart et al., 1998

[Gabler 1997]
Gabler-Wirtschaftslexikon. 14. Aufl., Gabler, Wiesbaden, 1997

[Grebe/Kreuzer 1997]
Grebe, M.; Kreuzer, M.: *Über eine differenzierte Kundenansprache zum Erfolg.* In: *Geldinstitute.* Nr. 10, 1997, S.6-11

[Gronover/Bach 2000]
Gronover, S.; Bach, V.: *Kundensegmentierung.* Arbeitsbericht BE HSG / CC CRM / 12, Institut für Wirtschaftsinformatik, Universität St. Gallen, 2000

[Gutzwiller 1994]
Gutzwiller, T.: *Das CC-RIM Referenzmodell für den Entwurf von betrieblichen, transaktionsorientierten Informationssystemen.* Physica-Verlag, Heidelberg, 1994

[Hagel/Armstrong 1997]
Hagel, J.; Armstrong, A.G.: *Net Gain: Expanding Markets Through Virtual Communities.* Harvard Business School Press, Boston, 1997

[Hagel/Singer 1999]
Hagel, J.; Singer, M.: *Net Worth.* Harvard business School Press, Boston, 1999

[Hammer/Champy 1993]
Hammer, M.; Champy, J.: *Reengineering the Corporation: A manifest for Business Revolution.* Harper Business, New York, 1993

[Hansen 1992]
Hansen, H.R.: *Wirtschaftsinformatik I, Einführung in die betriebliche Datenverarbeitung.* 6. Aufl., Fischer, Stuttgart, 1992

[Hay 2000]
Hay Management Consulting: *Integriertes Personalmanagement in Call Centern.* White Paper, 2000

[Hay Management Consultants o.J.]
Hay Management Consultants: *Integriertes Personalmanagement in Call Centern.* Frankfurt/M., o.J.

[Held 1998]
Held, P. P.: *Relationship Banking als strategische Erfolgsposition.* In: Bernet, B., Held, P. P. (Hrsg.), *Relationship Banking: Kundenbeziehungen profitabler gestalten.* Gabler Verlag, Wiesbaden 1998, S.37-66

[Henn et al. 1998]
Henn, H.; Kruse, J.P.; Strawe, O.V.: *Handbuch Call Center Management.* 2. Aufl., Telepublic, Hannover, 1998

[Holmsen et al. 1998]
Holmsen, C.A.; Palter, R.N.; Simon, P.R.; Weberg, P.K.: *Retail Banking: Managing competition among your own Channels.* In: *The McKinsey Quarterly.* Nr. 1, 1998, S.82-92

[Homburg/Werner 1997]
Homburg, C.; Werner, H.: *Kundenorientierung mit System: mit Customer-Orientation-Management zu profitablem Wachstum.* Campus, Frankfurt (Main), 1997

[IMG 1997]
Information Management Gesellschaft (IMG): *PROMET BPR: Methodenhandbuch für den Entwurf von Geschäftsprozessen.* Version 2.0, St. Gallen et al., 1997

[Ives/Learmonth 1984]
Ives, B.; Learmonth, G.P.: *The Informations System as a Competitive Weapon.* In: *Communications of the ACM.* Jg. 27, Nr. 12, 1984, S.1193-1201

[Jansen et al. 2000]
Jansen, C.; Thiesse, F.; Bach, V.: *Wissensportale aus Systemsicht.* In: Bach, V.; Österle, H.; Vogler, P. (Hrsg.): *Business Knowledge Management in der Praxis.* Springer, Berlin et al., 2000

[Kaiser et al. 1999]
Kaiser, T.; Beck, D.; Österle, H.: *Wissensmanagement bei der LGT Bank in Liechtenstein.* in: Bach, V.; Vogler, P.; Österle. H. (Hrsg.): *Business Knowledge Management – Praxiserfahrungen mit Intranet-basierten Lösungen.* Springer, Berlin et al., 1999, S.179-206

[Kelly 1999]
Kelly, S.: *Es gibt einen Trend zu standardisierten Branchenlösungen.* In: Computerwoche, Nr. 49, 1999, S.54

[Kotler/Bliemel 1999]
Kotler, P.; Bliemel, F. W.: *Marketing-Management.* 9. Aufl., Schäffer-Poeschel, Stuttgart, 1999

[Kühn/Grandke 1997]
Kühn, F.; Grandke, R.: *Kundennutzen in der Leistungserstellung verankern.* In: Hirzel Leder und Partner (Hrsg.): *Fokussiertes Business Design.* Gabler, Wiesbaden, 1997, S.133-148

[Kundenbarometer 1998]
Deutscher Marketing-Verband und Deutsche Post AG (Hrsg.): *Das deutsche Kundenbarometer.* Jahrbuch der Kundenzufriedenheit in Deutschland, 1998

[Kunz 1996]
Kunz, H.: *Beziehungsmanagement: Kunden binden, nicht nur finden.* Orell Füssli, Zürich, 1996

[Lossau 1998]
Lossau, S.: *Der digitale Weg zum Kunden.* Diebold Management Report, 1998

[Lüthi/Rüegg-Stürm 1998]
Lüthi, B. E.; Rüegg-Stürm, J.: *Markterfolg dank zielorientiertem Kundendialog bei Mettler-Toledo.* In: Reinecke, S.; Sipötz, E.; Wiemann, E.-M. (Hrsg.): *Total Customer Care: Kundenorientierung auf dem Prüfstand.* Thexis/Ueberreuter, St. Gallen/Wien, 1998, S.264-302

[Meyer/Meyer 1993]
Meyer, A.; Meyer, P.: *Marketing-Systeme – Grundlagen des institutionalen Marketing.* 2. Aufl., Kohlhammer, Stuttgart, 1993

[Moriarty/Moran 1990]
Moriaty, R. T.; Moran, U.: *Managing Hybrid Marketing Systems.* In: *Harvard Business Review.* Vol. 68, November-December 1990, S.146-155

[Müller 1999]
Müller, M.: *Die grössten Herausforderungen beim Aufbau einer CRM-Systemlandschaft.* In: *Computerwoche.* Nr. 49, 1999, S.52-53

[Muther 1999]
Muther, A.: *Electronic customer care.* Springer, Berlinet al., 1999

[Mutsis 1999]
Mutsis, A.: *Standard Implementation Process.* Präsentation UpDate.com, 1999

[Nitsche 1998]
Nitsche, M.: *Micromarketing: Daten – Methoden – Praxis.* Ueberreuter, Wien, 1998

[NSE 2000]
NSE: *Website der Firma NSE.* http://www.nse.de, 20.3.00

[NZZ 1999a]
Webseite der Neuen Zürcher Zeitung. http://www.nzz.ch, 16.09.99

[NZZ 1999b]
Neue Zürcher Zeitung: *Geschäftsbericht 1998.*

[Österle 2000]
Österle. H.: *Geschäftsmodell des Informationszeitalters.* In: Österle, H.; Winter, R. (Hrsg.): *Business Engineering.* Springer, Berlin et al., 2000

[Österle 1999]
Österle, H.: *Enterprise in the Information Age.* In: Österle, H.; Fleisch, E.; Alt, R. (Hrsg.): *Business Networking.* Springer, Berlin et al., 1999, S.17-54

[Österle 1995]
Österle, H.: *Business Engineering – Prozess- und Systementwicklung.* Band 1, 2. Aufl., Springer, Berlin et al., 1995

[Österle et al. 1996]
Österle, H.; Riehm, R.; Vogler, P. (Hrsg.): *Middleware.* Vieweg, Braunschweig, 1996

[Peppers/Rogers 1999]
Peppers, D.; Rogers, M.: *The One to One Manager – Real-World Lessons in Customer Relationship Management.* Currency and Doubleday, New York et al., 1999

[Potreck 1997]
Potreck, A.: *Entwicklung und Implementierung eines Vertriebsinformationssystems im Elektromaschinenbau.* In: Link, J.; Brändli, D.; Schleuning, C.; Kehl, R.E. (Hrsg.): *Handbuch Database Marketing.* IM Fachverlag Marketing-Forum, Elchesheim-Illingen, 1997, S.739-757

[Raab et al. 2000]
Raab, P.; Frei, R.; Vassiliadis, S.: *Wissensnetzwerke bei der Swiss Re.* In: Bach, V.; Österle, H.; Vogler, P. (Hrsg.): *Business Knowledge Management in der Praxis.* Springer, Berlin et al., 2000

[Rapp 2000]
Rapp, R.: *Customer Relationship Management – Mehr als ein IT-Konzept.* In: Salesprofi, Nr. 1, 2000, S.36-40

[Reich 2000]
Reich, T.: *Smartnet als Kernstück des Intranets der Credit Suisse.* In: Bach, V.; Österle, H.; Vogler, P. (Hrsg.): *Business Knowledge Management in der Praxis.* Springer, Berlin et al., 2000

[Schmid et al. 2000]
Schmid, R.; Messner, W.; Palm, C.; Bach, V.: *Studie zum Customer Management und Multi Channel Management bei Banken.* Interner Arbeitsbericht BE HSG / CC CRM / 1, Institut für Wirtschaftsinformatik, Universität St. Gallen, 2000

[Schmid/Bach 2000]
Schmid, R.; Bach, V.: *Prozessportale im Banking – Kundenzentrierung durch CRM.* In: *IM.* Jg. 15, Nr. 1, 2000, S.49-55

[Schulze 2000]
Schulze, J.: *Prozessorientierte Einführungsmethode für das Customer Relationship Management.* Dissertation, Universität St. Gallen, Difo-Druck, Bamberg, 2000

[Schulze et al. 2000]
Schulze, J.; Thiesse, F.; Bach, V.; Österle, H.: *Knowledge Enabled Customer Relationship Management.* In: Österle, H.; Fleisch, E.; Alt, R. (Hrsg.): *Business Networking.* Springer, Berlin et al., 2000, S.143-160

[Schulze/Bach 1999]
Schulze, J.; Bach, V.: *Marktstudie Customer Relationship Management Systeme.* Arbeitsbericht BE HSG / CC BKM / 1, Institut für Wirtschaftsinformatik, Universität St. Gallen, 1999

[Schwede 2000]
Schwede, S.: *Vision und Wirklichkeit von CRM.* In: *IM.* Jg. 15, Nr. 1, S.7-11

[Schwetz 2000]
Schwetz, W.: *Stufenplan CAS/CRM.* http://www.schwetz.de/CAS-Projektablauf/Uebersicht.htm, 21.01.2000

[Stahlknecht 1993]
Stahlknecht, P.: *Einführung in die Wirtschaftsinformatik.* Springer, Berlin et al., 1993

[Stender/Schulz-Klein 1998]
Stender, M.; Schulz-Klein, E.: *Internetbasierte Vertriebsinformationssysteme – Perspektiven moderner Informationssysteme für den Einsatz in Marketing, Vertrieb und Service.* Fraunhofer-Institut für Arbeitswirtschaft und Organisation, Fraunhofer IRB, Stuttgart, 1998

[Stern et al. 1996]
Stern, L. W., El-Ansary, A. I., Coughlan, A, T.: *Marketing channels.* 5. Aufl., Verlag Prentice Hall, Upper Saddle River, 1996

[UpDate.com 1999a]
UpDate.com: *Marketing Manager.* Produktinformation, 1999

[UpDate.com 1999b]
UpDate.com: *Der Marketing Manager von Update Marketing.* Booklet, 1999

[Vantive 1999]
Vantive: *White Paper Vantive Enterprise Implementation Methodology.* The Vantive Corporation, 1999

[Vavra 1995]
Vavra, T. G.: *Aftermarketing: How to keep customers for life through relationship marketing*. Irwin Verlag, Chicago et al., 1995

[Wayland/Cole 1997]
Wayland, R.E.; Cole, P.M.: *Customer connections: new strategies for growth.* Harvard Business School Press, Boston, 1997

Autoren

- *Erich Auer*
  Bis März 2000 Co-Projektleiter und Abteilungsleiter „Customer Management – Processes and Systems“ im Ressort Prozesse und Organisation der Credit Suisse; seit März 2000 Projektleiter und Abteilungsleiter „Weitere Optimierung Logistik Schweiz“.
- *Dr. Volker Bach*
  Leiter der Kompetenzzentren „Business Knowledge Management“ und „Customer Relationship Management“ am Institut für Wirtschaftsinformatik der Universität St. Gallen, Dozent an der Universität St. Gallen.
- *Dieter Blessing*
  Wissenschaftlicher Mitarbeiter im Bereich Wissensmanagement im Business Engineering am Institut für Wirtschaftsinformatik der Universität St. Gallen.
- *Oliver Christ*
  Wissenschaftlicher Mitarbeiter in den Kompetenzzentren „Business Knowledge Management“ und „Customer Relationship Management“ am Institut für Wirtschaftsinformatik der Universität St. Gallen.
- *Hans A. Däpp*
  Managing Partner bei Solution Providers AG, Dübendorf bei Zürich; Referent im deutschsprachigen Raum; Spezialgebiete: strategischer Einsatz neuer Technologien und Balanced Scorecard.
- *Manfred Görk*
  Projektleiter für globale strategische Projekte der SAP AG in Walldorf.
- *Karin Heck*
  Dipl.-Kffr. Karin Heck ist seit 1997 bei der Direkt Anlage Bank AG in München tätig und leitet dort das Kundenbindungsmarketing.
- *Gaby Jaeger*
  Mitarbeit im Sektor „Prozesse und Organisation“ der Credit Suisse. Teilprojektleiterin im Projekt „Customer Management – Processes and Systems“.
- *Dr. Wolfgang Luef*
  Leitung des Sektors „Prozesse und Organisation“ der Credit Suisse. Dieser ist verantwortlich für das Prozessengineering und Deployment im Bereich Verkauf und Beratung über sämtliche Vertriebskanäle.
- *Prof. Dr. Hubert Österle*
  Professor für Wirtschaftsinformatik an der Universität St. Gallen, Direktor des Instituts für Wirtschaftsinformatik der Universität St. Gallen und Partner der IMG AG.

- *Volkmar Ritter*
  Mitarbeiter in der Abteilung Business Process Management der LGT Bank in Liechtenstein. Projektleiter des CRM Projektes bei LGT.
- *Andreas Schamberger*
  Leiter der Abteilung Verkaufsförderung Anzeigen bei der Neuen Zürcher Zeitung in Zürich.
- *Roland E. Schmid*
  Wissenschaftlicher Mitarbeiter im Kompetenzzentrum „Customer Relationship Management" am Institut für Wirtschaftsinformatik der Universität St. Gallen.
- *Jens Schulze*
  Wissenschaftlicher Mitarbeiter im Kompetenzzentrum „Customer Relationship Management" am Institut für Wirtschaftsinformatik der Universität St. Gallen.
- *Peter Waser*
  Head of Customer Care der Swisscom AG.

Druck: Strauss Offsetdruck, Mörlenbach
Verarbeitung: Schäffer, Grünstadt